Anthologie de la poésie québécoise du XIXe siècle (1790-1890)

John Hare

Anthologie de la poésie québécoise du XIXe siècle (1790-1890)

Collection Textes
et Documents littéraires

Cahiers du Québec / Hurtubise HMH

*Le Conseil des Arts du Canada
a accordé une subvention pour
la publication de cet ouvrage*

Maquette de la couverture:
Pierre Fleury

Éditions Hurtubise HMH, Ltée
380 ouest, rue St-Antoine
Montréal, Québec
Canada
H2Y 1J9
Tél.: (514) 849-6381

ISBN 0-7758-0171-2

Dépôt légal / 1er trimestre 1979
Bibliothèque Nationale du Canada
Bibliothèque Nationale du Québec

Introduction

Au cours des siècles, les Français ont forgé un instrument d'expression littéraire à la fois puissant et souple: les poètes ont chanté sur tous les tons la nature et les hommes, l'amour, la gloire et la mort. La découverte de l'Amérique ne pouvait les laisser indifférents comme en témoigne l'anthologie préparée par Roger Le Moine sous le titre de *L'Amérique et les poètes français de la Renaissance* (Ottawa, Éditions de l'Université d'Ottawa, 1972, coll. « Les Isles Fortunées »). Qui n'a pas entendu parler des *Muses de la Nouvelle-France* de Marc Lescarbot et de son *Théâtre de Neptune*, pièce en vers, présentée à Port-Royal en Acadie pendant l'hiver de 1606? Si l'on cultive la poésie en Nouvelle-France à l'instar des maîtres français, la littérature n'en demeure pas moins un divertissement réservé à une petite élite. Le peuple, pour sa part, se délasse aux sons des milliers de chansons populaires apportées en Amérique par les premiers immigrants français.

La séparation brusque entre la France et sa colonie de la Nouvelle-France en 1760 oblige les Canadiens à se redéfinir. Lors de la Conquête, ce petit peuple, comptant à peine 80,000 âmes dispersées sur un vaste territoire, semble voué à la disparition. Cependant, les bouleversements en Amérique du Nord, à la suite de la révolte des treize colonies formant les États-Unis contre l'Angleterre, ainsi que le rythme de croissance des Canadiens, contraignent la Grande-Bretagne à réexaminer le statut politique de la province de Québec. En 1791, le gouvernement de l'Angleterre divise celle-ci en deux colonies, le Haut et le Bas-Canada (l'Ontario et le Québec). Le Bas-Canada, à forte majorité de langue française, pourrait ainsi faire l'apprentissage des principes de la démocratie britannique, apprendre à en apprécier ses avantages et à aimer sa langue. Mais la société canadienne contient trop d'éléments dynamiques pour se laisser assimiler si facilement. Déjà, dans des journaux et revues fondés au Québec depuis 1764, on note plusieurs textes en français. Les deux collèges, ceux de

Québec et de Montréal, continuent, malgré les difficultés, à dispenser un enseignement classique à une centaine de jeunes gens chaque année. Et l'arrivée de certains immigrants français dans les dernières décennies du siècle, notamment l'imprimeur Fleury Mesplet, en 1775, et le marchand Joseph Quesnel, en 1779, sert à entretenir les contacts entre la France et le Québec, surtout au point de vue culturel.

La littérature est un phénomène collectif autant qu'une expression créatrice individuelle. Si les divisions pratiquées par les historiens de la vie littéraire ne sont souvent que de minces tranches temporelles découpées parfois de façon artificielle, on reconnaît, sur une période assez longue, des groupes qui posent des problèmes presque identiques et qui voient la vie et le monde extérieur d'un œil semblable. Ainsi peut-on reconnaître au Québec une succession de générations où des associations naturelles de jeunes esprits, nés à la même époque et formés à la même école, sont influencés pareillement par les mêmes événements et luttent quotidiennement sous le signe d'un idéal commun. En présentant les poètes selon l'ordre chronologique de naissance, il nous a semblé que le lecteur serait ainsi en mesure de suivre ce mouvement naturel.

Au tournant du XIXᵉ siècle, la littérature demeure encore l'apanage d'un petit groupe d'intellectuels. Joseph Quesnel, (1746-1809), qui consacre ses dernières années à la poésie, au théâtre et à la musique, confie à l'imprimeur John Neilson, sa déception devant le peu d'intérêt des Canadiens à l'égard des œuvres littéraires. Mais Neilson n'hésite pas à imprimer, en 1808, devant une certaine demande du public, *Colas et Colinette,* la première pièce de Quesnel. Pendant la guerre de 1812, l'adjudant Joseph Mermet du régiment suisse de Watteville, Lyonnais d'origine, devient la coqueluche de la société montréalaise à la suite de ses poèmes patriotiques publiés dans *Le Spectateur Canadien.* À son intention, l'éditeur crée même une rubrique intitulée « Le Parnasse canadien ». En 1816, Mermet retourne en France laissant un souvenir ineffaçable. Quelques Canadiens taquinent les muses à l'occasion pendant ces années, comme Denis-Benjamin Viger (1774-1861), Dominique Mondelet (1799-1863) et Augustin-Norbert Morin (1803-1865). Or, il faut rendre hommage à Michel Bibaud (1782-1857) qui, rêvant d'instruire ses compatriotes, fonde toute une série de périodiques entre 1816 et 1840. Disciple de Boileau, il publie quatre mille vers qui seront réimprimés dans un recueil lancé en 1830, le premier du genre au Québec. Enfin, l'ère des précurseurs isolés prend fin au tournant des années 1830.

De 1803 à 1832, on fonde sept collèges au Québec. À partir de ce réservoir croissant de finissants vont sortir progressivement les écrivains et bon nombre des lecteurs de l'époque. Pour la première fois, le Québec se voit pourvu d'une génération de jeunes ayant reçu une formation intellectuelle supérieure. Cette génération, déjà influencée par le romantisme européen à travers les œuvres reproduites dans la presse périodique et des livres importés de France et d'Angleterre, se manifeste à partir de 1830. Parmi les poètes, seul François-Xavier Garneau (1809-1866) échappe partiellement à l'oubli. Cependant, on en compte d'autres, nés pour la plupart entre 1810 et 1820: ce sont Isidore Bédard, François-Réal Angers, Pierre Petitclair, Joseph-Guillaume Barthe et Pierre-Joseph-Olivier Chauveau.

Une nouvelle génération prend la vedette à partir de 1840-1845, une génération marquée par l'échec de l'aventure nationaliste des années 1837-1838. L'Institut Canadien de Montréal, fondé en décembre 1844, joue un rôle important dans la diffusion des idées qui pétrissent alors les esprits dans tous les pays occidentaux. Le poète montréalais Joseph Lenoir (1822-1861) participe activement à l'Institut et publie ses premières œuvres dans le journal libéral *L'Avenir*, à partir de 1848. À Québec, Octave Crémazie (1827-1879) est coiffé du titre «poète national» à la suite de la publication, dans les années 1855-1856, de ses poèmes patriotiques, comme «Le Drapeau de Carillon». Déjà, en 1837, *Le Populaire* avait lancé un appel «à la jeunesse canadienne» lui demandant sa collaboration dans la création d'une «littérature nationale». Crémazie, pour sa part, aura du mal à se situer comme écrivain canadien, voire québécois, dirions-nous aujourd'hui, par rapport à la France. À la suite de son exil volontaire là-bas, et devant le peu d'intérêt des Français pour les œuvres canadiennes, il confie à son ami Henri-Raymond Casgrain qu'il eût mieux valu pour lui de parler iroquois ou huron !

Les poètes de la période 1830-1860 ne réussissent pas à se faire éditer, malgré plusieurs tentatives. On ne compte que quatre recueils de poésies et quelques poèmes publiés sur des feuilles volantes avant 1863. Les œuvres se trouvent surtout dans la presse périodique et dans les revues littéraires. En effet, entre 1830 et 1860, les jeunes lancent plus d'une centaine de journaux et revues. Or, à ce point dispersées, les œuvres tombent très vite dans l'oubli.

C'est ainsi que James Huston, passionné par ce renouveau littéraire, recueille les meilleurs textes de la première moitié du siècle et les publie en quatre tomes, entre 1848 et 1850, sous le titre, *Le Répertoire national ou recueil de littérature canadienne*. Le mouvement lancé en partie par Crémazie à partir de 1855 va inspirer les jeunes comme Henri-Raymond Casgrain (1831-1904) qui, avec des aînés comme Antoine-Gérin Lajoie (1824-1882), publient *Les Soirées Canadiennes* en 1861 et *Le Foyer Canadien* en 1863. L'impulsion poétique de ce mouvement sera fournie par un groupe de poètes nés vers 1837 dont deux au moins, Louis-Honoré Fréchette (1839-1908) et Léon-Pamphile Le May (1837-1918), vont connaître la célébrité, publiant plus d'une douzaine de recueils et de plaquettes chacun. Cette génération compte aussi entre autres Alfred Garneau (1836-1904), Benjamin Sulte (1841-1923), Napoléon Legendre (1841-1923) et Eustache Prudhomme, (1845-1923), de Montréal. Cette dernière ville commence déjà à prendre de l'importance et *La Revue Canadienne*, publiée à partir de 1864, permet à plusieurs poètes de faire paraître leurs vers. L'ouverture d'universités de langue française, l'Université Laval en 1852 et l'Université Laval de Montréal en 1871, joue un rôle important dans le regroupement de jeunes passionnés par la littérature. Que de rêves lancés à la face du monde, autour d'une table et d'une bouteille!

Les dieux littéraires des poètes des années 1860 sont Lamartine et Hugo. À partir de 1875, une autre génération d'écrivains, nés autour de 1850, tente le renouvellement des sources d'inspiration. On lit Musset et les Parnassiens, surtout Leconte de Lisle. Pourtant, ces poètes, mis à part Nérée Beauchemin (1850-1931) et William Chapman (1850-1917), n'ont pas égalé l'éclat de la génération précédente. Les aînés veillent jalousement sur le petit monde littéraire, n'hésitant pas à attaquer les jeunes imprudents. Le pauvre Eudore Evanturel (1854-1919) ne se relèvera jamais des critiques acerbes et même méchantes publiées à l'occasion du lancement de ses *Premières Poésies,* en 1878. Léon Lorrain (1852-1892) se suicide et James Prendergast (1858-1945) quitte le Québec pour le Manitoba, en 1882. À partir des années 1880, on assiste à un certain épuisement des sources d'inspiration. Les poètes se répètent et leurs recueils «suintent la monotonie», selon Jean Charbonneau, un des fondateurs de l'École littéraire de Montréal, en 1895. Et après 1890, cet épuisement s'explique par le vieillissement de l'ensemble des écrivains. Mais bientôt les jeunes, nés entre 1870 et 1880, sans oublier Émile Nelligan, venu au monde en 1879, vont renouveler complètement la poésie au Québec.

Il n'est pas possible de cerner l'évolution littéraire du Québec par les seules statistiques. Mais aurait-on connu l'œuvre géniale d'un Nelligan, sans la centaine de poètes qui l'ont précédé? Ces poètes n'ont-ils pas publié une soixantaine de recueils entre 1863 et 1890, sans compter les quelques vingt-cinq livres qu'ils lancent après cette date? Héritiers de la tradition littéraire de la France, ces poètes, des fils du Québec, ont essayé d'exprimer l'essence même de leur pays et de leurs expériences de la vie. Comme Pamphile Le May, ne peuvent-ils pas tous écrire:

> « Mais est-ce bien ma faute, à moi, si je suis sous l'empire du dieu ou du démon de la poésie? Puis-je imposer silence à cette voix impérieuse et ravissante qui s'élève dans mon âme, et qui me dicte des paroles que je ne peux saisir qu'à demi, et dont, hélas! je ne puis rendre qu'imparfaitement la douceur et la mélodie?» (*Essais poétiques*, 1865, p. xi)

Notre choix des meilleures œuvres de quarante-deux poètes de la période de 1790 à 1890 se veut un reflet de la lente maturation de l'idéal littéraire et poétique au Québec, en même temps qu'un hommage à ces précurseurs qui ont contribué à l'élaboration d'une culture spécifiquement québécoise.

* * *

L'évolution du sentiment national au Québec ces dernières années s'accompagne d'un désir de plus en plus pressant de scruter les origines historiques ainsi que l'expression littéraire des époques lointaines. Or, cet examen n'est guère possible sans une certaine diffusion des œuvres. Certains voudraient la reproduction intégrale du patrimoine littéraire. Cependant, les conditions du marché et les goûts du jour rendent cette reproduction intégrale difficile sinon impossible. Après plusieurs années de lectures et de recherches, et à la suite de cours sur la poésie québécoise du XIXe siècle, nous proposons aujourd'hui une solution de compromis: que les meilleurs poèmes d'une dizaine de poètes importants, marquants ou simplement de talent, permettent de mieux juger du développement de la poésie au siècle dernier; à ceux-ci s'ajoutent des poèmes de quelques trente poètes «secondaires». Le cadre chronologique des œuvres citées dans ce volume s'ouvre au début de l'année 1790 pour se refermer en 1890.

Les dates limites proposées n'ont rien d'arbitraire: en 1790, Joseph Quesnel, marchand malouin, établi à Montréal depuis 1779, se révèle au public cultivé du Québec par son opéra-comique *Colas et Colinette*. À sa mort en 1809, tous regrettent la disparition du « père de nos amours », et ces sentiments s'expriment pendant une vingtaine d'années encore. Quesnel serait ainsi le premier poète après la Conquête à élaborer une œuvre de qualité: trente-quatre poèmes, sans compter des pièces de théâtre. L'année 1890 marque les débuts d'un mouvement poétique influencé par les Parnassiens et les Symbolistes. Les versificateurs de la génération précédente se sont levés aussitôt contre ce nouveau courant qu'on dénomme « décadent ». Mais l'avenir donne raison aux jeunes de 1890 et bientôt l'École littéraire de Montréal va porter la poésie québécoise à un nouveau sommet caractérisé surtout par le génie créateur d'Émile Nelligan.

Notre recueil de textes néglige nécessairement la poésie anonyme et populaire, née dans les circonstances marquantes de la vie du peuple québécois: guerres, élections, conflits, scandales, voire même des crimes. Nous avons tenu quand même à faire un léger accroc à notre plan initial. C'est ainsi que nous incluons une section intitulée « Les Patriotes ». Nous essayons d'évoquer par quelques poèmes l'évolution du sentiment national au cours de la décennie 1830-1839. Cette sélection de pièces anonymes complète ce que disent les œuvres d'un Joseph-Guillaume Barthe, d'un Antoine Gérin-Lajoie, pour ne nommer que ceux-là.

En général, nous offrons au lecteur des poèmes complets. Dans quelques cas, cependant, ce principe n'est pas respecté à cause de la longueur des textes que nous devons inclure, étant donné leur importance: les « Satires » de Michel Bibaud, « Louise » de François-Xavier Garneau, « La Promenade des trois morts » d'Octave Crémazie et « La Voix d'un exilé » de Louis-Honoré Fréchette. D'importantes coupures furent opérées sans pour autant nuire à l'appréciation de l'ensemble. Pour chaque poème, nous sommes retourné aux sources, afin de publier la meilleure version possible de l'œuvre. S'il y a lieu, nous indiquons des variantes et nous fournissons des notes explicatives.

Enfin, il nous reste à souhaiter que cette étude rencontre l'approbation des professeurs, des étudiants et du grand public. Nous remercions tous ceux qui se sont déjà penchés sur la poésie du XIXᵉ siècle, nous fournissant ainsi des études et quelques éditions de textes utilisées au cours de nos recherches. Nous désirons rendre un hommage tout spécial au professeur Paul Wyczynski, collègue et ami, qui, en plus d'un encouragement soutenu, a examiné ce recueil de textes et nous a fait ses commentaires judicieux.

John E. Hare
Professeur agrégé
Département des Lettres françaises
Université d'Ottawa

Note bibliographique

Pour les détails bio-bibliographiques supplémentaires sur la plupart des poètes cités, nous renvoyons le lecteur au *Dictionnaire pratique des auteurs québécois,* préparé par Réginald Hamel, John Hare et Paul Wyczynski (Montréal, Fides, 1976). Le premier tome du *Dictionnaire des œuvres littéraires du Québec* (Montréal, Fides, 1978), préparé sous la direction de Maurice Lemire, fournit une analyse succincte et claire des recueils de poésie de la période correspondant à notre étude.

Illustrations

Nous pensons que certains documents iconographiques peuvent éclairer le contexte de plusieurs poèmes. Et il vous a semblé important de fournir aussi la musique de quelques chants inclus dans notre choix de textes. Comment, par exemple, séparer le « Canadien errant » d'Antoine Gérin-Lajoie du bel air qui le supporte ?

Bibliographie sommaire

Cette bibliographie sommaire n'a pas la prétention de présenter une liste complète des études sur la poésie au Québec de 1790 à 1890. Nous avons voulu simplement énumérer quelques ouvrages utiles à ceux qui voudront poursuivre des lectures sur le développement de la poésie pendant la période comprise dans notre anthologie. Nous avons exclu généralement de nombreuses histoires de la littérature québécoise qu'on peut au besoin consulter avec profit.

a) Ouvrages généraux

BESSETTE, Gérard, *Les Images en poésie canadienne-française*, Montréal, Éditions Beauchemin, 1960, 282 pp.

GAUTHIER, Michel, *Système euphonique et rythmique du vers français*, Paris, Librairie Klincksieck, 1974, 164 pp.

GRAMMONT, Maurice, *Petit Traité de versification française*, Paris, Armand Colin, 1965, 156 pp.

MORIER, Henri, *Dictionnaire de poétique et de rhétorique*, Paris, P.U.F., 1961, 491 pp.

ROLLAND, Roger, *Poésie et versification. Essai sur la liberté du vers*, Montréal, Fides, 1949, 189 pp.

b) Bibliographies

FRASER, Ian Forbes, *Bibliography of French-Canadian Poetry. Part 1: From the Beginnings of the Literature through the Ecole littéraire de Montréal*, New York, Columbia University, 1935, 105 pp.

HARE, John E., *Bibliographie de la poésie canadienne-française des origines à 1967*, dans *La Poésie canadienne-française*, Montréal, Fides, 1969, p. 602-698. «ALC», IV.

c) Études générales

BISSON, Lawrence, *Le Romantisme littéraire au Canada français*, Paris, Droz, 1932, 285 pp.

DANDURAND, Albert, *La Poésie canadienne-française*, Montréal, A. Lévesque, 1933, 244 pp.

GAY, Paul, *Notre Poésie*, Montréal, Éditions Hurtubise-HMH, 1974, 199 pp.

HAYNE, David M., *Sur les traces du préromantisme canadien*, dans *Le Mouvement littéraire de Québec 1860*, Ottawa, E.U.O., 1961, p. 137-157. «ALC», I.

ID., *La poésie romantique au Canada français (1860-1890)*, dans *La Poésie canadienne-française*, Montréal, Fides, 1969, p. 51-73. «ALC», IV.

LAREAU, Edmond, *Histoire de la littérature canadienne*, Montréal, John Lovell, 1874, viii, 496 pp.

LORTIE, Jeanne d'Arc. *Les Origines de la poésie au Canada français*, dans *La Poésie canadienne-française*, Montréal, Fides, 1969, p. 11-49. «ALC», IV.

ID., *La Poésie nationaliste au Canada français (1606-1867)*, Québec, P.U.L., 1975, ix, 535 pp.

MARION, Séraphin, *Les Lettres canadiennes d'autrefois*, Ottawa, E.U.O., 1939-1958, 9 vol.

MÉNARD, Jean, *La Poésie du Terroir au Canada français*, dans *La Vie littéraire au Canada français*, Ottawa, E.U.O., 1971, p. 115-197.

SULTE, Benjamin, *La Poésie française en Canada*, dans *Les Nouvelles Soirées canadiennes*, vol. 1, 1882, p. 274-281, 300-315, 356-364, aussi dans Louis-H. Taché, *La Poésie franco-canadienne*, St-Hyacinthe, Le Courrier de St-Hyacinthe, 1881, 288 pp., surtout p. 5-37.

TURNBULL, Jane M., *Essential Traits of French-Canadian Poetry*, Toronto, Macmillan, 1938, 225 pp.

d) Anthologies

HUSTON, James, *Le Répertoire national ou recueil de littérature canadienne*, Montréal, Lovell et Gibson, 1848-1850, 4 vol. ; 2e éd. Montréal, J.-M. Valois et cie, 1893, 4 vol.

NANTEL, Antonin, *Les Fleurs de la poésie canadienne*, Montréal, Beauchemin, 1869, 134 pp. ; 2e éd. 1896, x, 255 pp.

TACHÉ, Louis-H., *La Poésie franco-canadienne*, Saint-Hyacinthe, Le Courrier de Saint-Hyacinthe, 1881, 288 pp.

FOURNIER, Jules, *Anthologie des poètes canadiens*, Montréal, s. é., 1920, 309 pp. ; 2e éd. 1920 ; 3e éd. Montréal, Granger Frères, 1933, 299 pp.

SYLVESTRE, Guy, *Anthologie de la poésie canadienne d'expression française*, Montréal, Valiquette, 1942, 141 pp.; 2ᵉ éd. *Anthologie de la poésie canadienne-française*, Montréal, Beauchemin, 1958, 298 pp.; 3ᵉ éd. 1961; 4ᵉ éd. 1963, 376 pp.; 5ᵉ éd. 1966; 6ᵉ éd. 1971; 7ᵉ éd. *Anthologie de la poésie québécoise*, Montréal, Beauchemin, 1974, 412 pp.

PAUL-CROUZET, Jeanne, *Poésie au Canada*, Paris, Didier, 1946, 372 pp.

COTNAM, Jacques, *Poètes du Québec, 1860-1968*, Montréal, Fides, 1969, 221 pp.

Les poètes et la poésie

Joseph Quesnel
(1746-1809)

Joseph-Marie Quesnel est né le 15 novembre 1746 à Saint-Malo, en France. Des trente premières années de sa vie, nous n'avons que des témoignages épars. À l'automne de 1779, il quitte le port de Bordeaux en route pour les États-Unis. Mais, le navire étant pris par la marine anglaise, Quesnel doit demeurer au Canada pendant la durée des hostilités entre l'Angleterre et les colonies américaines en révolte. Le 9 avril 1780, il épouse, à Montréal, Marie Deslandes, née elle aussi à Saint-Malo, et il s'occupe du commerce des fourrures en compagnie de son beau-père, Maurice Blondeau. Joseph Quesnel prend une part active à la vie culturelle de sa ville d'adoption. En 1780 et encore en 1783, il joue dans des troupes de théâtre amateur. Il aurait même composé un morceau de musique présenté au public. «C'était, s'il m'en souvient, la fête de Noël», écrit-il dans son «Épître à Labadie». Malheureusement, on traite de folâtre sa musique, qu'on dit «faite pour le théâtre».

En 1788, il peut enfin visiter son pays natal. À Bordeaux, il assiste à des représentations au Grand Théâtre et, à son retour à Montréal, il fonde une troupe de théâtre avec l'aide de quelques amis. En janvier 1790, on présente *Colas et Colinette,* opéra-comique en trois actes, œuvre maîtresse de Quesnel. Cet interlude aurait servi à éveiller son désir de composer de la musique et d'écrire de la poésie. En 1793, la famille Quesnel s'établit à Boucherville. Ayant assuré une certaine aisance à sa famille, il consacre ses derniers dix ans à son œuvre. Passionné de la poésie, il se plaint cependant amèrement du peu d'intérêt de ses compatriotes pour ses vers. S'il n'a pas publié de recueils, certains textes ont paru dans la presse périodique et des vers ont circulé en manuscrit. Une édition définitive de l'œuvre de Quesnel devait comprendre trente-quatre poèmes et quatre pièces de théâtre.

Ses poèmes d'inspiration politique s'avèrent les plus intéressants pour le lecteur d'aujourd'hui. En 1799, Quesnel se montre pro-britannique dans son poème «Songe agréable». Mais, en 1803, il se lève contre «L'Anti-français». L'évolution de sa pensée continue jusqu'aux «Moissonneurs» de 1806, poème publié dans *Le Canadien,* l'organe du parti canadien combattant les prétentions de l'oligarchie britannique de la colonie. L'œuvre poétique de Quesnel est composée surtout de poèmes de circonstances; la charmante chanson «A Boucherville» et les «Stances sur mon jardin à Boucherville», rappellent les joies tranquilles de la vie d'autrefois. Chez cet homme du XVIIIᵉ siècle, la poésie prend parfois un ton didactique, voire philosophique. Dans son premier poème, «A M. Panet», il raille son ami, Pierre Panet, de sa foi en Rousseau et en Voltaire. Il revient au même thème dans ses «Stances marotiques à mon esprit» et, dans son «P'tit Bonhomme vit encor!», il décrit à merveille les tics de ses contemporains. À la fin de sa vie, il meurt en récitant les vers suivants:

> «Hélas! que sert de regretter
> Les instants de ce court passage!
> La mort ne doit point attrister,
> Ce n'est que la fin du voyage.»

Quelques années plus tôt, à l'âge de 55 ans, il avait écrit son émouvante «Épître à...», un adieu à la santé, aux plaisirs, à la gaieté et surtout à la France: «Je ne te verrai plus, Ô! France.»

Pendant une vingtaine d'années, Joseph Quesnel a joué le rôle d'animateur, rappelant à ses amis canadiens, l'existence d'un héritage culturel. Jacques Viger écrit, quelques jours après le décès de Quesnel, que «c'est une perte irréparable en ce pays pour la littérature et la société; le deuil pour un tel homme ne peut se borner à la famille.» Disciple de Boileau, de Ronsard et de Molière, Quesnel demeure un poète du XVIIIᵉ siècle. Son œuvre nous intéresse aujourd'hui comme un témoignage d'époque; l'auteur sait en effet recréer l'atmosphère de son temps et pour cette raison il est l'écrivain québécois le plus important au tournant du XIXᵉ siècle.

L'Anglomanie ou le dîner à l'anglaise. Comédie en un acte et en vers, dans *La Barre du jour,* vol. 1, nᵒˢ 3-4-5, 1965, p. 117-140.

Joseph Quesnel (1749-1809). Quelques poèmes et chansons selon les manuscrits de la collection Lande, Montréal, The Lawrence M. Lande

Foundation, McGill University, 1970, 60 pp. Introduction par Michael Gnarowski.

* * *

Camille Roy, «Joseph Quesnel», dans *Nos origines littéraires*, Québec, L'Action sociale, 1909, p. 125-157.

Baudouin Burger, *L'Activité théâtrale au Québec (1765-1825)*, Montréal, Parti Pris, 1975, p. 199-215.

David-M. Hayne, *Le Théâtre de Joseph Quesnel*, dans *Le Théâtre canadien-français*, Montréal, Fides, 1976, p. 109-117.

Colas et Colinette ou Le Bailli dupé [1] *(1790)*

Le 14 janvier 1790, le Théâtre de Société de Montréal présente le *Retour imprévu* de Regnard et la nouvelle comédie de Joseph Quesnel, *Colas et Colinette.* Cet opéra-comique est bien accueilli du public: en effet, un critique anonyme écrit que «la pièce plaît d'abord, ensuite charme, puis enchante» *(La Gazette de Montréal,* 21 janvier 1790). Cette comédie en trois actes en prose, «mêlée» de quatorze airs chantés, n'a rien de spécifiquement québécois. Les cinq personnages incarnent des stéréotypes du théâtre français du XVIIIe siècle: les amants villageois — Colas, jeune homme un peu naïf et sans instruction et Colinette, belle orpheline; M. Dolmont, seigneur du village et tuteur de la jeune fille; le Bailli, vieux garçon qui, afin d'épouser Colinette, essaie d'éloigner Colas; L'Épine, domestique sympathique mais peu doué. Avant les reprises modernes dans la reconstitution de Godfrey Ridout, à partir de 1963, *Colas et Colinette* n'avait connu que six représentations, toutes du vivant de l'auteur: le 14 janvier et le 9 février 1790 à Montréal, le 29 janvier et le 23 février 1805, le 7 février et le 21 mai 1807, à Québec. En voici quelques ariettes:

ACTE I, SCÈNE 1e
COLINETTE: Cher protecteur de mon enfance,
C'est pour toi seul qu'en ce bosquet,
Ma main façonne ce bouquet,
Que t'offre la reconnaissance.

---

1. *Colas et Colinette ou le Bailli dupé.* Comédie en trois actes et en prose, mêlée d'ariettes. À Québec, Chez John Neilson, 1808, (6), 78 pp. (Réimpression de cette édition par Réédition-Québec de Montréal en 1968, avec une préface par Gilles Potvin.)

Du sort éprouvant la rigueur,   5
En naissant je perdis mon père,
Sans toi quel était mon malheur !
Mais tu me vis, je te fus chère,
Et tu devins mon bienfaiteur.
Cher protecteur de mon enfance,   10
C'est pour toi seul qu'en ce bosquet,
Ma main façonne ce bouquet,
Que t'offre la reconnaissance.

SCÈNE 3ᵉ

LE BAILLI: Colinette est jeune et jolie,
De l'épouser ferai-je la folie ?
L'amour dit oui, mais hélas la raison
En l'écoutant me dira toujours non,
    Non, non, non, non.   5
    Pourtant, pourtant sa mine,
    Sa mine est si mutine !
    Si fine !

Non, non, mon cœur n'y saurait résister ;
Lequel des deux dois-je écouter !   10
Oui, c'en est fait, elle a su me plaire,
Oui, oui, je veux hâter cette affaire,
    Colinette sera mon lot ;
    Sitôt que l'amour dit un mot,
    C'est la raison qui doit se taire.   15

SCÈNE 4ᵉ

COLAS: Colinette est un vrai trésor,
Tout plaît en c'te[2] jeune bergère,
Joli minois, taille légère,
On n'peut s'tenir d'l'aimer d'abord,
    C'est comme un sort.   5
Pour moi que l'amour engage,
A songer au mariage,
Je sens ben, sauf vot'respet,
Que Colinette est tout mon fait.

Quand aux bois elle va sautant,   10
J'la guettons pour aller avec elle,
Elle r'fuse d'abord, d'abord ell' me querelle,
Mais j'l'en prions si poliment,

---

2. Notez dans cette ariette de Colas des tentatives de reproduire le parler populaire:
ben = bien, *vot'respet* = votre respect, *j'la guettons* = je la guette, *j'l'en prions* = je l'en
prie, *queuq'fois* = quelquefois.

Qu'elle y consent.
Pour moi que l'amour engage, *etc.*   15
Si queuq'fois j'la veux embrasser,
Contre moi ell' s'met en colère,
Mais j'crois pourtant qu'elle m'laisserait faire,
Si j'osions un peu la presser,
Et r'commencer.   20
Pour moi que l'amour engage, *etc.*

ACTE II, SCÈNE 5ᵉ
LE BAILLI :   En amour plein d'expérience,
Je sais l'art de gagner un cœur,
Si l'on résiste à mon ardeur,
Il faut céder à ma persévérance.

Ainsi que le chat qui guette   5
Pour attraper la souris,
S'il aperçoit la pauvrette,
D'un coup, paf, autant de pris.
De même près d'une belle,
Jamais je ne perds mes pas ;   10
Devant moi la plus cruelle
Bientôt met les armes bas.

Stances marotiques à mon esprit [1] (1798)

Ces «stances marotiques» témoignent de l'influence du grand poète, Clément Marot (1496-1544), au XVIIIᵉ siècle. (Voir W. de Lerber, *L'influence de Clément Marot au XVIIᵉ et au XVIIIᵉ siècles*, Lausanne, 1920.) Style tout rempli de «je ne sais quoi de court, de naïf, de hardi, de vif et de passionné» selon Fénelon. Notez des archaïsmes au niveau de la syntaxe donnant au poème une saveur du XVIᵉ siècle.

Non mon esprit vous n'êtes sot,
Mais onc[2] ne fûtes Philosophe[3],
Point n'est sagesse votre lot,
Pourtant ne manquez[4] pas d'étoffe.

---

1. Ce poème, composé en 1798, ne fut publié qu'en 1826 dans *La Bibliothèque canadienne* de Michel Bibaud (vol. 3, no 2, juillet 1826, p. 74).
2. Onc = jamais.
3. Philosophe : Nom donné aux écrivains qui, dans la dernière moitié du XVIIIᵉ siècle, répandent la philosophie rationaliste, surtout dans l'*Encyclopédie* de Diderot et d'Alembert à partir de 1750.
4. Dans l'ancienne langue, le pronom personnel sujet était souvent omis devant le verbe.

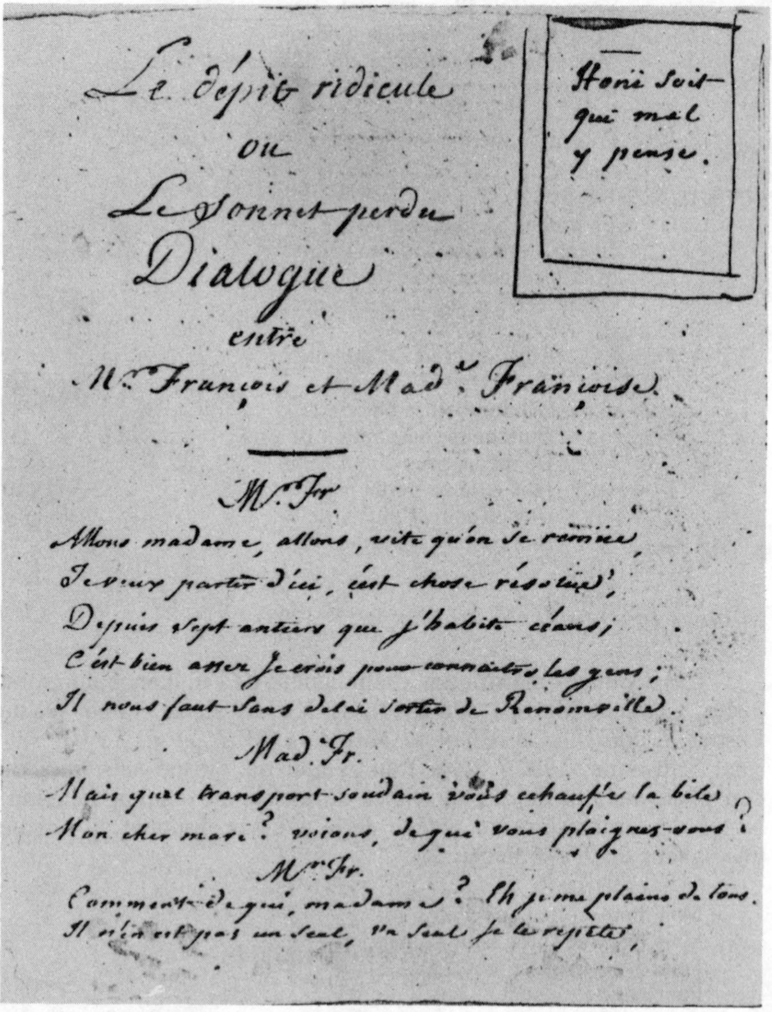

Le dépit ridicule
ou
Le sonnet perdu
Dialogue
entre
Mr François et Madame Françoise.

Honi soit
qui mal
y pense.

Mr Fr

Allons madame, allons, vite qu'on se remue,
Je veux partir d'ici, c'est chose résolue;
Depuis sept ans entiers que j'habite céans,
C'est bien assez je crois pour connaître les gens;
Il nous faut sans délai sortir de Renomville.

Mad. Fr.

Mais quel transport soudain vous échauffe la bile
Mon cher mari? voions, de quoi vous plaignez-vous?

Mr Fr.

Comment? de qui, madame? Eh je me plains de tous.
Il n'en est pas un seul, un seul je le répète,

FIG. 1 — Page autographe du « Dépit ridicule » par Joseph Quesnel.

Point trop mal vous dites le mot,   5
Assez bien raillez sans déplaire,
Or un sot ne le pourrait faire :
Non mon esprit vous n'êtes sot.

Mais flatter ne fut mon métier,
Partant souffrez cette apostrophe ;   10
Bien êtes un peu singulier,
Mais onc ne fûtes Philosophe.

Triste, gai, libertin, dévot,
Sans fin variez votre assiette,
Et donc à bon droit je répète :   15
Point n'est sagesse votre lot.

Or évitez des esprits vains,
Commune et triste catastrophe,
Car certes n'êtes des plus fins,
Pourtant ne manquez pas d'étoffe.   20

Songe agréable (1799)

Inspiré par la victoire navale de Nelson à Aboukir aux dépens de la marine française en août 1798, ce poème fut publié dans *La Gazette de Montréal*, le 18 novembre 1799. Le courant de loyalisme avait inspiré aussi Joseph-Octave Plessis, curé de Québec et évêque coadjuteur qui prononça un sermon antirévolutionnaire et favorable à l'Angleterre à l'occasion de cette victoire, le 10 janvier 1799, (*Discours à l'occasion de la victoire remportée par les forces navales de Sa Majesté britannique dans la Méditerranée le 1 et 2 août 1798* (...), Québec, (s.é.), 1799, (3), 24 pp.)

Une nuit que le dieu Morphée,
Sur ma paupière comprimée
Distillait ses plus doux pavots[1],
Je vis en songe dans la nue,
Un vieillard à tête chenue,   5
Qui me fit entendre des mots :

Bellone[2] va fuir exilée,
L'Europe de sang abreuvée
La repousse au fond des déserts ;

---

1. Pavot : Plante somnifère cultivée pour ses capsules qui fournissent l'opium.
2. Bellone : Déesse romaine de la guerre.

Et Georges[3] ce roi formidable,   10
Domptant le Français indomptable,
Rendra la paix à l'univers.

Tremble ennemi[4] fier et perfide,
Et de ta fureur homicide
Suspends les effets impuissants;   15
Albion[5] se rit de ta haine,
Et des peuples que tu enchaînes,
Il brisera les fers sanglants.

Mais... quelle heureuse scène s'ouvre!
L'avenir à moi se découvre...!   20
Déjà je vois mille vaisseaux
Sillonnants les plaines liquides,
Et les Pilotes moins timides
Ne redouter plus que les flôts.

Mars[6] s'enfuit, le carnage cesse;   25
La paix cette aimable déesse
Va réunir tous les mortels,
Et bientôt dans ces jours prospères,
Les hommes redevenus frères,
Iront encenser ses autels.   30

La concorde enfin va renaître,
À sa suite on verra paraître
L'aurore du plus heureux jour;
Et dans leurs champs rendus fertiles,
Les laboureurs libres, tranquilles,   35
Béniront la paix à leur tour.

Il dit; et soudain je m'écrie:
O vieillard! dont la prophétie
Comblerait notre ardent désir.
Que sais-tu de nos destinées?   40
Je suis le père des années
Dit-il, et je vois l'avenir.

À ces mots, le vieillard s'envole,
Et d'un songe hélas trop frivole
Je crûs qu'il m'avait abusé;   45

---

3. Georges: George III, roi de la Grande-Bretagne de 1760 à 1820.
4. Ennemi = la France.
5. Albion: Nom par lequel on désigne poétiquement l'Angleterre.
6. Mars: Dieu de la guerre.

Mais les succès de l'Angleterre,
Sauront réaliser j'espère,
Ce que Le Temps m'a révélé.

Épître à Labadie [1] (1800/1801)

Joseph Quesnel souffre du peu de cas qu'on fait au Québec des arts et de la littérature. Dans ce long poème de 191 vers, il raconte ses déceptions lorsque livrant des morceaux de musique et des pièces de théâtre à ses compatriotes montréalais, il ne reçoit en retour que des critiques malveillantes. Ne doit-on voir une certaine ironie dans le fait que Quesnel adresse son poème à Louis Labadie, maître d'école sans beaucoup de talent, qui écrit des poésies si mauvaises que même John Neilson, rédacteur de *La Gazette de Québec*, n'ose pas les publier? Le thème de l'incompréhension du public envers le poète serait repris dans « Le Dépit ridicule » et dans « La Nouvelle Académie. Songe ». Nous publions des extraits de la première version du poème consignée dans le cahier manuscrit de Quesnel. En 1806, Louis Plamondon, avocat à Québec, imprime une version légèrement différente dans son *Almanach des dames pour l'année 1807* (Québec, la Nouvelle Imprimerie, 1806, p. 20-32), texte réimprimé dans *Le Répertoire national* de James Huston (Montréal, John Lovell, 1848, tome 1, p. 62-67).

Toi qui trop inconnu mérites à bon titre,
Pour t'immortaliser que j'écrive une épître,
Toi, qui si tristement languis en l'univers,
Labadie c'est à toi que j'adresse ces vers.
    Quand je vois tes talents restés sans récompense   5
J'approuve ton dépit et ton impatience,
Et je tombe d'accord que nous autres Rimeurs
Sommes toujours en bute à Messieurs les railleurs.
(…)
Parcours tout l'univers de l'Inde en Italie
Tu verras que partout on fête le génie;
Mais ici point du tout, l'ingrat Canadien   55
Aux talents de l'esprit n'accorde jamais rien.
Et puisque par hazard je suis sur ce chapitre

---

1. Louis-Généreux Labadie (1765-1824), fils d'un tonnelier, est né à Québec. On le voit tenir des écoles à Beauport, à Verchères, à Saint-Eustache, à Varennes, etc. Son journal manuscrit se trouve aux Archives du Séminaire de Québec. Il fait imprimer une traduction du « God Save the King » dans *La Gazette de Québec* du 1 juin 1797, quoique les trois premières strophes sont l'œuvre de Quesnel. Labadie publie aussi une chanson dans *La Gazette de Québec* du 31 mai 1798.

Je te veux, cher ami, prouver en cette épître,
Qu'on a beau parmi eux vouloir se surpasser,
Ici l'homme à talent ne peut jamais percer,   60
Moi-même j'en ai fait la dure expérience,
Voici le fait: Privé de retourner en France[2],
J'arrive ici et lors pleins d'affabilité,
Ils exercent pour moi leur hospitalité,
De ce que je ne me plains. Mais las! point de musique.   65
À table ils vous chantaient vieille chanson bachique[3];
À l'Église c'était deux ou trois vieux motets
D'un orgue accompagnés, qui manquait de soufflets
Cela faisait pitié! Moi, d'honneur je me pique,
Me voilà composant un morceau de musique,   70
Que l'on exécuta dans un jour solennel,
(C'était, s'il m'en souvient, la fête de Noël.)
J'y avais mis de tout dans ce morceau lyrique,
Du vif, du lent, du gai, du doux, du chromatique,
En bémol, en bécarre, en dièze et caetera,   75
Jamais je ne brillai autant que ce jour-là.
Hé bien, qu'en advint-il? On traite de folâtre
Ma musique, dit-on, faite pour le théâtre;
L'un se plaint qu'à l'office il a presque dansé,
L'autre dit que l'auteur devrait être chassé.   80
Chacun tire sur moi et me pousse des bottes,
Le sexe[4] s'en mêla mais surtout les dévotes:
Doux Jésus, disait l'une, avec tout ce fracas
Les saints en Paradis ne résisteraient pas!
Vrai Dieu, disait une autre, à ces cris qui éclatent   85
On croirait qu'au jubé tous les démons se battent!
Enfin, cherchant à plaire en donnant du nouveau,
Je vis tout mon espoir s'en aller à vau-l'eau.
        Pour l'oreille, il est vrai, tant soit peu délicate
Ma musique, entre nous, était bien un peu plate;   90
Mais leur fallait-il donc des Handels[5], des Grétrys[6]?
Ma foi, qu'on aille à Londres ou qu'on aille à Paris;
Pour moi je croyais bien admirant mon ouvrage,
Que la ville en entier m'eût donné son suffrage,
Mais de mes amis seuls vivement applaudi,   95

---

2. Arrivé à Montréal en 1779, Quesnel ne peut quitter la province à cause de la guerre
   entre l'Angleterre et les États-Unis. Le traité de paix ne sera signé qu'en 1783.
3. Philippe Aubert de Gaspé, dans son roman *Les Anciens Canadiens*, décrit très bien
   la coutume de chanter à tour de rôle après le repas.
4. Le sexe = le beau sexe, les femmes.
5. Handel: Georg Fiedrich Handel (1685-1759), compositeur allemand qui a laissé surtout
   des opéras et des oratorios.
6. Grétry: André Grétry (1741-1813), compositeur français qui a excellé dans l'opéra-
   comique.

Je vis bien qu'en public j'avais peu réussi;
Ainsi j'abandonnai ce genre trop stérile.
Ce revers néanmoins en m'échauffant la bile,
Ne faisait qu'augmenter le désir glorieux;
Par mes talents divers de me rendre fameux.   100
Je consulte mon goût et j'adopte Thalie[7]:
Bientôt de mon cerveau sort une comédie.
D'une autre en peu suivie. Deux pièces[8]! c'est beaucoup;
On parlera de moi, disais-je, pour le coup;
En tous lieux j'entendrai célébrer mon génie,   105
Mais je ferai surtout briller ma modestie;
Les honneurs et les biens s'en vont pleuvoir sur moi,
Mais je me veux montrer généreux comme un roi;
Tels étaient mes projets. (...)
(...)
       Ma pièce enfin paraît: O flatteuse soirée!
Il faut être un auteur pour en avoir l'idée;   130
On rit, on rit, on rit; mais ce fut tout aussi,
Jamais je n'en reçus le moindre grand-merci,
Pas le moindre profit; Du marchand l'avarice
Ne m'en vendit pas moins au plus haut bénéfice;
Infléxibles pour moi les juifs de cordonniers,   135
Ne baissaient d'un sou le prix de mes souliers;
Et même enfin privé des honneurs du poète,
Pas un seul mot de moi ne fut sur la Gazette[9].
(...)
       Boileau[10] l'a déjà dit et moi je le répète,
C'est un triste métier que celui de poète.
De ceci cependant ne sois point affecté;
Nous écrivons tous deux pour la postérité;   175
Bien d'autres, il est vrai, jouissant de leur gloire,
Ont vu leurs noms inscrits au temple de mémoire;
Gresset[11] et Despréaux[12] par leurs contemporains,
Furent dès leur vivant loués pour leurs lutrins,
Voltaire, De Belloi[13], et Molière, et Racine,   180
Bien choyés, bien payés avaient bonne cuisine.

---

7. Thalie: Muse de la comédie.
8. Deux pièces: Nous ne connaissons qu'une seule pièce écrite par Quesnel avant 1800,
    soit *Colas et Colinette* en 1789; sa deuxième pièce, *L'Anglomanie*, date de 1802.
9. *Gazette:* La province compte deux journaux en 1800, soit *La Gazette de Québec* et
    celle de Montréal.
10. Boileau: Nicolas Boileau-Despréaux (1636-1711), poète et critique français qui, dans son
    Art poétique, fixe l'idéal littéraire auquel on devait donner le nom de classicisme.
11. Gresset: J.-B. Gresset (1709-1777), poète français, auteur d'un poème célèbre à l'épo-
    que, «Vert-vert».
12. Voir note 10.
13. Du Belloi: Pierre-Laurent Buyrette dit de Belloy (1727-1775), poète français, auteur du
    Siège de Calais.

FIG. 2 — La danse ronde, par G. Hériot, (1807), gravure tirée de *Travels through the Canadas*, Londres, 1807.

Pour nous, cher L——— dans ce pays ingrat,
Où l'esprit est plus froid encor que le climat,
Nos talents sont perdus pour le siècle où nous sommes;
Mais la postérité fournira d'autres hommes,   185
Qui goûtant les beautés de nos écrits divers.
Célébreront ma prose aussi bien que tes vers[14].
Prédire l'avenir est ce dont je me pique,
Tu peux en croire enfin mon esprit prophétique;
Nos noms seront connus un jour en Canada,   190
Et chantés de Longueil... jusques... à Yamaska.

Stances sur mon jardin à Boucherville [1] (1801)

Le goût pour les choses de la nature caractérise la dernière
partie du XVIIIe siècle, goût que le sillage de Rousseau faisait
surgir du fond des âmes. La traduction des *Saisons* de Thomson
en 1769 par Saint-Lambert, *Les Mois* de Roucher en 1779 et sur-
tout *Les Jardins* de Delille en 1782 marquent les jalons littéraires
de cet engouement pour les plaisirs champêtres. Déjà Rousseau,
dans *La Nouvelle Héloïse* (1761), avait décrit un jardin où la
Nature gardait ses libertés (4e partie, lettre xvii). Boucherville,
petit village sur la rive sud du Saint-Laurent à l'est de Montréal,
fut autrefois un lieu enchanteur «que le fleuve ne semble quitter
qu'à regret».

Petit jardin que j'ai planté
Que ton enceinte sait me plaire!
Je vois en ta simplicité,
L'image de mon caractère.

Pour rêver qu'on s'y trouve bien!   5
Ton agrément c'est la verdure;
À l'art tu ne dois presque rien,
Tu dois beaucoup à la nature.

D'un fleuve rapide en son cours,
Tes murs viennent toucher la rive,   10
Et j'y vois s'écouler mes jours,
Comme son onde fugitive.

---

14.   Noter l'aspect satirique de ce vers puisque Quesnel fut surtout poète.
1.   «Stances sur mon jardin», publiés dans *The British-American Register* (vol. 1, n° 10, 12
      mars 1803).

Lorsque, pour goûter le repos,
Chaque soir je quitte l'ouvrage,
Que j'aime, jeunes arbrisseaux,   15
À reposer sous votre ombrage!

Votre feuillage, tout le jour,
Au doux rossignol sert d'asile;
C'est là qu'il chante son amour,
Et, la nuit, il y dort tranquille.   20

Toi qui brilles en mon jardin,
Tendre fleur, ton destin m'afflige!
On te voit fleurir le matin,
Et, le soir, mourir sur la tige.

Vous croissez arbrisseaux charmants,   25
Dans l'air votre tige s'élance;
Hélas! j'eus aussi mon printemps,
Mais déjà mon hiver commence.

Mais à quoi sert de regretter,
Les jours de notre court passage?   30
La mort ne doit point attrister,
Ce n'est que la fin du voyage².

Les Moissonneurs (1806)

En 1806, Pierre Bédard et quelques autres chefs du parti
canadien décident de fonder un journal de combat de langue fran-
çaise, *Le Canadien*. Le prospectus du 13 novembre définit ainsi
les objectifs de l'hebdomadaire: «...venger la loyauté de leur ca-
ractère (aux Canadiens)», bref, se faire le héraut du peuple cana-
dien, et en français; car la loyauté peut s'exprimer dans toutes
les langues, tout comme «la bassesse et... l'envie». Joseph Ques-
nel voit paraître son poème nationaliste, «Les Moissonneurs»,
dans le numéro du 20 décembre 1806. Dès le 22 décembre, *The
Quebec Mercury*, journal anti-canadien, va parodier le poème de
Quesnel ainsi:

«Canadians complain they do but glean,
    Whilst Englishmen the golden harvest reap;
The reason is that Englishmen are seen
    To *plow* and *sow* whilst rivals *prate* and *sleep*.»

---

2. Mourant, Quesnel aurait récité cette strophe sous une forme légèrement différente:
«Hélas! que sert de regretter, Les instants de ce court passage, (...).»

(Voir l'analyse du *Canadien* dans John Hare et Jean-Pierre Wallot, *Les Imprimés du Bas-Canada, 1801-1810*, Montréal, Presses de l'Université de Montréal, 1967, p. 315-327.)

> Faucille en main, au champ de la Fortune,
> On voit courir l'Anglais, le Canadien[1] ;
> Tous deux actifs et d'une ardeur commune,
> Pour acquérir ce qu'on nomme du bien ;
> Mais en avant l'Anglais ayant sa place,   5
> Heureux Faucheur il peut seul moissonner,
> L'autre humblement le suivant à la trace,
> Travaille autant et ne fait que glaner.

---

1. Canadien = plus tard Canadien français, aujourd'hui Québécois.

Pierre-Florent Baillairgé
(1761-1812)

Huitième enfant de Jean Baillairgé (ou Baillargé), sculpteur et architecte, arrivé à Québec en 1741, Pierre-Florent est le frère du célèbre peintre, sculpteur et architecte, François Baillairgé (1759-1830). Après des études classiques au Séminaire de Québec, il prend la soutane en 1784, mais, l'année suivante, il renonce aux études théologiques à la suite de difficultés survenues avec le supérieur du Séminaire des Sulpiciens à Montréal. Installé à l'atelier de son père, il l'assiste pendant treize ans. En 1807, il occupe le poste de trésorier des chemins de la ville de Québec. Ami et compagnon de classe de Pierre Bédard, fondateur du *Canadien*, Baillairgé lui permet d'installer sa presse dans une pièce de sa maison, rue Ferland. À la suite de la saisie du journal, le 17 mars 1810, le gouverneur Craig émet un mandat d'arrestation contre Pierre-Florent.

Pierre-Florent n'est pas poète, mais il griffonne des vers sur des événements du jour, comme la noyade du curé Hubert en 1792. Selon la tradition de famille, Pierre-Florent serait aussi l'auteur de la chanson «révolutionnaire» qui circulait dans la ville en mars 1810.

Voir G.-P. Baillargé, *Pierre-Florent Baillargé*, dans le *Bulletin des recherches historiques*, vol. 8, n° 1, 1902, p. 25-27.

Élégie sur la mort de M. le curé Hubert [1] (1792)

Le naufrage d'une chaloupe en face de la ville de Québec, le 21 mai 1792, sème la consternation parmi la population de la ville. En effet, dix personnes périssent dont M. Augustin-David Hubert, curé de Québec depuis 1775. Pierre-Florent Baillairgé se piquant

---

1. *Élégie; Sur l'air du «Couronnement du Roi»*, (Québec, Samuel Neilson, 1792), 1 feuillet; dans P.-G. Roy, *L'île d'Orléans*, Québec, L.-A. Proulx, 1928, p. 396-397.

de poésie, composa une élégie qui se chantait, paraît-il, sur l'air:
Au sang qu'un Dieu va répandre. Cette pièce de vers imprimée sur
une feuille volante, est alors distribuée à toutes les familles de
Québec.

Pleure, ville infortunée
Le plus chéri des pasteurs;
Sa mort trop prématurée
Doit attendrir tous les cœurs;
À nos yeux, sur cette plage,   5
À la vue de nos remparts,
Nous avons perdu le gage
Qui fixait tous nos regards.

Ses cris frappent le rivage,
L'écho voisin les redit,   10
Il tombe, il est à la nage,
Il perd sa force, il périt;
O ciel, le coup que tu lances,
Nous est dur à supporter!
Mais, soumis à ta vengeance,   15
Nous voulons ta volonté.

Si l'auguste sanctuaire
De notre temple sacré
Possédait ce tendre père,
Ce modèle de bonté,   20
Notre douleur soulagée
Irait dans ce saint séjour,
Pleurer sur son mausolée,
Sa charité, son amour.

Vos brebis sont dispersées,   25
Cher Hubert, où êtes-vous?
Dans les plus sûres vallées,
Elles redoutent les loups;
Leur voix plaintive, touchante;
S'entremêle à des sanglots,   30
Leur vie est presque mourante
Et vous demande au troupeau.

Le pauvre pleure son père,
L'aveugle, son seul appui;
La veuve sent la misère,   35
Que sa perte leur produit;
L'orphelin gémit s'attriste;
Le malade, dans son lit,
Trouve son sort le plus triste
Puisqu'Hubert n'est plus pour lui. 40

Prisons, vos fers et vos chaînes
Ont perdu leur destructeur;
Vos épaisses voûtes mêmes
En ont frémi de douleur;
La mort ne pouvait prétendre   45
Avoir droit sur l'accusé,
Tant son cœur flexible et tendre
Exigeait qu'il fût sauvé!

On a vu par ses prières,
Fléchir le grand Carleton[2],   50
Haldimand[3], quoique sévère,
Accorder tout en son nom;
Grand prince Édouard[4], vous-même,
N'avez-vous pas accordé
À ce pasteur que tous aiment.   55
Le pardon d'un accusé?

Père des miséricordes,
Père seul de l'orphelin,
Que ta bonté nous accorde
Un pasteur un autre saint;   60
Dans ce séjour d'allégresse,
Partage de tes élus,
Qu'Hubert loue sans cesse
Tes bontés et tes vertus.

---

2. Guy Carleton, lord Dorchester (1724-1808), gouverneur de la province, de 1766 à 1778,
   et, de 1786 à 1796.
3. Frederick Haldimand (1718-1791), gouverneur de la province, de 1778 à 1786.
4. Le Prince Édouard, duc de Kent et père de la reine Victoria, commande des
   troupes à Québec, de 1791 à 1794.

Chanson [1] (1810)

À la suite de ces cris virulents et hardis contre «les riches» et «les nobles» et le «ministère», le Gouverneur décide de fermer le journal *Le Canadien*. Il y a un souffle de «sans-culotte» qui agite certains couplets! Le poème compte quinze strophes.

(...)

VIII

Pourquoi payer vingt mille louis,
Pour les donner aux riches?
Nous travaillons tous jours et nuits
Pour les garder en niches.   60
Ils peuvent bien se régaler
Et dire avec audace,
Le peuple est fait pour travailler
Pour tous les gens en places [2].

(...)

XV

Quand oserez-vous donc chasser,
Peuple, cette canaille [3],
Que le Gouverneur veut payer,   115
À même notre taille [4]?
Renommez les représentants [5]
Que les nobles [6] méprisent,
Et conduisez-les triomphants,
Pour que tous les élisent.   120

---

1. *Chanson*. À l'imitation de celle qui a été vendue sur le marché. Sur l'air: «Le bal va s'ouvrir», (Québec, Le Canadien, 1810), 1 feuillet; dans John Hare et Jean-Pierre Wallot, *Confrontations*, Trois-Rivières, Boréal Express, 1971, p. 143-147.
2. Gens en places: Nom donné aux amis du gouvernement qui occupent des places dans l'administration.
3. Peuple (...) *canaille*: Mots favoris des révolutionnaires français.
4. Taille = impôt ou taxes.
5. Représentants = députés à l'Assemblée législative.
6. Nobles = seigneurs.

FIG. 3 — La musique de « Dans le silence de la nuit ».

Jean-Denis Daulé
(1765-1852)

Le 26 juin 1794 débarque à Québec un jeune prêtre, âgé de vingt-huit ans. Réfugié en Angleterre à la suite de la Révolution française, Jean-Denis Daulé peut s'établir au Québec grâce à des amis anglais. Né à Paris, en novembre 1765, il est ordonné prêtre en 1790. Refusant de prêter le serment exigé de tout membre du clergé par la nouvelle constitution civile, il quitte son pays natal avec seulement son bréviaire et son violon. Après onze ans comme curé de la paroisse des Écureuils, il est nommé aumônier des Ursulines à Québec en 1806, poste qu'il occupe jusqu'en 1832, Durant ce long séjour au monastère, il prépare son *Nouveau Recueil de Cantiques à l'usage du Diocèse de Québec*, publié à Québec, en 1819. L'abbé Daulé, avec le concours de Joseph-François Perrault, aurait recueilli des chansons du Pont Neuf, des chansons bachiques de l'ancien temps; par la suite, il les «travestit» en cantiques. L'aumônier compose aussi un «Cantique sur la guerre présente» publié dans *La Gazette de Québec* du 23 juillet 1812. Déjà, en 1795, l'abbé Jean-Baptiste Boucher-Belleville (1763-1839) avait publié son *Recueil de Cantiques*, à l'usage des missions, des retraits et des catéchismes (Québec, John Neilson, 1795, v, 195 p.). Voici comment il présente son ouvrage: «N'est-il possible de substituer des cantiques pieux et édifiants à ces chansons indécentes qui corrompent les cœurs, et répandent l'infection du vice?» Ce recueil de cantiques fut réimprimé plusieurs fois jusqu'en 1820.

Voir Ernest Mayrand, *Noëls anciens de la Nouvelle-France*, Montréal, Beauchemin, 1913, 363 pp.

Dans le silence de la nuit [1]

Dans le silence de la nuit
Un Sauveur pour nous vient de naître ;
Quoique dans un sombre réduit,
Vous ne pouvez le méconnaître.

Chœur
L'Enfant, des enfants le plus beau,   5
Vous appelle avec allégresse :
    À son berceau *(bis)*
Portez les dons de la tendresse.

Pour le salut du genre humain,
Il naît d'une Vierge féconde ;   10
L'effet de son pouvoir divin
Est de donner la vie au monde.

Ce Dieu si plein de majesté,
Environné de milliers d'anges,
Prend notre faible humanité,   15
Est couché dans de pauvres langes.

Qu'en adorant ce tendre Enfant,
L'univers, par un saint cantique,
Rende hommage au Dieu tout-puissant
Qui nous donne son Fils unique.   20

Unissons-nous en ce grand jour ;
Offrons au Souverain des anges
Le pur encens de notre amour,
L'humble tribut de nos louanges.

---

1. Voici les mots de la chanson bachique chantée sur cet air :
  «Dans ce monde on aime le bruit,
  L'éclat fascinant de la gloire ;
  On peine, on tâche jour et nuit
  Pour graver son nom dans l'histoire.
  (chœur) Mais moi, qui n'aime que le vin,
    Un seul bruit frappe mon oreille :
      C'est le trin-trin *(bis)*
    De mon verre et de ma bouteille !»

FIG. 4 — Christ sur la croix, par J.-B. Duberger.
Gravure (c. 1810), collection Han.

Denis-Benjamin Viger
(1774-1861)

À peine sorti du collège en 1792, le jeune Viger collabore au journal de Fleury Mesplet, Français aux idées républicaines. Reçu avocat en 1799, il se présente sans succès aux élections de 1804. Élu député en 1808, il reste plus d'un demi-siècle sur la scène politique. Il remplit deux importantes missions au nom de l'Assemblée législative du Bas-Canada en Angleterre, notamment en 1827 et en 1831. À cette occasion, il engage François-Xavier Garneau en voyage à Londres, comme secrétaire. Auteur de plusieurs brochures sur des sujets d'actualité, il participe à la fondation de plusieurs journaux dont *Le Spectateur*, en 1813, et *L'Aurore des Canadas*, en 1841. Rimeur d'occasion comme presque tous les hommes de sa génération, Denis-Benjamin Viger donne la meilleure part de ses talents à la politique.

Le Lion, l'ours et le renard fable (1823)

L'année 1822 fut mouvementée au Québec. Les «anti-canadiens» avaient essayé de faire passer un acte d'union du Haut et du Bas-Canada (de l'Ontario et du Québec), acte qui prévoyait la suppression du français. Heureusement, les Canadiens ont su réagir, amenant le gouvernement britannique à reconsidérer cette politique. Viger, dans cette fable, met ses compatriotes en garde contre les dissensions entre Canadiens.

> Certain Renard, un jour qu'il était en voyage,
> De soins rongé, tourmenté de la faim,
> Vit l'Ours et le Lion disputant pour un daim,
> Que chacun voulait sans partage.
> «Parbleu! se dit aussitôt le matois,
> De la forêt laissons faire les rois;
> En évitant leur machoire cruelle,
> Tirons parti de la querelle.»

5

Il n'était pas un franc Algérien[1],
Mais, comme on voit, bon Calédonien[2].   10
Pendant que sur le cas en lui-même il raisonne,
    De ci, de là, chaque lutteur,
    De dent, de griffe avec fureur,
    À l'autre de bons coups il donne,
Tant, qu'à la fin tous deux tombant de lassitude,   15
    Maître Renard, sans plus d'inquiétude,
    Peut sous leurs yeux, cette aubaine enlever,
Aux dépens des héros, s'égayer et dîner.

J'ai vu souvent dans ma patrie
    Mes trop légers concitoyens,   20
    Canadiens contre Canadiens,
    Lutter avec même furie;
Nouveaux venus[3], nos pertes calculer,
    S'en enrichir et de nous se moquer.

---

1. Les Algériens étaient connus alors comme des corsaires redoutables.
2. Calédonien = Écossais.
3. Nouveaux venus = les Anglais.

Joseph Mermet
(1775- après 1828)

Joseph Mermet, émigré français et légitimiste, avait trente-huit ans à son arrivée au Canada en 1813. Né à Lyon, il avait assisté aux massacres du clergé en octobre 1793. Dégouté par les excès de la Révolution, il quitte la France et se joint au Régiment de Watteville, unité suisse au service de l'Angleterre. Lieutenant et adjudant du régiment, il a le bonheur de rencontrer Jacques Viger, officier de la milice canadienne en garnison à Kingston. De retour à Montréal à l'automne, Viger entretient Mermet de sa querelle littéraire avec «C'est moi» (Hugues Heney) et «un Canadien» (Denis-Benjamin Viger, son cousin) dans *Le Spectateur*. Avec sa verve habituelle, Mermet écrit un «Avis en vers à M. Pasteur» (le rédacteur du journal), texte publié le 16 septembre 1813. Quelques jours plus tard, son poème «Le Haut et le Bas-Canada» y paraît, mais sans signature. Son chant de guerre, «Enthousiasme d'un guerrier aux approches du combat», lancé dans *Le Spectateur* du 28 octobre porte le nom du poète de Kingston sur toutes les lèvres puisque la célèbre victoire de Châteauguay a été remportée deux jours plus tôt. Le 25 novembre voit paraître «La Victoire de Châteauguay»; morceau d'anthologie, ces vers consacrent sa gloire.

Jacques Viger et ses amis applaudissent sans réserve la poésie de l'adjudant Mermet. *Le Spectateur* inaugure même une rubrique «le parnasse canadien». Mermet y publie pas moins de trente-sept poèmes entre le 16 septembre 1813 et le 9 mai 1815. «Que mes compatriotes vous auront d'obligations, mon cher ami!, écrit Jacques Viger. La reconnaissance associera à jamais dans leur cœur, Mermet et de Salaberry, et la renommée transmettra à la postérité la plus reculée les noms chéris du Guerrier et du Poète.»

Le 23 juin 1816, quelques semaines avant son départ du Canada, Mermet se rend avec Viger à Chambly visiter le grand héros de Châteauguay. Dans son poème «Chambly», il exprime ses émotions à la suite de cette journée mémorable. Son sentiment de reconnaissance envers l'Angleterre transperce lorsqu'il écrit:

> «Français de caractère, ils sont Anglais de cœur,
> Et doublant leur patrie, en doublant leur bonheur.»

C'est qu'il haïssait les Révolutionnaires qui ont guillotiné son roi, comme témoigne le long poème «La Mort de Louis XVI». Les Canadiens lui rappellent alors les douceurs de la France d'autrefois. Aux nouvelles de la chute de Bonaparte, il écrit:

> «Ci-gît Napoléon Premier,
> Dieu veuille qu'il soit le dernier!»

Dans la même veine, signalons «L'Angleterre triomphante et la France heureuse», paru dans *Le Spectateur* du 14 juin 1814.

Légitimiste et ami de l'ordre, il ridiculise les idées et la littérature officielle de l'Empire dans sa boutade «Le Jargon du Bel-Esprit ou de l'Homme-Enfant» (poème inédit publié par Huston dans *Le Répertoire national* en 1848):

> «(...) Demosthènes (...) Bourdaloue (...)
> Leur ton terrible
> Ne me plaît pas;
> Seul le sensible
> À des appâts.»

Ainsi témoigne-t-il des courants romantiques déjà évidents dans l'œuvre de Chateaubriand. Sa croyance dans un Dieu d'ordre lui inspire les poèmes «Le Sommeil», «L'Homme-Dieu» et «La Main». En 1820, dégoûté par les «faux Français et (les) faux libéraux», il conseille à Monseigneur Plessis, évêque de Québec, en voyage: «Rejoins le Nouveau-Monde, il vaut mieux que l'ancien; On s'y conduit en sage, on y pense en chrétien.»

Mermet s'est extasié devant la beauté et l'immensité de la nature canadienne. À Chambly, il avait noté «sa rivière, ses bois et sa triple montagne». Et lors de la visite de Plessis, il écrit:

> «Ces immenses forêts, ces lacs dont l'étendue
> Avec celle des mers nous paraît confondue,
> Ces îles, ces rochers, ce gouffre périlleux
> Ne suffisaient-ils pas à tes élans pieux?»

Mais son meilleur essai dans la description de la nature demeure le «Tableau de la cataracte de Niagara», paru dans *Le Spectateur* du 9 mai 1815.

Le Mermet qui fait le délice des salons montréalais n'est pas le chantre de la guerre, de la nature et des héros canadiens; ce sont ses bons mots, ses distiques plaisants et ses portraits légèrement satiriques qui plaisent à Jacques Viger et à ses amis. Devant sa poésie badine et frivole, les Canadiens se pâment. Sa correspondance avec Viger fait apprécier la verve et le ton de la bonne société au début du XIXᵉ siècle, correctif salutaire à la conception d'un Québec exclusivement agricole composé d'ignorants. Malgré le peu de temps qu'il passe au Canada, soit à peine trois ans, Mermet entretient le contact des Canadiens avec la culture française. Son œuvre «canadienne» est religieusement conservée par Jacques Viger dans sa *Saberdache* (recueil de textes manuscrits aux Archives du Séminaire de Québec). Des 82 poèmes de Mermet, environ la moitié est inédite ainsi que la presque totalité de sa correspondance. Trente-sept poèmes parurent dans *Le Spectateur* de Montréal. James Huston en recueille sept dans son *Répertoire national* et Camille Roy en cite dix-sept dans sa longue étude sur Mermet dans *Nos origines littéraires*. En 1828, Joseph Mermet écrit une dernière lettre à Jacques Viger dans laquelle il confie à son ami, «Quel triste animal qu'un poète qui ne rime plus!»

Camille Roy, *Joseph Mermet*, dans *Nos origines littéraires*, Québec, L'Action sociale, 1909, p. 159-203.

Le Haut et le Bas-Canada [1] (1813)

L'adjudant Mermet regrette que le sort de la guerre l'eût relégué à Kingston, petite ville dans le Haut-Canada (l'Ontario); voici qu'il adresse à ses amis de Montréal des vers aimables qui n'ont pas manqué de toucher les «Montréalistes» par les sentiments d'affection si bien exprimés.

> Enfin je connais l'Amérique,
> Et j'ai vu les deux Canadas [2];
> Je dis, sans craindre qu'on réplique,
> Que le Haut vaut moins que le Bas.
> D'un côté la noire tristesse   5

---

1. Poème paru dans *Le Spectateur* du 30 septembre 1813, signé du pseudonyme «Mistigri»; le texte devait se chanter sur l'air: «La Pipe de Tabac» ou «À voyager passant sa vie».
2. Par l'Acte constitutionnel de 1791, l'ancienne province de Québec fut divisée en deux provinces autonomes, le Haut-Canada (le futur Ontario) et le Bas-Canada (le futur Québec). Cette désignation découle tout naturellement du fait qu'il faut monter le Saint-Laurent pour atteindre le Haut-Canada!

FIG. 5 — Montréal, par E. Walsh, gravure publiée à Londres par R. Ackermann, 1811.

Offre l'image du trépas;
De l'autre une pure allégresse
Fait du Haut distinguer le Bas.

Le matelot dans la tempête
Perché sur la cime des mats,   10
Dit qu'il perdra bientôt la tête
S'il ne descend du haut en bas.
Vois ce palais mis en poussière
Par le tonnerre et ses éclats;
Et chante en gagnant la chaumière   15
Qu'on est moins sûr en Haut qu'en Bas.

Fuis le sommet d'une montagne,
Séjour horrible des frimas;
Choisis la riante campagne
Et laisse le haut pour le bas.   20
Vois l'oiseau qui d'un vol rapide
Cherche à gagner les doux climats;
Pour éviter le sol aride,
Vois-le voler du Haut en Bas.
Vois l'orme que, dans sa furie,   25
Le vent agite avec fracas;
Son ombrage et l'herbe fleurie
Font au haut préférer le bas.
Les rameaux sentent la secousse
Qu'à ses pieds je ne ressens pas: 30
Étendu sur un lit de mousse,
Je plains le Haut, j'aime le Bas.

Si d'une étiquette à la mode
La loi règne dans un repas,
De la table, d'un air commode,   35
Laissez le haut, prenez le bas.
Là, frétillant sur votre chaise,
Livrez-vous aux plus doux ébats:
Buvez, et chantez à votre aise
Qu'on est en Haut moins gai qu'en Bas.   40

Mais c'est à Kingston que je rime.
Couronnez-nous, Dieu des combats;
Et si tu me prends pour victime,
Pour le Haut je laisse le Bas.
Si cependant ta main propice   45
Sans m'immoler guide mes pas,
O Dieu! j'attends de ta justice
D'aller bientôt du Haut en Bas.

La Victoire de Châteauguay [1] (1813)

Le 26 octobre 1813, le colonel de Salaberry, à la tête de 300 miliciens canadiens, remportait, aux fourches de Châteauguay, près du village actuel d'Allans Corner, l'une des plus précieuses victoires de la guerre de 1812. Hampton, à la tête de huit mille soldats américains, avait traversé la frontière voulant se rendre à Montréal afin de couper les forces canadiennes en deux; mais de Salaberry et ses miliciens ont réussi à parer le coup. La journée de Châteauguay, en hantant le rêve du poète militaire, lui inspire des vers d'une allure martiale. Nous sommes en présence d'un texte où le patriotisme est exalté. Le poème témoigne d'un certain souffle, de la diversité dans l'alexandrin.

La trompette a sonné: l'éclair luit, l'airain gronde;
Salaberry [2] paraît, la valeur le seconde,
Et trois cents Canadiens qui marchent sur ses pas,
Comme lui, d'un air gai, vont braver le trépas.
Huit mille Américains s'avancent d'un air sombre;   5
Hampton, leur chef, en vain veut compter sur leur nombre.
C'est un nuage affreux qui paraît s'épaissir,
Mais que le fer de Mars doit bientôt éclaircir.
Le héros canadien, calme quand l'airain tonne,
Vaillant quand il combat, prudent quand il ordonne,   10
A placé ses guerriers, observé son rival:
Il a saisi l'instant, et donné le signal.
Sur le nuage épais qui contre lui s'avance,
Aussi prompt que l'éclair, le Canadien s'élance...
Le grand nombre l'arrête... il ne recule pas;   15
Il offre sa prière à l'ange des combats,
Implore du Très-Haut le secours invisible,
Remplit tous ses devoirs et se croit invincible.
Les ennemis confus poussent des hurlements;
Le chef et les soldats font de faux mouvements.   20
Salaberry, qui voit que son rival hésite,
Dans la horde nombreuse a lancé son élite:
Le nuage s'entr'ouvre; il en sort mille éclairs;
La foudre et ses éclairs se perdent dans les airs.
Du pâle américain la honte se déploie: 25
Les Canadiens vainqueurs jettent des cris de joie;
Leur intrépide chef enchaîne le succès,

---

1. Poème paru dans *Le Spectateur* du 25 novembre 1813.
2. Charles-Michel d'Irumberry de Salaberry (1778-1829), officier de l'armée britannique pendant les guerres napoléoniennes, lève un régiment de voltigeurs canadiens en 1812. Seigneur de Chambly, il est nommé au Conseil exécutif de la province en 1818.

Et tout l'espoir d'Hampton s'enfuit dans les forêts.
Oui ♥ généreux soldats, votre valeur enchante :
La patrie envers vous sera reconnaissante.   30
Qu'une main libérale, unie au sentiment,
En gravant ce qui suit, vous offre un monument :
   « Ici les Canadiens se couvrirent de gloire ;
   « Oui ! trois cents sur huit mille obtinrent la victoire.
   « Leur constante union fut un rempart d'airain   35
   « Qui repoussa les traits du fier Américain.
   « Passant, admire-les... Ces rivages tranquilles
   « Ont été défendus comme les Thermopyles[3] ;
   « Ici Léonidas et ses trois cents guerriers
   « Revinrent parmi nous cueillir d'autres lauriers. »   40

Tableau de la cataracte de Niagara après la bataille du 25 juillet 1814[1] (1815)

« Nous avons eu le malheur d'arriver trop tard à la chute Niagara, écrivait l'adjudant Mermet à son ami Jacques Viger, le 31 juillet 1814 ; la plus douloureuse pour nous, ajoutait-il, est de n'avoir pas eu part à la journée glorieuse du 25 ! » Il terminait cette lettre en s'écriant : « Quelle belle cascade ! quel beau pays ! » Dans un premier temps, le poète décrit les troupes campées à quelque distance de la cataracte ; la plus vive animation règne parmi les militaires et au « bruit belliqueux » l'on entend se mêler le bruit des flots mugissants :

« Nos héros étonnés ont bordé la Rivière ;
Je les joins... ô prodige ! ô Cataracte altière !
Emus, nous admirons ces Pyramides d'eau,   55
Ces sommets écumeux d'un déluge nouveau ;
Ces rapides torrents dont la pente fougueuse
Rend de Niagara la chute merveilleuse. »

Mermet essaye donc de dessiner le large et puissant tableau ; d'abord le mouvement des eaux qui, avant de se précipiter, se divisent en deux parties enserrant une île fixée au-dessus de l'abîme. À ce premier tableau qui est plein de mouvements (v. 77-108), le poète oppose le spectacle tranquille mais saisissant que l'on peut voir au pied des chutes (v. 109-120). À l'heure où le

---

3. Thermopyles : Passage entre le mont Anopée et le golfe Maliaque, en Grèce, où Léonidas, avec 300 Spartiates, tenta d'arrêter l'armée de Xerxès en 480 av. J.-C.
1. Poème paru dans *Le Spectateur* du 9 mai 1815.

FIG. 6 — Les Chutes Niagara, aquarelle (c. 1828). Collection particulière.

soleil couchant répand sur les eaux la flamme rouge de sa péné-
trante lumière, le poète observe cette grande nappe d'eau qui se
déroule et s'abîme (v. 121-136). Après une méditation sur les capri-
cieux accidents de cette nature tourmentée (v. 137-146), la nuit
surprend le voyageur; la cascade n'est plus qu'une masse sombre
(v. 147-168). Le poète s'en éloigne, emportant dans son âme l'im-
pression profonde qu'y laisse le spectacle des grandes œuvres de
Dieu.

C'est une longue poésie, pittoresque, précise, animée du
meilleur souffle, parfois un peu languissante, rappelant la poésie
descriptive du XVIIIᵉ siècle; on note cependant déjà les prémices
du romantisme et des accents de Millevoye et de Châteaubriand.

(...)

...Un gouffre haut, profond, de ses bouches béantes,
Gronde, écume et vomit, en ondes mugissantes,
Deux fleuves mutinés, deux immenses torrents;
Plus altiers, plus fougueux que ces rochers ardents   80
Qui renferment la flamme, et lancent de leur gouffre
Les flots empoisonnés du bitume et du soufre;
Le premier des torrents, et le plus irrité
Des rayons du Soleil réfléchit la clarté.
Mille cercles d'émail qui s'agitent sans cesse   85
Glissent en tournoyant sur l'onde qui se presse.
Le torrent étincelle, et l'œil tremblant, surpris,
Se fatigue d'y voir les cent couleurs d'Iris[2].
Le second sous des rocs, sous des cavernes sombres,
Roule sa masse d'eau dans le chaos des ombres;   90
D'un nuage du sud il porte l'épaisseur,
Le bruit lugubre et sourd, et l'horrible noirceur.
        Entre les deux torrents, une Ile suspendue
De l'abîme des eaux couronne l'étendue.
L'Ile paraît mouvante, et ses bords escarpés   95
Par les flots en courroux sont sans cesse frappés.
Des chênes, des sapins, sans écorce et sans cime,
Se penchent de vieillesse, et tremblent sur l'abîme.
Les rocs rongés et creux, et les troncs inégaux,
Aux timides Aiglons présentent des berceaux,   100
Tandis que l'Aigle fier des ailes qu'il déploie,
Plane sur les torrents, ou fond sur une proie.

---

2. Iris: Symbole de l'arc-en-ciel.

La chute impétueuse entraîne dans son cours
La carcasse du pin, le cadavre de l'Ours,
Que du Lac Érié les vagues menaçantes   105
Enlèvent en grondant sur ses rives tremblantes,
Et qui parfois lancés hors des flots orageux,
Offrent à mes regards des fantômes hideux.
    Je descends, je m'avance aux pieds de la cascade.
Le flot n'y poursuit plus la craintive Naïade[3].   110
L'onde des deux torrents semble s'y réunir,
Pour oublier sa chute et cesser de gémir.
C'est un tapis de mousse, où la riche nature
Sur des flocons de neige étale sa parure.
L'écume, en murmurant sur le flot épuré,   115
S'étend, glisse et se perd dans le fleuve azuré;
Et sur des bords fleuris l'onde toujours limpide
Offre un calme enchanteur près d'un torrent rapide.
C'est ainsi que j'ai vu, sous les pieds de l'Etna;
Les tapis émaillés des champs de Démona[4]   120
    La scène ici varie, et j'en fixe l'ensemble.
Mon regard agité parcourt, s'égare et tremble:
La masse qui s'écroule offre de longs rideaux
Où l'émail pétillant promène ses tableaux:
J'y vois sur le saphir les perles les plus belles   125
Se suivre, tournoyer, comme des étincelles.
C'est le miroir ardent dont le cristal épais
De l'amant de Thétis[5] réfléchit les attraits.
Au-dessus de l'abîme on voit rougir l'écume;
L'esprit comme enchanté — croit que, l'Ile s'allume;   130
Il croit que les sapins s'embrâsent par degrés;
D'un horrible incendie il croit voir les effets.
C'est du couchant en feu la chaîne rayonnante
Dont tout l'éclat s'attache à la scène frappante;
Et ce tableau trompeur offre à mes yeux charmés   135
Au lieu des torrents d'eau des torrents enflammés.
    Entre de vieux débris une glissante route,
Guide mes pas errants sous une immense voute.
Des flots et des rochers je vois l'horrible choc;
Je frémis avec l'eau, je tremble avec le roc.   140
Le cristal varié de la pierre et de l'onde
Illumine, enrichit cette grotte profonde.
La cascade bruyante en recourbant son eau,
Arrondit sur ma tête un liquide berceau;

---

3. Naïade: Divinité qui préside aux fontaines et aux rivières.
4. Démona: La mythologie faisait de l'Etna la demeure d'Héphaïstos, dieu du Feu et du Métal.
5. Thétis: Divinité marine.

Et les rocs élancés en forme de fantôme ;   145
De ce temple mouvant environnent le dôme.
Cependant le jour fuit, et le pesant hibou
Remplace sur le roc le léger Carcajou.
Le reptile en sifflant se retire dans l'ombre,
Le monument des eaux offre une masse sombre   150
La frappante beauté se transforme en horreur ;
Son roulement lugubre inspire la terreur :
Et la nature en deuil déposant sa parure,
De son trône brillant a fait sa sépulture.
    Des ombres de la nuit le funèbre rideau   155
S'est déjà déroulé sur ce brillant tableau.
Je m'éloigne à regret de la scène sublime
Où la grandeur de Dieu se peint dans un abîme.
Dans cette solitude où tout paraît néant,
L'âme voit du Très-Haut le chef-d'œuvre étonnant.   160
Cette voûte d'azur, ces nombreuses étoiles
Qui de la nuit jalouse ont traversé les voiles,
Ce calme que fatigue un murmure éternel,
Ce colosse des eaux, phénomène immortel,
De ces torrents fougueux l'orageuse surface   165
Ce météore errant dans le céleste espace,
Ces antiques sapins, ces rochers sourcilleux...
Tout ici parle à l'âme, et la met dans les cieux.
    Mais j'ai quitté ces bords : éloigné de la scène,
Mon œil en est rempli, mon esprit m'y ramène :   170
Je me plais sur la rive, où je sentis en moi
Un extase divin mêlé d'un saint effroi.
O Monument des eaux ! Cascade enchanteresse !
Je ne peux plus te voir, et je te vois sans cesse ;
Je ne peux plus t'entendre, et toujours je t'entends !   175
Tel est l'effet du beau sur l'âme et sur les sens. »

Chambly [1] ((1816)

Le poète exprime le souvenir très ému de la paix et de la
tranquillité d'un village du Québec. Il s'attache à la réalité, aux
objets et aux gestes qui ont par eux-mêmes assez de charmes ou
de beautés pour dispenser le poète d'y mêler la grâce vieillotte des
déesses de l'antiquité. Mais celui que Mermet a surtout vu à Cham-
bly, c'est celui même qu'il avait appelé le vainqueur de Château-
guay, de Salaberry.

---

1. Chambly : Village au sud de Montréal ; la femme de Salaberry avait hérité de cette
seigneurie de son père.

FIG. 7. — Chambly, par J. Bouchette, (1814). Oeuvre tirée de *La description topographique en Bas-Canada*, Londres, 1815.

J'ai vu Chambly, j'ai vu sa fertile campagne,
Sa rivière, ses bois et sa triple montagne.
J'ai vu dans ses jardins la déesse des fleurs
Aux charmes de Pomone[2] unissant ses couleurs.
J'ai, sur ses flots d'argent, vu le canot fragile,   5
Aux couplets des rameurs, devenir plus docile.
Dans ce site attrayant, tout plaît et tout séduit,
Excepté le temps seul, qui trop vite s'enfuit.
J'ai vu briller partout les plus belles demeures ;
J'ai tout compté, tout vu, mais sans compter les heures ;   10
J'ai vu ses habitants, et tous m'ont répété

Que le plus doux devoir est l'hospitalité.
Toujours francs, toujours gais, ils m'ont offert l'image
Des hommes du vieux temps, des héros du bel âge.
C'est là que tout mortel n'obéit qu'à la loi,   15
Et se donne à lui seul le beau titre de roi.
C'est qu'avec droit égal, une franchise extrême,
En montrant cent maisons, montre toujours la même.
Français de caractère, ils sont Anglais de cœur,
Et doublent leur patrie, en doublant leur bonheur.   20
C'est ainsi qu'autrefois, au sein de l'harmonie,
Fleurit des premiers Grecs l'heureuse colonie.
J'ai vu, j'ai respecté le ministre du lieu ;
Mon âme s'est unie à l'autel du vrai Dieu :
Mais mon cœur des vertus dut admirer le temple.   25

Là j'ai vu l'homme heureux qui prêche par l'exemple :
Et chez lui j'ai connu cette pure amitié
Qu'en tout autre pays on ne voit qu'à moitié.
Héros et citoyen, tendre époux et bon maître,
Il est père de tous, sans vouloir le paraître.   30
Au camp Léonidas[3], aux champs Cincinnatus[4],
Thémistocle[5] au conseil, à table Lucullus[6],
Sans avoir les défauts de la Grèce et de Rome,
Il réunit en lui les vertus du grand homme.
On voit à ses côtés, l'air pur, l'air grand, l'air gai :   35
L'air de Chambly s'y joint à l'air de Châteauguay.
On contemple, on admire, et bientôt on s'amuse ;

---

2. Pomone : Divinité des Fruits et des Jardins.
3. Léonidas : Roi de Sparte, le héros des Thermopyles, qu'il défend contre les Perses en 480
   av. J.-C.
4. Cincinnatus : Nommé deux fois «dictateur» de Rome, il retourne chaque fois à sa
   charrue.
5. Thémistocle : Général et homme d'état athénien.
6. Lucullus : Général romain, célèbre par son luxe.

Le héros devient chantre et fait briller sa muse.
Son aimable compagne aux convives flattés;
Présente l'ambroisie, et porte des santés;   40
L'enfant avec douceur gesticule et sautille;
Et le bon mot succède au nectar qui pétille.
Je me tais; mais où donc ai-je tant vu, tant ri?
Chacun l'a deviné... c'est chez SALABERRY.

Michel Bibaud
(1782-1857)

Jusqu'à l'âge de dix-sept ans, Michel Bibaud assiste son père
dans le travail de la terre. Un jour, en visite chez son oncle curé,
il se met à lire le *Journal de Trevoux*. Cette expérience éveille en
lui la passion des livres et du savoir. Ses parents ayant résolu de
l'envoyer au collège, il étudie chez les Sulpiciens, de 1800 à 1805.
Parmi ses compagnons de classe, nous remarquons Hugues Heney
(1790-1844) à qui Bibaud adresse une «Épître sur la chasse».
Écrite vers 1802, elle est «l'œuvre d'un étudiant en Belles-Lettres»,
pour devenir la première pièce de son recueil publié en 1830. Ses
études terminées, il se livre à l'enseignement. En 1813, il assiste
Charles Pasteur dans la fondation du *Spectateur*. À son tour, Bi-
baud devient rédacteur de *L'Aurore*, en mars 1817, poste qu'il
conserve jusqu'en septembre 1819. Il en rédige presque tous les
textes et écrit plusieurs poèmes dont ses quatre satires. De 1820
à 1825, tout en se consacrant à l'enseignement, Bibaud collabore
de nouveau au *Spectateur Canadien*. Il combat le projet d'union du
Haut et du Bas-Canada, publiant au moins trois poèmes: «Les Dé-
lices de l'Union», «Le Bill de l'Union» et «Les Orateurs cana-
diens». Ce serait lui aussi qui aurait rédigé en 1820, la *Relation de
voyage* de Gabriel Franchère. Il avait déjà publié une *Arithmé-
tique en quatre parties*, en 1816.

En juin 1825, il lance sa *Bibliothèque canadienne*, petite
revue littéraire qui paraît tous les mois jusqu'en juin 1830. Afin de
parer à la concurrence d'un groupe de Québec, il la transforme en
hebdomadaire sous le titre de *L'Observateur*. Ce journal voit le
jour fidèlement du 10 juillet 1830 au 2 juillet 1831. Le premier
janvier 1832 paraît *Le Magasin du Bas-Canada*, mensuel; mais,
en décembre, Bibaud doit l'abandonner faute de souscripteurs.
En 1842, il reprend la publication de ses périodiques en faisant
paraître *L'Encyclopédie canadienne*, journal littéraire et scienti-
fique. Mais ce mensuel ne dure qu'un an. Voulant instruire ces

compatriotes, Bibaud soutient ainsi des revues littéraires et culturelles pendant une dizaine d'années. Il publie aussi la première histoire du Canada en français depuis 1744 ainsi que le premier recueil de poésies.

À la parution de son livre en 1830, Bibaud devient cependant la cible des critiques. Un Français, Isidore Lebrun, consacre un long article dans la *Revue Encyclopédique* de Paris à la poésie de Bibaud. Lebrun trouve beaucoup de défauts dans cette œuvre: idées mal coordonnées, style incohérent et diffus. Il lui reproche aussi de n'avoir pas assez emprunté ses sujets à la nature, à l'histoire et aux mœurs du Canada. Mais enfin Lebrun reconnaît la verve et le patriotisme du « courageux défenseur de la morale » et de « l'âpre censeur de sa patrie ». Au Canada, le recueil suscite une polémique en vers entre l'auteur et quelques adversaires: quatorze poèmes dont six de Bibaud ont paru entre le 15 avril 1830 et le 29 décembre 1831.

En journaliste honnête, Bibaud reproduit l'article de Lebrun dans *Le Magasin du Bas-Canada* (vol. 1, n° 1, 1832, p. 21-23) avant de se défendre (p. 23-31). Il déclare tout d'abord qu'il a écrit pour les Canadiens et non pour les Français! Il affirme que ses idées sont bien coordonnées dans son cerveau, mais qu'il a parfois de la difficulté avec son style et que les nécessités de la rime le gênent. Enfin, il s'excuse de ses faiblesses et de ses incorrections, s'en justifiant par des citations tirées de Boileau. Plus rimeur que poète, voilà donc comment Bibaud se juge: « ...n'espère point, enfin, d'être un autre Quesnel », écrit-il avec une franchise rare sur les lèvres d'un versificateur. Premier Québécois à se consacrer à la littérature, Bibaud est allé au bout de ses talents. Il reste surtout un précurseur et par la publication de ses revues, de son recueil de poésie et de son histoire du Canada, il influence toute une génération dont François-Xavier Garneau demeure l'écrivain le plus important.

Épîtres, satires, chansons, épigrammes et autres pièces de vers, Montréal, imprimées par Ludger Duvernay sur les presses de La Minerve, 1830, 178 pp.; 2ᵉ éd. Montréal, Réédition-Québec, 1969.

* * *

Camille Roy, « Michel Bibaud, poète », dans *Nos origines littéraires*, Québec, L'Action sociale, 1909, p. 205-238.

Séraphin Marion, *Les Lettres canadiennes d'autrefois*, Ottawa, Éditions de l'Université d'Ottawa, 1942, t. 3, p. 167-203.

Les Satires (1817-1819)

Bibaud, en bon professeur, rêve d'instruire ses compatriotes et de leur faire goûter les beautés du savoir. Disciple de Boileau, il est connu surtout par ses satires. Il en a écrit quatre, toutes publiées dans *L'Aurore*, entre 1817 et 1819, puis reprises dans *La Bibliothèque canadienne*. En moraliste, il dépeint les travers de ses compatriotes. Sa première satire, «Contre l'avarice», s'attaque à l'amour déréglé des biens de la terre. Dans sa deuxième satire, «Contre l'envie», Bibaud s'en prend moins à l'envie qu'aux avaricieux. C'est encore dans la société qui l'entoure que le poète cherche ses modèles. Dans sa troisième satire, «Contre la paresse», Bibaud réussit mieux que dans les deux précédentes à caricaturer ses contemporains: «La Paresse (c'est) une indigne langueur, une lâche mollesse, qui fait qu'on ne fait rien quand on doit travailler.» Pour Bibaud, la paresse des Canadiens est attribuable à «deux poisons», l'alcool et le tabac. Il réserve ses meilleurs traits à un réquisitoire en règle contre la paresse intellectuelle des Canadiens, satirisant l'horreur que nous avons pour l'étude et le peu de cas que nous faisons des choses de l'esprit. Pour Bibaud enfin la paresse explique la corruption de la langue parlée au Québec. Il était tout naturel au poète d'écrire sa quatrième et dernière satire, «Contre l'ignorance». Très pessimiste, il se demande:

« Serait-on bien compris au pays canadien,
Où les arts, le savoir sont encore dans l'enfance,
Où règne, en souveraine, une crasse ignorance?»

Stigmatisant avec vigueur ses concitoyens, il juge sévèrement l'ignorance des premiers colons, les ancêtres. Pourtant, il reconnaît les progrès de l'instruction. Un des fruits naturels de l'ignorance, c'est l'erreur et la superstition; Bibaud décrit avec abondance et avec une certaine force de style ce fléau. Il termine son poème en saluant l'aurore des temps nouveaux; les collèges fondés à Montréal et à Nicolet lui semblent un gage que le savoir va partout se répandre. Dans ses satires, Bibaud se révèle surtout un disciple de la raison raisonnante. Il ne se préoccupe pas d'écrire une œuvre d'art, visant surtout à se faire comprendre plutôt qu'à émouvoir le lecteur. Bibaud préfère s'adresser à l'intelligence plutôt qu'au cœur de l'homme. D'ailleurs, ce trait se retrouve dans ses épigrammes et ses épîtres. Nous reproduisons les satires selon le texte publié dans le recueil de 1830, donnant les notes de l'auteur, s'il y a lieu.

SATIRE I. CONTRE L'AVARICE (1817)

(...)

Non, je ne serai point de ces auteurs frivoles,
Qui mesurent les sons et pèsent les paroles.
Malheur à tout rimeur qui de la sorte écrit,   30
Au pays canadien, où l'on n'a pas l'esprit
Tourné, si je m'en crois, du côté de la grâce,
Où Lafare et Chaulieu (a) vont après Garasses (b)[1].
Est-ce par de beaux mots qui rendent un doux son,   35
Que l'on peut mettre ici les gens à la raison?
Non, il y faut frapper et d'estoc et de taille,
Être, non bel esprit, mais sergent de bataille.
« Si vous avez dessein de cueillir quelque fruit,
« Grondez, criez, tonnez, faites beaucoup de bruit: 40
« Surtout, n'ayez jamais recours à la prière;
« Pour remuer les gens, il faut être en colère:
« Peut-être vous craindrez de passer pour bavard?
« Non, non, parlez, vous dis-je, un langage poissard[2];
« Prenez l'air, et le ton et la voix d'un corsaire:»   45
Me disait, l'autre jour, un homme octogénaire;
« Armez-vous d'une verge, ou plutôt d'un grand fouet,
« Et criez, en frappant, haro sur le baudet.»
Oui, oui, je vais m'armer du fouet de la satire:
(...)

*Après cette présentation, le poète parle de l'avare ou des types
d'avarice: «Orgon», qui se prive de nourriture; «Ormont», qui ne
vit qu'avec et pour l'argent; «Alidor», usurier; «Richegris», qui ne
veut se marier; «Madame Drabeau», inquiète de ses biens;
«Aliboron», qui préfère l'argent à la culture.*

      Il neige, il grêle, il gèle à fendre un diamant[3];
On arrive en janvier: un avare manant
Voyant qu'au temps qu'il fait le marché sera mince,
Prend un frêle canot, et se met à la *pince* (c).   210
De la Pointe-Lévy traverser à Québec,
En ce temps, c'est passer la Mer Rouge à pied sec[4].
Qu'arrive-t-il? pour vendre une poularde, une oie,
Au milieu des glaçons, il pert tout et se noie.
(...)
      Se laisser follement périr contre son bien;
Manger le bien d'autrui pour conserver le sien,

---

1. Charles-Auguste, Marquis de La Fare (1644-1712); Guillaume Amfrye de Chaulieu (1631-1720);
2. Langage poissard = langue qui imite le parler du bas-peuple.
3. Diamant: Jeu de mot sur le Cap Diamant, nom donné au promontoire, à Québec.
4. À pied sec: À cette époque se formait un pont de glace entre Québec et Lévis.

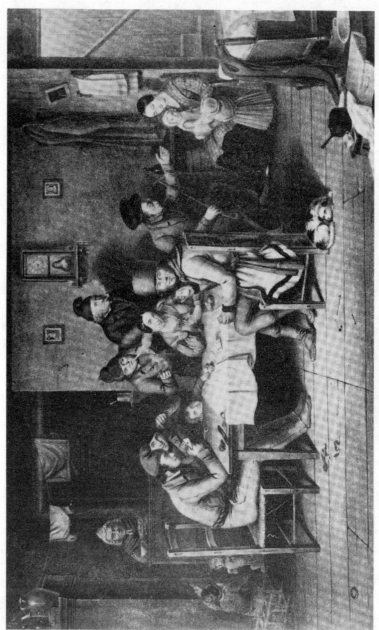

FIG. 8 — Les joueurs de cartes, par C. Krieghoff. Gravure publiée à Munich par A. Borum (*ca* 1850).

Sont deux cas différents: l'un n'est que ridicule,
Mais l'autre est criminel, et veut de la férule;
L'un fait tort à soi-même, et l'autre à son prochain.   255
On n'est point scélérat quand on est que vilain:
Il faut garder en tout une juste mesure,
Et surtout distinguer l'intérêt de l'usure.
Le vilain est un fou qui fait rire de soi;
L'usurier, un méchant qui viole la loi.   260
C'est donc sur ce dernier qu'il faut faire main-basse;
Jamais cet homme-là ne mérita de grâce.
L'usurier des hommes trouble l'ordre et la paix,
Par lui le pauvre est pauvre et doit l'être à jamais.

Il fut, à mon avis, ménagé par Molière;   265
Boileau n'en parle pas d'un ton assez sévère:
Est-ce par des bons mots qu'on corrige ces gens?
Il leur faut du bâton, ou du fouet sur les flancs.
Mais je vois, à son air, que ma muse se fâche;
Je lui ferme la bouche, et je finis ma tâche.   270

NOTES DE L'AUTEUR:
(a) Auteurs de poésies légères pleines d'esprit et d'agrément.
(b) Écrivain sans jugement, dont les ouvrages sont remplis de
     turlupinades indécentes et d'injures grossières.
(c) On se sert de ce terme, dans ce pays, pour désigner la proue,
     ou le devant d'un canot.

SATIRE II. CONTRE L'ENVIE (1818)
(...)
       On a beaucoup écrit et parlé de l'envie:
Mais dans tous ses replis l'a-t-on jamais suivie?
«L'envie est un poison, a-t-on dit, dangereux;
«Car l'arbre qui le porte est un bois cancéreux.
«L'homme envieux ressemble au reptile, à l'insecte;   25
«Car tout ce qu'il atteint de son souffle, il l'infecte:
«Mais cet homme, souvent, fait son propre malheur,
«Comme en voulant tuer, souvent l'insecte meurt.»
       L'envie est fort commune au pays où nous sommes;
Elle attaque et poursuit, très souvent, nos grands hommes: 30
Nos grands hommes! tu ris, orgueilleux *Chérisoi*,
Qui crois qu'il n'est ici nul grand homme que toi,
Ou plutôt qui voudrais qu'on t'y crût seul habile.
Croyance ridicule et désir inutile!
(...)
       L'ignorant, quelquefois, porte envie au savant:
La chose a même lieu de parent à parent.

Cette sorte d'envie est quelque peu rustique :
Racontons sur ce point une histoire authentique,
Et dont tous les témoins sont encore vivants.   135
Philomathe n'eut point de fortunés parents ;
Tout leur bien consistait en une métairie,
Même, les accidents fâcheux, la maladie,
Le sort, l'iniquité d'un père, à leur endroit,
Les réduisirent-ils encor plus à l'étroit :   140
Mais quoique Philomathe eût des parents peu riches,
Jamais, à son égard, il ne les trouva chiches,
Et de se plaindre d'eux jamais il n'eut sujet :
Rendre leur fils heureux était leur seul objet :
Ne pouvant lui laisser un fort gros héritage,   145
Ils voulurent qu'il eût le savoir en partage :
Un bon tiers de leur gain et de leur revenu
Passait pour qu'il fût bien logé, nourri, vêtu.
Mais que gagnèrent-ils ? la haine de leurs frères :
Tous les collatéraux et même les grands-pères   150
De ces sages parents deviennent ennemis,
Et laissent retomber leur haine sur leur fils.
Eux, pour toute réponse et pour toute vengeance,
Méprisèrent les cris de leur rustre ignorance.
(...)

SATIRE III. CONTRE LA PARESSE (1818)

(...)
Le rhum, en nos climats, fait d'horribles ravages,
Et, sous tous les rapports, cause d'affreux dommages :
Que de jeunes gens morts, pour en avoir trop pris !
Combien d'autres n'auront jamais les cheveux gris,   80
Si, malgré tant d'avis, de malheureux exemples,
Ils en prennent encore à mesures trop amples,
Ou qui, souvent, de jour, de nuit, se répétant,
Font que chez eux l'ivresse est un état constant,
Reconnu, dès l'abord, à leur simple apparence.   85
Omettant, si l'on veut, le surcroit de dépense
Qu'un acharné buveur apporte en sa maison,
De lui, de plus en plus, s'éloigne la raison ;
De jour en jour, à tout il se rend moins habile ;
Et dans le monde, enfin, devient plus qu'inutile.   90
En effet, l'homme gris, du matin jusqu'au soir,
Pourrait-il proprement remplir quelque devoir,
Exercer quelque emploi ; se tirer avec gloire
D'un travail exigeant du sens, de la mémoire ?
Non, n'ayant plus, alors, ni les membres dispos,   95
Ni le cerveau rassis, ni l'esprit en repos,

FIG. 9 — Portrait d'un habitant, par C. Krieghoff, (*ca* 1850),
collection particulière.

Il est nul, incapable. En un mot, un ivrogne,
S'il est tel d'habitude, et, surtout, sans vergogne,
Doit être, tôt ou tard, éconduit, bafoué,
Et peut-être, de plus, sur la scène joué,   100
En butte à tous les traits de l'esprit satirique.
(...)
La pipe, au Canada, produit un grand dommage ;
Tient trop souvent place et d'étude et d'ouvrage.   110
(...)
Chez notre laboureur, cinquante fois le jour,   115
Et le sac à tabac et la pipe ont leur tour :
Il fume, en se levant, fume, quand il se couche ;
En un mot, a toujours une pipe à la bouche,
Comme n'ayant, du tout, affaire qu'à fumer.
C'est aimer un peu trop à flairer, à humer   120
La fumée, à son dam[1] ; car le feu de la pipe,
Tombant sur une paille, une feuille, une ripe,
Allume un incendie affreux, et très souvent,
D'un riche agriculteur fait un homme indigent.
(...)
La Paresse nous fait mal parler notre langue :
Combien peu débitent la plus courte harangue,   190
Savent garder et l'ordre, et le vrai sens des mots,
Commencer et finir chaque phrase à propos ?
Très souvent, au milieu d'une phrase française,
Nous plaçons sans façon, une tournure anglaise :
Presentment, indictment, impeachment, foreman,   195
Sheriff, writ, verdict, bill, roast-beef, warrant, watchman.
Nous écorchons l'oreille, avec ces mots barbares,
Et rendons nos discours un peu plus que bizarres.
C'est trop souvent le cas à la chambre[2], au barreau.
(...)

SATIRE IV. CONTRE L'IGNORANCE (1819)

Mon étoile, en naissant, ne m'a point fait poète ;
Et je crains que du ciel l'*influence secrète* (a)
Ne vienne point exprès d'un beau feu m'animer :
Mais comment résister à l'amour de rimer,
Quand cet amour provient d'une honorable cause,   5
Quand rimer et guérir sont une même chose ?
(...)

---

1. Dam = préjudice.
2. Chambre = Chambre d'assemblée, l'Assemblée législative.

FIG. 10 — Le collège de Montréal, par J. Drake, (*ca* 1826), Bibliothèque municipale de Montréal.

  Mais voyons pis encor que la présomption :
L'ignorance produit la superstition ;   220
Monstre informe, hideux, horrible, détestable ;
Pour l'homme instruit néant, mais être formidable
Pour l'ignorant, surtout, pour notre agriculteur ;
De plus d'un accident inconcevable auteur ;
Chaos, confusion de notions bizarres,   225
Roulant, s'accumulant dans des cerveaux ignares :
D'où naissent, tour à tour, mille fantômes vains :
Revenants, loups-garous, sylphes, sabbats, lutins ;
Les nécromanciens, les sorts, l'astrologie,
Le pouvoir des esprits, des sorciers, la magie,   230
Et mille autres erreurs dont le cerveau troublé
Du superstitieux croit le monde peuplé.
Pour le peuple ignorant, l'orage, le tonnerre,
Les tourbillons de vent, les tremblements de terre,
Tout est miraculeux, tout est surnaturel.   235
Heureux, encore heureux, si Dieu, si l'Éternel
Est cru l'auteur puissant des effets qu'il admire,
Ou leur cause première ; et si, dans son délire,
Sous les noms de sorcier, d'enchanteur, ou divin,
Il n'attribue à l'homme un pouvoir surhumain : 240
Le pouvoir de créer le vent et la tempête,
De s'élever en l'air, de se changer en bête ;
De rendre un frais troupeau tout à coup languissant,
Une épouse stérile, un époux impuissant.
Insensé, d'où viendrait ce pouvoir détestable ? 245
Dis-moi si c'est de Dieu ; dis-moi si c'est du diable :
L'attribuer au Ciel, c'est blasphème, à mon gré ;
Dire qu'il vient du diable, et s'exerce malgré (b)
La volonté de Dieu, ce serait pis encore :
L'un combat la bonté qu'en cet être on adore ; 250
L'autre abaisse et détruit son suprême pouvoir.
Delà, les mots-sacrés, les cartes, le miroir,
Les dés, les talismans, le sas[1], les amulettes,
Folles inventions d'ignares femmelettes.
  Il est d'autres erreurs moins coupables, au fond, 255
Mais qui marquent toujours un esprit peu profond,
Un homme peu sensé, parfaitement ignare,
Ou, pour dire le moins, extrêmement bizarre.
Tel, des anciens jongleurs savourant les discours,
Et de l'astre des nuits redoutant le discours,   260
Pour semer le navet, la carotte ou la prune,
Attend patiemment le croissant de la lune.

---

1. Sas = crible composé d'un tissus de crin.

La lune, selon lui, fait croître les cheveux,
Rend les remèdes vains, ou les travaux heureux :
Dans son croissant, les vins, les viandes sont plus saines,   265
Les cancres, les homards, les huîtres sont plus pleines :
De tout, enfin, la lune, en poursuivant son cours,
Et selon qu'on la voit en croissant ou décours,
Et gouverne et conduit la crue ou la *décrue* (c).
De voyager, sortir, se montrer dans la rue,   270
Même de commencer un ouvrage important,
Tel autre écervelé se garde, redoutant,
Ou des astres errants la maligne influence,
Ou d'un jour malheureux la funeste présence.
(...)
Pourtant, ne faisons point un tableau rembruni :
Bientôt, nous jouirons d'un horizon moins sombre ;
Déjà, des gens instruits je vois croître le nombre ;
Déjà, Brassard (d), suivant les pas de Curateau, (e)
Donne au district du centre² un collège nouveau.   330
Et, si mon vœu fervent, mon espoir ne m'abuse,
Ou plutôt, si j'en crois ma prophétique muse,
(Une déesse, un dieu peut-il être menteur ?)
Ce noble exemple aura plus d'un imitateur (f).
Je crois même entrevoir, dans un avenir proche,   335
Le temps, où, délivré d'un trop juste reproche,
Où par le goût, les arts, le savoir illustré,
Comptant maint érudit, maint savant, maint lettré,
Le peuple canadien, loué de sa vaillance,
Ne sera plus blâmé de sa rustre ignorance ;   340
Où, justement taxé d'exagération,
Mon écrit, jadis vrai, deviendra fiction.

Notes de l'auteur :

(a) Hémistiche de Boileau.

(b) Quoi ! va-t-on s'écrier : une préposition à la fin d'un vers, et son régime au commencement du suivant ! Est-ce là une licence poétique ? J'avoue que je n'ai vu cela nulle part dans nos bons poètes ; mais pourtant cela ne me paraît pas aussi hardi que le *quorum Cumque*, et autres licences d'Horace ; et, d'ailleurs, si l'oreille est satisfaite du petit repos qu'on peut trouver, ou mettre, entre *malgré* et *La volonté*, pourquoi l'esprit ne le serait-il pas aussi ?

(c) *Décrue* est un mot de mon invention : je crois pour le moins aussi élégant que *crue*, et dérivant aussi bien de *décroître*, que ce dernier de *croître*.

---

2. District du centre = la région de la province autour de Trois-Rivières.

(d) Feu Messire Brassard ne fut pas, a proprement parler, le fondateur du Collège de Nicolet, mais d'une École devenue Collège, ou Petit-Séminaire, par les soins bienfaisants et généreux du dernier Évêque de Québec, feu Mgr Joseph-Octave Plessis.

(e) Tout le monde sait que l'établissement du Collège de Montréal est dû à feu M. Curateau, prêtre du Séminaire de cette ville.

(f) L'événement a surpassé l'espérance qu'on pouvait raisonnablement concevoir en 1819; puisque depuis lors, c'est-à-dire dans l'espace de dix années, on a vu s'élever, successivement, les Collèges de St-Hyacinthe, de Chambly et de Ste-Anne de la Pocatière; collèges dûs au zèle éclairé et patriotique de MM. Girouard, Mignault et Painchaud, curés de ces paroisses, aidés des contributions pécuniaires de quelques citoyens généreux.

Le Héros canadien (1828)

La muse qui parfois m'inspire
Une épigramme, une chanson,
D'Horace me prêtant la lyre,
M'ordonne de hausser le ton,
Pour chanter dignement la gloire   5
Du héros qui, dans notre histoire,
S'est fait un immortel renom.

Quel est ce guerrier magnanime
Qu'on remarque entre six héros (a),
Que l'amour de la gloire anime,   10
Et porte aux exploits les plus beaux ?
Iberville [1], nom que j'honore,
Qui mérite de vivre encore,
Inspire-moi des chants nouveaux.

Honneur de la chevalerie,   15
Cherchant la gloire et le danger,
Il court partout où la patrie
Succombe aux coups de l'étranger :
Les forêts, l'élément liquide,
Le pôle, la zone torride,   20
Ne le sauraient décourager.

---

1. Pierre Le Moyne, sieur d'Iberville (1661-1706). Commandant à la baie du Nord, en 1689, d'Iberville obtint une seigneurie l'année suivante. La Nouvelle-Angleterre, l'Acadie, la baie d'Hudson, Terre-Neuve, furent tour à tour le théâtre de ses actions, de ses exploits. Marin d'expérience, d'Iberville fut l'un des plus habiles navigateurs que la France ait jamais eus.

Du chevalier suivons les traces
Dans les tristes climats du nord ;
Région de neige et de glaces,
Lugubre image de la mort :   25
Tantôt marinier intrépide,
Tantôt fantassin homicide,
Tout succombe sous son effort.

Souvent, dans son abord rapide,
Chez les ennemis de son roi,   30
Son nom, comme celui d'Alcide,
Porte la terreur et l'effroi :
Et dans leurs paniques alarmes,
Se troublant, jettant bas leurs armes,
Ils se remettent sous sa loi.   35

Si l'ordre du roi ne l'appelle
Dans les camps, parmi les soldats,
Soudain, entraîné par son zèle,
Il vole au milieu des combats :
Il entend alors la patrie,   40
Qui d'une voix forte lui crie :
« Guerrier, ne te repose pas. »

Les guerriers n'ont plus rien à craindre,
Quand Iberville est avec eux ;
Ah ! que ses rivaux sont à plaindre,   45
S'il est au milieu de ses preux !
Deux fois aux rives acadiennes,
Avec ses bandes canadiennes,
Il demeure victorieux.

Autre théâtre de sa gloire,   50
La grande île anglaise (b) le voit
Courir de victoire en victoire,
Entasser exploit sur exploit :
À l'aspect seul de son épée,
La Ville (c), de terreur frappée,   55
Du vainqueur reconnaît le droit.

La plage septentrionale
Le voit pour la troisième fois ;
Mais, las ! la tempête fatale
Le semble réduire aux abois :   60
Il n'a plus qu'un vaisseau sur quatre,
Et le sort l'oblige à combattre
Ses ennemis, seul contre trois.

Faut-il que le héros succombe,
Victime d'un malheureux sort ? 65
Qu'il soit captif, ou que la tombe
Pour lui se trouve sur son bord ?
Du combat quelle fut la suite ?
L'un périt, l'autre prend la fuite,
Et l'autre entre captif au port. 70

De son roi le vœu pacifique
L'éloignant du sein des combats,
Pour le bien de la république,
Il paraît en d'autres climats :
Se transportant de plage en plage, 75
Notre héros devient un sage,
Et fonde de nouveaux états.

Ce grand homme comblé de gloire,
Iberville, était Canadien :
Mais pour honorer sa mémoire, 80
Son pays encor n'a fait rien :
De ses bienfaits reconnaissante,
Ailleurs (d), une ville naissante
A pris son nom, et le retient.

NOTES DE L'AUTEUR :
(a) Les six autres fils de M. Lemoyne.
(b) L'île de Terre-Neuve.
(c) St-Jean, capitale de la partie anglaise de l'île de Terre-Neuve.
(d) Dans la Louisiane.

Épigrammes et bons mots

Bibaud journaliste doit souvent répondre aux attaques anonymes. Voici trois courtes pièces en vers qui révèlent le côté badin du poète.

CONTRE UN ÉCRIVAIN PLAGIAIRE (1818)
Un médecin, peut-être apothicaire,
T'accuse d'être un assassin :
Beaucoup plus juste, ou beaucoup moins malin,
Je ne te crois qu'un plagiaire.

LA RÉÉLECTION
Il faut recomposer la chambre,
Après sa dissolution :

Pour y rentrer, un ancien membre
Brigue la réélection.
Comme suit, faisant son éloge,   5
Un sien ami qui le soutient,
Dit : « Amis, ce monsieur *Laloge*
« Est bien l'homme qui vous convient :
« De la chambre sur l'un des sièges,
« Depuis si longtemps il maintient   10
« Et vos droits et vos privilèges.
« Qu'il s'est pour votre bien *usé*. »...
Soudain, de la tourbe électrice,
Un voteur matois et rusé
Crie : « Ah ! s'il est *hors de service*,   15
« Vos éloges sont superflus ;
« Pour la chambre législatrice
« De monsieur nous ne voulons plus. »

LA VENGEANCE PERMISE
Un jour d'hiver, un fils de l'Hibernie[1],
Tout de son long, sur la glace tombant,
« Attends avril, » dit-il, se relevant,
« De ton méfait tu seras bien punie. »

---

1. Hibernie = l'Irlande.

Dominique Mondelet
(1799-1863)

Avocat et député à partir de 1831, membre - du Conseil exécutif du Bas-Canada, de 1831 à 1841, Mondelet ne consacre que ses loisirs à la littérature. Les vers de Mondelet empruntent la facture de la chanson comme en témoigne la traduction habile du célèbre poème de Thomas Moore.

Chant du voyageur canadien [1] (1827)

En 1805, le poète irlandais, Thomas Moore (1779-1852), en visite au Canada, entend chanter les voyageurs remontant la rivière des Outaouais. À son retour en Angleterre, il publie un chant inspiré par les rythmes des échos lointains entendus un soir près des rapides de Sainte-Anne (dans ses *Epistles, Odes and Other Poems,* 1806). Parmi les diverses traductions et imitations de la « chanson de Moore », nous publions celle de Mondelet et, plus loin, celle de François-Réal Angers, en 1837. Voir Benjamin Sulte, *La Chanson de Moore,* dans *La Revue Canadienne,* vol. 12, 1875, p. 580-586.

Aux approches du soir, aux sons lents de l'airain,
Nos voix à l'unisson, nos rames en cadence,
Quand l'ombre des forêts se perd dans le lointain,
À Sainte-Anne, chantons l'hymne de la partance.
    Ramons, camarades, ramons,   5
        Les courants nous devancent,
        Les rapides s'avancent,
    La nuit descend dans les vallons.

Et pourquoi dérouler la voile en ce moment?
Nul zéphir n'a ridé la surface de l'onde: 10

---

1. Poème paru sans nom d'auteur dans *La Bibliothèque canadienne*, mai 1827.

Mais si loin du rivage Eole[2] nous portant,
Rend la rame au repos... entonnons à la ronde:
   Soufflez, soufflez, brise, aquilons,
     Les courants nous devancent,
     Les rapides s'avancent,   15
   La nuit descend dans les vallons.

Rives de l'Ottawa, l'astre pâle des nuits,
Nous attend sur vos flots. Rends-nous les vents propices,
Patronne de ces lieux! toi qui nous conduis
Donne à l'air la fraîcheur! voguons sous tes auspices.   20
   Soufflez, soufflez, brise, aquilons,
     Les courants nous devancent,
     Les rapides s'avancent,
   La nuit descend dans les vallons.

---

2.   Dans les mythologies grecque et romaine, Eole est le dieu des vents.

Augustin-Norbert Morin
(1803-1865)

Nationaliste ardent, il se fait connaître au public, dès 1825 par sa *Lettre à l'honorable juge Bowen*, sur les droits du français devant les tribunaux. Reçu avocat en 1828, il entre à l'Assemblée législative en 1830 où il prend une part considérable à la rédaction des 92 résolutions qu'il ira porter à Londres. « Fils de la Liberté », Morin est accusé de haute trahison en 1837 et écroué à la prison de Québec en 1839. Se ralliant au régime de l'Union, il est choisi président de l'Assemblée. Nommé juge en 1855, il est responsable de l'établissement du Code Civil du Québec. Rimeur d'occasion, il a écrit quelques poèmes patriotiques fort goûtés à l'époque. James Huston en publie trois dans son *Répertoire national*: « Le Berger malheureux », « Chanson patriotique » et « La Baie de Québec ». Selon un de ses biographes, Morin fut un simple rimailleur qui, fort heureusement sut s'arrêter sur la pente glissante de la prose rimée! Si son chant, « Riches cités gardez votre opulence », eut de la vogue, c'est que chacun y trouvait les sentiments qui l'attachaient à une patrie qu'on cherchait à lui ravir. En 1826, Morin écrit, « La patrie, c'est la terre que personne ne veut quitter, parce qu'on n'abandonne pas volontairement son repos, sa gloire et son bonheur. » (*La Minerve*, 9 novembre 1826).

Chanson patriotique [1] (1825)

> Riches cités, gardez votre opulence,
> Mon pays seul a des charmes pour moi;
> Dernier asile où règne l'innocence,
> Quel pays peut se comparer à toi?
> Dans ma douce patrie   5
> Je veux finir ma vie;

---

1. Publié dans *La Gazette de Québec* du 14 février 1825, ce poème devait se chanter sur l'air: « Brûlant d'amour et partant pour la guerre ».

Si je quittais ces lieux chers à mon cœur,
Je m'écrirais: j'ai perdu le bonheur!

Combien de fois à l'aspect de nos belles
L'Européen demeure extasié!   10
Si par malheur il les trouve cruelles,
Leur souvenir est bien tard oublié.
    Dans ma douce patrie & c.

Si les hivers couvrent nos champs de glaces,
L'été les change en limpides courants;   15
Et nos bosquets, fréquentés par les Grâces[2],
Servent encor de retraite aux amants.
    Dans ma douce patrie & c.

O! mon pays, vois comme l'Angleterre
Fait respecter partout ses léopards[3],   20
Tu peux braver les fureurs de la guerre,
La liberté veille sur tes remparts.
    Dans ma douce patrie & c.

---

2. Grâces: Divinités qui personnifient ce qu'il y a de plus séduisant dans la beauté.
3. Léopards: Lions héraldiques représentés passant et la tête de face.

Isidore Bédard
(1806-1833)

Joseph-Isidore, le troisième fils de Pierre-Stanislas Bédard, le premier chef du parti canadien, est né le 9 janvier 1806. Après de brillantes études au Collège de Nicolet, le jeune Bédard s'inscrit au Barreau. Le 6 août 1827, *La Gazette de Québec* publie un poème de deux strophes, signé du pseudonyme « Baptiste » ; il s'agit de la première version de son « Hymne national ». Dix-huit mois plus tard, on reproduit une nouvelle version du poème en quatre strophes. Chanté à plusieurs reprises au cours de la décennie 1830-1840, notamment lors du départ de Denis-Benjamin Viger comme délégué de l'Assemblée législative auprès du gouvernement britannique en mai 1831, cet hymne national, première pièce du genre, symbolise les aspirations des Québécois à cette époque de « troubles et persécutions ». C'est seulement à la mort d'Isidore Bédard, en 1833, qu'est révélée l'identité de l'auteur de ces couplets nationalistes.

Reçu avocat en 1829, élu député l'année suivante à 24 ans, Isidore semblait voué à un avenir brillant. Mais le côté bohème de sa personnalité va l'emporter ; en 1831, il visite Londres, parcourant bientôt l'Angleterre, l'Irlande, la France et l'Italie avant de s'établir à Paris en 1832. Son engouement pour le jeu, le théâtre, les flâneries des boulevards et les femmes de mœurs douteuses achèvent dans l'espace de quelques mois ce poète doué d'imagination et de passions ardentes. Atteint de tuberculose, il expire à Paris le 10 avril 1833. Les deux œuvres attribuées à Isidore Bédard, l'« Hymne national » et « Le Beau Sexe canadien » témoignent de l'ardeur passionnée de ce jeune poète québécois.

Hymne national (1827 et 1829)

La première version paraît le 6 août 1827 dans *La Gazette de Québec* ; le 8 janvier 1829, *La Minerve* publie une deuxième

version en quatre strophes. Le loyalisme de ces strophes dénote
bien l'atmosphère de la période avant 1827. La quatrième strophe
traduit par contre le nouveau sentiment d'indépendance qui gagne
les jeunes. Ludger Duvernay, rédacteur de *La Minerve*, se rendant
compte des ambiguïtés du texte, réimprime le poème le 8 juillet
1830; mais cette fois, on met en évidence le vers-clé de la qua-
trième strophe: «Soutiens-toi seule, ô ma patrie!» Le texte se
chante sur l'air: «Quel tourment, quelle inquiétude.»

> Sol canadien! terre chérie!
> Dans ce siècle de liberté,
> Ton peuple sous la tyrannie
> Gémirait-il déshonoré?
> Non, non, l'honneur est ton partage,   5
> Tu n'as pour maîtres que tes lois,
> Tu peux combattre l'esclavage,
> Albion¹ veille sur tes droits.
>
> Respecte la main protectrice
> D'Albion qui est ton soutien,   10
> Mais fais échouer la malice
> De tyrans nourris dans ton sein;
> Va, ne redoute point leur rage,
> Tu n'as pour maîtres que tes lois;
> Tu peux combattre l'esclavage,   15
> Albion veille sur tes droits.
>
> (DEUXIÈME VERSION)
> Sol canadien, terre chérie!
>   Par des braves tu fus peuplé;
> Ils cherchaient loin de leur patrie
>   Une terre de liberté.
> Nos pères, sortis de la France,   5
>   Étaient l'élite des guerriers,
> Et leurs enfants de leur vaillance
>   N'ont jamais flétri les lauriers.
>
> Qu'elles sont belles nos campagnes!
>   En Canada qu'on vit content!   10
> Salut, ô sublimes montagnes,
>   Bords du superbe St-Laurent.
> Habitant de cette contrée,
>   Que nature veut embellir,

---

1.   Albion = l'Angleterre.

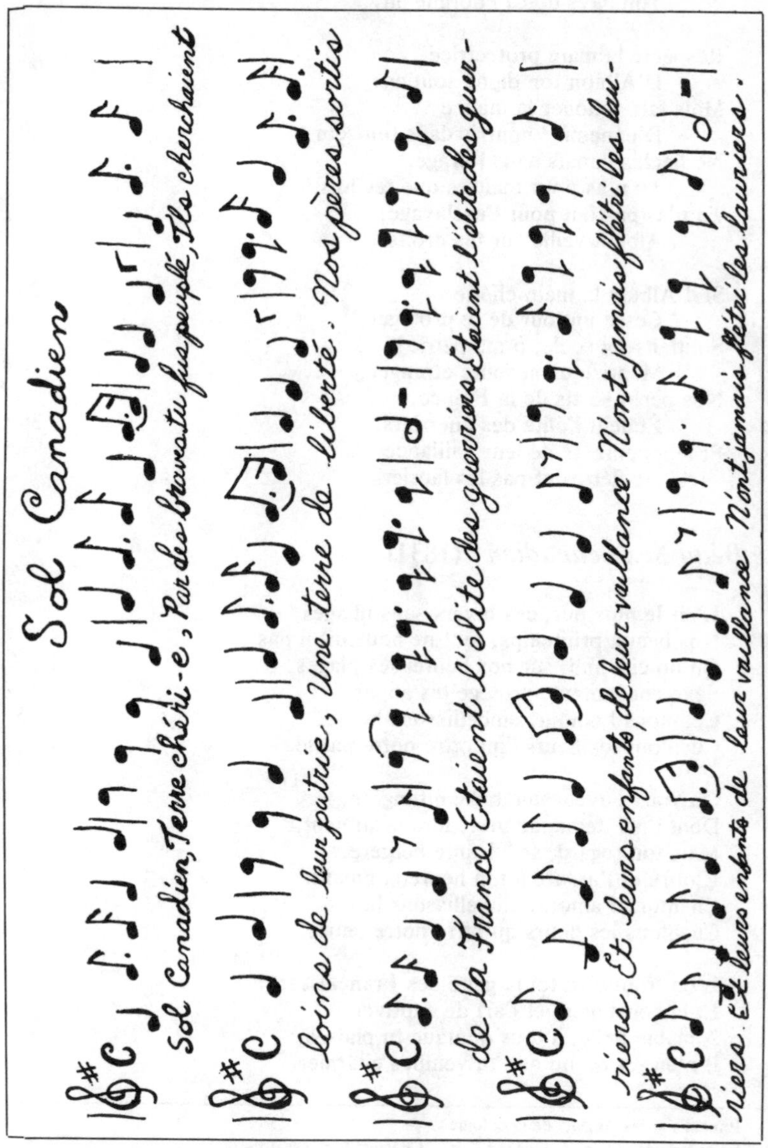

FIG. 11 — La musique de « Sol canadien ».

Tu peux marcher tête levée,   15
    Ton pays doit t'enorgueillir.

Respecte la main protectrice
    D'Albion ton digne soutien;
Mais fais échouer la malice
    D'ennemis[2] nourris dans ton sein.   20
Ne fléchis jamais dans l'orage,
    Tu n'as pour maîtres que tes lois.
Tu n'es pas fait pour l'esclavage,
    Albion veille sur tes droits.

Si d'Albion la main chérie   25
    Cesse un jour de te protéger,
Soutiens-toi seule, ô ma patrie!
    Méprise un secours étranger;
Nos pères sortis de la France
    Étaient l'élite des guerriers,   30
Et leurs enfants de leur vaillance
    Ne flétriront pas les lauriers.

Le Beau Sexe canadien[1] (1831)

L'air le plus pur, ces hivers sans nuages,
Nos beaux printemps, tout ne nous dit-il pas
Qu'un ciel ami, sur nos heureuses plages,
Sexe enchanteur, protège tes appas?
Chantons l'amour, embellissons la vie,   5
Cueillons les fleurs[2] qu'offre notre patrie.

On voit souvent une belle étrangère,
Dont l'œil demande un tendre sentiment,
Mais ton regard, séduisante bergère,
L'offre et l'assure à ton heureux amant.   10
Chantons l'amour, embellissons la vie,
Cueillons les fleurs qu'offre notre patrie.

L'on trouve en toi la gaité des Françaises,
Et la constance, et l'art de captiver;
Aimable belle, à tous quoique tu plaises,   15
Il n'en est qu'un que tu veuilles charmer.

---

2. Ennemis = les Anglais de la colonie.
1. Le poème devait se chanter sur l'air: «Charmants ruisseaux».
2. Fleurs = femmes. Voir le vers célèbre du poète Ronsard, «Cueillons dès aujourd'hui les fleurs de la vie».

Chantons l'amour, embellissons la vie,
Cueillons les fleurs qu'offre notre patrie.

Jeunes beautés, une nouvelle année
Veut bien encore sourire à vos désirs;   20
Ah! profitons de sa courte durée,
Sachons goûter les rapides plaisirs.
Chantons l'amour, embellissons la vie,
Cueillons les fleurs qu'offre notre patrie.

Joseph-Édouard Turcotte
(1808-1864)

Né à Gentilly, il est admis au barreau en 1836. Bientôt emporté par le fort courant nationaliste, Turcotte publie quelques poèmes vantant Papineau et ceux qui luttent pour la liberté. Il prend part à la rédaction du *Libéral*, journal pro-patriote de la ville de Québec, du mois de juin au mois de novembre 1837. Après l'union des Canadas, Turcotte est élu député à l'Assemblée législative. Il joue un rôle considérable dans la législature de 1841 à 1864: solliciteur-général de 1847 à 1848 et orateur de 1862 à 1863. Son œuvre poétique se limite à quelques poèmes patriotiques publiés dans *La Minerve*.

Chanson. Le retour d'A.-N. Morin [1] (1834)

Augustin-Norbert Morin fut choisi par le parti patriote afin d'apporter les quatre-vingt-douze résolutions de l'Assemblée législative en Angleterre. À son retour, Turcotte le salue, associant la lutte des Canadiens à celle des Irlandais.

Tu viens de la riche Angleterre,
Eh bien! frère, le ciel là-bas
Est-il descendu sur la terre?
Ou bien l'homme y dit-il, hélas!
En approchant le grand fantôme   5
Au lointain prestige emprunté.
Comment s'efface chaque atome
Du mirage de liberté?

Fantôme accoudé sur sa banque,
Son bras domine l'Océan.   10
Mais ce long cri: Le pain nous manque!
Est-il le bruit sourd d'un volcan?

---

1. Poème publié dans *La Minerve* du 20 octobre 1834.

Non, ce grand peuple qui mendie.
L'espoir même l'a déserté.
Non, son âme s'est engourdie   15
Tandis qu'il criait liberté !

Le fier dominateur [2] des ondes
Penche-t-il un front sourcilleux
Vers les nations moribondes
Qu'écrase son sceptre orgueilleux ?   20
Eh ! croit-il qu'un peuple succombe,
Quand, noble, il jure avec fierté
D'entrer dans la nuit de la tombe,
Ou de ravir sa liberté ?

Mais Erin [3], Erin qui soupire,   25
Et qui gémit tant dans ses fers,
Erin contre qui tout conspire,
Et qui n'a plus que des hivers,
Le pauvre Erin, il n'a point d'armes
Pour servir son bras irrité !...   30
Il n'a plus, hélas ! que ses larmes
Et son cœur pour la liberté.

Toi, dont l'âme est libre et si tendre,
Combien il devait se serrer,
Ton cœur, quand tu pouvais entendre   35
Presque Erin gémir et pleurer !
Quand tu voyais la main meurtrie
De ce grand corps ensanglanté
Chercher encor, pour la patrie.
Son Dieu, ses droits, sa liberté !   40

Oh ! comme ton cœur devait battre,
Quand tu vis le vaste atelier [4]
Que les siècles devront abattre,
Mais qui semble les défier !
Là, là se forgent tant de chaînes ;   45
Là se perd tant de vérité ;
Là tombent tant d'espoirs, de haines
Et tant de cris de : liberté !

---

2. Le fier dominateur = la Grande-Bretagne.
3. Erin = l'Irlande. Dans son poème, «O Mon Pays» (*La Minerve*, 30 décembre 1833), il
   avait déjà évoqué la lutte des deux pays les plus opprimés de l'Europe: «La hache de
   Pologne et les fers de l'Irlande.»
4. Vaste atelier = l'Angleterre, pays industriel.

Quand ta main, soulevant le voile,
Dénouait le nœud gordien.   50
Nous, nous fixâmes notre étoile.
L'astre du peuple canadien:
Et l'ange à figure connue,
Par deux grands aigles supporté,
Planait au-dessus de la nue   55
Pour nous montrer la liberté...

François-Xavier Garneau
(1809-1866)

Né à Québec d'un père tour à tour voiturier, sellier et aubergiste, il commence très jeune à gagner sa vie, après des études plutôt sommaires. Néanmoins, à force de lectures personnelles, Garneau parachève son éducation, et à vingt et un ans, il est reçu notaire. Son premier poème connu date de cette même année. Inspiré par le mythe de Napoléon, «La Coupe» aurait été composé en juillet 1830. De 1831 à 1833, il séjourne en Europe comme secrétaire de Denis-Benjamin Viger, en mission auprès du gouvernement britannique. À Londres, la rencontre de poètes et d'hommes de lettres permet à Garneau de mûrir davantage ses vues sur l'art et l'histoire. Déjà en 1828, il avait visité l'Est des États-Unis et allait conserver une vision du dynamisme du peuple américain. De 1830 à 1841, Garneau compose une trentaine de pièces dans lesquelles vibre son sentiment national sous l'impulsion du romantisme. Après 1841, il se consacre à son grand projet, une histoire du Canada, œuvre qui verra le jour à partir de 1845 (tome 1, 1845; tome 2, 1846; tome 3, 1848). La corrigeant et la ciselant, il publiera deux autres éditions de son vivant, soit en 1852 et en 1859. De santé délicate, il meurt le 2 janvier 1866, au faîte de sa gloire, reconnu par ses contemporains comme l'«historien national».

Garneau marque la frontière entre les «anciens» et les «modernes» au Québec. Son voyage en Europe le met en contact avec les Romantiques, Byron, Lamartine et le poète polonais Niemcewicz. En effet, la *Société littéraire des Amis de la Pologne* à Londres dont il devient membre en 1832 ouvre au poète la parole et l'idéal poétique de ces exilés sympathiques et fougueux. À leur intention, il écrit «La Liberté prophétisant sur l'avenir de la Pologne»:

«On nous disait: Son règne recommence,
La Liberté partout renverse les tyrans;»

Plus tard, il s'exclamera: la «Pologne, l'Irlande et le Canada, ce sont trois sœurs qui souffrent».

Pourtant, une certaine mélancolie envahit son âme à la suite de la lecture des œuvres de Lamartine en 1832, comme en témoignent ses deux poèmes «Le Voyageur» et «L'Etranger», composés à cette époque. Dès son retour au Québec, l'accent de tristesse prend de l'ampleur: Dans «Le Premier Jour de l'an 1834», le poète s'écrie:

> «La Liberté, fuyant ses domaines,
> Errait en pleurs dans l'ombre des forêts,
> (...)
> O Canada! ton ciel est plein d'orages!»

Au mois de juin de la même année, il publie sa «Chanson Québec», connue aussi sous le titre de «Pourquoi Désespérer?»; puis, deux années de silence. En 1836, il semble hanté par la mort: dans «Le Marin canadien», l'équipage lutte en vain contre la tempête:

> «Tout disparut sous la vague profonde;
> Et le marin, qui luttait contre l'onde,
>   Répétait encor tout bas:
> Adieu, patrie! adieu, plus d'espérance.»

Au mois de juillet, il se souvient d'un amour disparu dans «Le Tombeau d'Émilie». Et au printemps de 1837, il adresse un long poème, «Au Canada. Pourquoi mon âme est-elle triste?», à ses compatriotes. De nouveau le poète se tait pendant de longs mois, son cœur de Québécois souffrant devant le désarroi de ses compatriotes.

L'arrivée de Lord Durham en mai 1838 stimule le poète perclus qui écrit un témoignage d'espoir et de confiance envers la mission du grand libéral anglais. Mais déjà, à l'automne, il ne peut à peine contenir sa déception devant la tournure des événements. À ce moment, il commence ses réflexions sur l'avenir du peuple canadien. Pendant trois ans, jusqu'en septembre 1841, il épanche ses sentiments dans douze œuvres, atteignant un sommet dans «Le Dernier Huron» (1840) et «Le Vieux Chêne» (1841).

L'amour de la patrie apparaît comme le sentiment le plus répandu de la thématique de Garneau; patriotisme omniprésent, tantôt tendre et triste, tantôt exalté et violent. Qu'il écrive en prose ou en vers, Garneau n'avait, selon son ami Chauveau, qu'une pensée, qu'une préoccupation, celle de la lutte nationale. Mais la dignité des peuples, de l'humanité, ne peut s'acquérir que sous

l'impulsion de la «liberté», idée maîtresse qui éclaire l'œuvre
patriotique, voire révolutionnaire du poète. L'exaltation momenta-
née ne peut résister à la mélancolie, à l'angoisse existentielle.
Devant la destinée en apparence si sombre du peuple canadien,
il arrive à Garneau de succomber à la tentation du découragement.
Afin de retrouver les forces vives de la nation canadienne, le
poète se mue en historien, consacrant ses dernières vingt-cinq
années à l'édification de son histoire monumentale.

L'œuvre poétique

Garneau a publié ou composé vingt-sept poèmes dont vingt
ont paru dans *Le Répertoire national* de James Huston, choix
adressé à ce dernier par le poète lui-même. (Sauf son poème,
«Le Voltigeur» que Garneau voulait écarter de son œuvre poéti-
que définitive.) Voir la bibliographie des poèmes de Garneau dans
le *Dictionnaire pratique des auteurs québécois*. Nous publions les
textes de Garneau d'après la version publiée dans *Le Répertoire
national*.

Arsène Lauzière, *Le Romantisme de François-Xavier Garneau*, dans *Le
Mouvement littéraire de Québec 1860*, Ottawa, E.U.O, 1961, p. 28-53.
«Archives des lettres canadiennes», tome 1.

Odette Condemine, *François-Xavier Garneau-poète*, dans *François-Xavier
Garneau. Aspects littéraires de son œuvre*, Ottawa, E.U.O, 1966, p. 11-43.

Joseph Costisella, *François-Xavier Garneau: Barde de la Révolution*,
dans *L'Esprit révolutionnaire dans la littérature canadienne-française de
1837 à la fin du XIXᵉ siècle*, Montréal, Beauchemin, 1968, p. 47-60.

Jeanne d'Arc Lortie, «Un héraut du nationalisme: F.-X. Garneau» dans
La Poésie nationaliste au Canada français (1606-1867), Québec, P.U.L.,
1975, p. 253-265.

Le Voltigeur. Souvenirs de Châteauguay (1831)

La victoire de Châteauguay et la bravoure des Voltigeurs
canadiens de Salaberry chantée par l'adjudant Mermet en 1813
inspire aussi le jeune Garneau. Mais, pour ce dernier, le voltigeur,
mort en défendant sa patrie, incarne la fidélité des Canadiens à un
idéal. Composés pour être chantés sur l'air: «Le Jeune Edmond
allait», les six quatrains coulent dans un *style simple et direct*.

Sombre et pensif, debout sur la frontière,
Un Voltigeur allait finir son quart ;
L'astre du jour achevait sa carrière,
Un rais au loin argentait le rempart.
Hélas, dit-il, quelle est donc ma consigne ?   5
Un mot anglais que je ne comprends pas :
Mon père était du pays de la vigne [1],
Mon poste, non, je ne te laisse pas.

Un bruit soudain vient frapper son oreille :
Qui vive... point. Mais j'entends le tambour.   10
Au corps de garde est-ce que l'on sommeille ?
L'aigle [2], déjà, plane aux bois d'alentour.
Hélas, etc.

C'est l'ennemi, je vois une victoire !
Feu, mon fusil : ce coup est bien porté ;
Un Canadien défend le territoire,   15
Comme il saurait venger la Liberté.
Hélas, etc.

Quoi ! l'on voudrait assiéger ma guérite ?
Mais quel cordon ! ma foi qu'ils sont nombreux !
Un Voltigeur, déjà prendre la fuite ?
Il faut encor, que j'en tue un ou deux.   20
Hélas, etc.

Un plomb l'atteint, il pâlit, il chancelle ;
Mais son coup part, puis il tombe à genoux.
Le sol est teint de son sang qui ruisselle.
Pour son pays, de mourir qu'il est doux !
Hélas, etc.

Ses compagnons, courant à la victoire,   25
Vont jusqu'à lui pour étendre leur rang.
Le jour, déjà, désertait sa paupière,
Mais il semblait dire encor en mourant :
Hélas ! c'est fait, quelle est donc ma consigne ?
Un mot anglais que je ne comprends pas :   30
Mon père était du pays de la vigne.
Mon poste, non, je ne te laisse pas.

---

1. Pays de la vigne = la France.
2. L'aigle : Chez les Romantiques, l'aigle signifie force, envol, grandeur. Cet oiseau sym-
   bolise aussi les Américains.

Le Voyageur. *Élégie* (1832)

Composé pendant son séjour en Europe, le poème traduit la nostalgie du pays natal. Il semble que la nouvelle du décès de son père, en août 1831, aurait déclenché le rêve mélancolique du poète sous l'impulsion des *Méditations poétiques* de Lamartine: souvenirs et regrets, espérances et désespoirs.

Le murmure des îlots qui blanchissent ces bords,
Et la brise du soir cadençant ses accords;
La douteuse clarté de l'astre du silence
Effleurant les coteaux, les bois, la mer immense,
Tout réveille dans moi de pieux souvenirs,   5
Et mon âme en planant s'enivre de désirs.
L'amant ou l'exilé, le bonheur, la misère,
Chacun a ses échos dans ce lieu solitaire.
Heureux celui qu'embrasse un délire joyeux!
Naguère je goûtais ce nectar précieux;
Mais errant aujourd'hui sur la terre étrangère[1],   10
Sans parents, sans patrie, oublié des humains,
À l'écho de douleur j'adresse mes refrains;
    La nuit seule entend ma prière.

O toi qui de l'amour bus le philtre enchanteur,   15
Ou qu'abreuve à longs traits la coupe du malheur,
    Poursuis les concerts de ta lyre:
La nature propice en ces lieux les inspire,
    Et les zéphirs te répondront en chœur.

Hélas! dans quel climat le ciel te fit-il naître?   20
Quel destin malheureux, quel orage peut-être,
    Contre toi souleva les flots?
D'un joug pesant fuis-tu l'ignominie,
    Ou de ton fatal génie
Suis-tu l'astre entraîné par des sentiers nouveaux?   25

    Le bonheur file en silence
    Les jours de l'humble berger;
    Le toit qui vit sa naissance
Ne le vit pas s'enfuir à l'étranger.

    Content du sort, chéri par sa bergère,   30
En vain roule aux cités le char ambitieux,
Dormant en paix sous la douce chaumière.

---

1. Terre étrangère: Garneau séjourne à Londres du mois de juillet 1831 au mois de juin 1833.

Il méprise des rois les palais orgueilleux.
Que n'ai-je, comme lui dans le hameau paisible
Su choisir un séjour aux chagrins inconnu !   35
Savourant le bonheur d'une épouse sensible
J'eus partagé l'amour et la vertu.

Mais d'un astre fatal, éprouvant l'influence,
J'errai contre mon gré bien loin sous d'autres cieux.
Je disais: je verrai le soleil de la France   40
      Et le tombeau de mes aïeux.
Je laissai donc ces bords, où, profonds et sublimes
Roulent du Saint-Laurent les flots majestueux ;
J'entends encor grandir dans les sombres abîmes
Du fier Montmorency les rochers écumeux.   45
Mes yeux suivaient de loin ces murailles superbes
Qui portent jusqu'au ciel leurs créneaux foudroyants.
Et les rayons du soir glissaient, comme des gerbes,
      Sur les toits éblouissants.
O toi, fière cité², reine de ma patrie,   50
Combien dût ce moment me coûter de douleurs !
      À ces pensers... ma paupière attendrie
      Ne peut retenir ses pleurs.

J'ai vu de l'océan les vagues agitées
Que pressaient d'Aquilon les ailes irritées.   55
Puis j'ai vu de Paris³ les palais somptueux,
Et le dôme superbe élancé jusqu'aux cieux.
      Sur la colonne triomphale ;
J'ai vu de vieux guerriers relire leurs exploits⁴ ;
J'ai vu le lieu funèbre⁵ où repose des rois   60
      La cendre sépulcrale ;
Mais rien du Canada n'éteint le souvenir:
J'y trouvais le passé, j'y voyais l'avenir.
En vain, Londres⁶ à mes yeux déployait sa richesse,
Son faste, sa splendeur, d'un factice bonheur   65
      La perfide ivresse,
Mon âme n'y trouvait qu'un charme empoisonneur.

Où sont ces jours quand, sous l'ombre d'un chêne,
      Je fredonnais un rustique refrain ?

---

2. Fière cité = la ville de Québec.
3. Paris: Garneau visite Paris du 28 juillet au 7 août 1831 et du 19 septembre au 3 octobre
   1832. Voir son *Voyage en Angleterre et en France dans les années 1831, 1832 et 1833*.
   Texte établi, annoté et présenté par Paul Wyczynski, Ottawa, E.U.O., 1968, 375 pp.,
   surtout les chapitres 3, 4 et 6.
4. Exploits: Il visite l'Hôtel des Invalides (*ibid.*, p. 193-194).
5. Lieu funèbre: Il visite aussi Notre-Dame (*ibid.*, p. 198-200).
6. Londres: Pendant son séjour en Europe, il habite surtout la ville de Londres.

L'amour guidait mes doigts, et la timide Hélène   70
En rougissant sentait gonfler son sein.

Mais, comme un doux rayon au milieu d'un orage
    Frappe l'œil du voyageur,
Ce tendre souvenir perce, en vain, le nuage
    Qui pèse encor sur mon cœur.   75

Hélas! j'ai tout quitté, parents, amis, chaumière;
Chaumière[7] où j'ai reçu la vie et la lumière.
O toit, cher protecteur de mon humble berceau,
De ma voix, de mon nom nourrirais-tu l'écho?
Ingrat, j'ai déserté le seuil de mon enfance,   80
Seul un furtif adieu fut ma reconnaissance.
D'une mère éplorée, oubliant les regrets,

    Je la quittais, peut-être pour jamais.
Non... je vous reverrai, lieux qui m'avez vu naître;
    Champs, bocages, riants vallons;   85
    J'y répéterai mes chansons;
De tristes souvenirs de la flûte champêtre
    Attendriront les sens.

Ah! combien il est doux, après un long orage,
De rentrer dans le port, de baiser le rivage   90
Que l'autan[8] furieux semblait nous disputer:
Un bonheur toujours pur devient froid à goûter.
Déjà je vois au loin venir sur la colline
Mon père aux cheveux blancs, que la vieillesse incline.
Ses cheveux que zéphire agite mollement,   95
Couvrant son front joyeux de leurs boucles d'argent.
De ses pas l'âge, en vain ralentit la vitesse,
Il me voit, il m'atteint, sur son sein il me presse.
Une mère, une sœur, des frères, des amis!
Je revois donc enfin ces objets tant chéris...   100
Mais que dis-je?... Peut-être un funèbre silence
Règne au toit paternel[9], témoin de mon enfance;
Qu'un père, qu'une mère, enviés par les Dieux,
Reposent maintenant dans la splendeur des cieux;
Que ses tristes enfants vont pleurer sur sa tombe   105
Quand de l'humide nuit le voile épais retombe.
Ils disent: notre frère est aussi loin de nous.

---

7. Chaumière: Garneau est né dans une petite maison au faubourg Saint-Jean de la ville de Québec.
8. Autan = vent violent du sud.
9. Toit paternel: Son père est mort à Québec, le 7 août 1831.

Il quittait pour un rêve un asile si doux!
Il ne répondit pas à la voix de son père,
Lorsqu'à ses yeux la mort déroba la lumière.   110
    Errant en d'autres climats
Il n'a pas entendu l'airain impitoyable
Sonner... ni dans le deuil s'avancer le trépas,
Tenant le sablier dans sa main redoutable,
    Et notre seuil frémir sous ses pas.   115

Mais pourquoi de mon cœur augmenter la tristesse?
De ces illusions, noirs enfants de la nuit,
    Chassons l'ombre qui me poursuit;
Lyre répète, encor tes accents d'allégresse,
    Et dérobe mon âme à l'ennui.   120

Oui, je verrai ces champs où rêvait ma bergère;
Du limpide ruisseau j'écouterai la voix;
Et sous le pin touffu qui vit naître mon père
    Je chanterai mes refrains d'autrefois.

    Aux premiers rayons de l'aurore   125
    Qui brilleront à l'orient,
    Je poursuivrai de l'œil encor
    L'astre des nuits dans l'occident.

L'airain sonore au clocher du village,
En répondant à l'hymne du matin,   130
Réveillera par son divin langage,
Ces sentiments qui charmaient tant mon sein.

Et sous l'ormeau, voisin du toit champêtre,
Aux pas légers qu'accorderont mes chants,
Je mêlerai les récits que fait naître   135
Le Dieu jaloux du bonheur des amants.

    De la rive où le flot expire
    J'écouterai le vieux pêcheur,
    Sa voix que le silence inspire
    À des airs qui charment le cœur.   140

Mes doigts harmonieux animeront ma lyre,
Dont la corde souvent chantera nos exploits.
Et quand l'âge viendra refroidir mon délire,
    Assis à l'ombre d'un bois,
    Mes chants plus doux plairont au folâtre zéphire.   145

Chanson Québec [1] (1834)

Publié dans *Le Répertoire national* (1848) sous le titre de «Pourquoi désespérer», ce poème exalte la lutte jusqu'à la mort pour la patrie. Comme Lamartine, Garneau croit que le poète a le devoir de s'oublier quand la patrie est menacée (l'*Ode sur les Révolutions*, décembre 1831).

Partout on dit, l'œil fixé sur les flots,
L'esquif brisé s'abîme sous l'orage.
O Canada! ton nom n'a plus d'échos,
Et tes enfants chéris ont fait naufrage.
 Mais non, ils ne périront pas,   5
 Une voix tout-à-coup s'écrie:
 Le soleil dore au bout des mâts
 Le vieux drapeau de la patrie,
  De la patrie.

Canadien, tu connus cette voix;   10
Le ciel pour nous, souvent l'a fait entendre:
Dans nos malheurs, hélas, combien de fois
Nous avons cru notre Ilion [2] en cendre?
 Enfants jetés hors des berceaux,
 On nous expose sur le Tibre [3],   15
 Mais Rome sortit des roseaux...
 Et Rome aussi bientôt fut libre,
  Bientôt fut libre.

Mais si la nue éclipsa dans les cieux,
Plus d'une fois notre étoile sacrée;   20
Après l'orage à son front radieux
On reconnut sa gloire à l'empyrée [4].
 Phare qui ne s'éteint jamais,
 Elle éblouit la tyrannie,
 Qui droit sur l'écueil des forfaits   25
 Ira jeter sa barque impie,
  Sa barque impie.

À la tribune on vit, comme aux combats,
Toujours briller notre même courage.
Chargés de fers, menacés du trépas,   30
De nos tyrans nous braverions la rage.

---

1. Poème chanté sur l'air: «De la Sentinelle».
2. Ilion = Troie.
3. Tibre: Fleuve d'Italie qui traverse la ville de Rome.
4. Empyrée = firmament.

S'il fallait pour la liberté,
Sacrifier nos biens, la vie,
Et sous son drapeau redouté
Mourir pour elle et la patrie,   35
 Et la patrie.

Le Tombeau d'Émilie [1] (1836)

Le thème de l'amour malheureux prend un accent plus per-
sonnel dans ce poème, composé quelques mois avant son mariage.
Voulait-il immortaliser un amour de jeunesse à la façon de Lamar-
tine? Le premier Romantique n'a-t-il pas chanté la plainte d'un
cœur affligé par l'épreuve de l'amour brisé, dans ses *Méditations
poétiques*? Pour Lamartine, elle s'appelle Elvire, pour Garneau,
Émilie.

Toute remplie du décor conventionnel et mélancolique du
romantisme, l'élégie de Garneau se divise en cinq parties, chacune
se terminant par un refrain, un long cri de douleur face à l'indif-
férence du monde:

«Passant qui vois couler mes pleurs,
Viens, prie à genoux sur ma tombe.»

Nous reproduisons la dernière partie du poème, passage qui décrit
l'apparition d'Émilie. La femme dans le rêve hallucinatoire de
Garneau ne représente-elle pas le pays comme dans «L'Amour
et le militant» de Gaston Miron? Le poète exprime enfin son
espoir intime, sa croyance à la survie de l'esprit, de la patrie.

V

(...)
Ah! c'est elle; elle vient ma divine Émilie,   100
Et ses cheveux dorés répandent l'ambroisie.
Sa robe s'abandonne aux ailes des zéphirs,
Ses yeux brillent toujours de joie et de désirs.
Son sein en palpitant est plus blanc que l'aurore,
Lorsque l'astre du jour d'un baiser la colore.   105
O ciel je la revois, Dieu m'aurait écouté.
Elle revient vers moi, celle qui m'a quitté.
J'entends, déjà, le bruit de ses ailes légères,
Son pied effleure l'herbe et la croix des prières;

---

1. Poème publié dans *Le Canadien* du 20 juillet 1836.

FIG. 12 — L'arrivée des immigrants à Montréal, par W. Raphaël (*ca* 1860), Galerie nationale, Ottawa.

Elle lève sa main, elle va me parler,   110
Et dans mes bras ouverts je... pourquoi reculer?
Mort!... vaine illusion, doux fantôme d'un songe
Que la nuit pour tromper évoqua du mensonge.

    En vain mes yeux étonnés
    Cherchent encor son image;   115
    Quelques astres éloignés
    Seuls percent le nuage.

Tout est silencieux; partout règne la nuit,
Image du tombeau, mais le matin le suit;
De l'éternel tombeau, la nuit n'a point d'aurore!   120
Mon Émilie hélas! croyait la voir encore;
Mais c'en est fait; elle dort pour toujours.
Jamais ses yeux ne verront la lumière;
    Son étoile, dans son cours
En tombant s'éteignit au coin de sa chaumière.   125

    Passant qui vois couler mes pleurs,
    Viens, prie à genoux sur sa tombe;
    La nuit descend et le jour tombe,
    Mais tu te ris de mes douleurs.

Au Canada. «Pourquoi mon âme est-elle triste?» (1837)

Au printemps de 1837, le paysage politique au Québec s'assombrit; Garneau partage le découragement qu'éprouvent ses compatriotes. Le poète semble frappé par le contraste entre la paix profonde de la nature et les malheurs de la situation politique du Bas-Canada. Il se demande où sont les artistes et les hommes de science capables de faire connaître le pays, seules garanties de la liberté et de la survie de la nation. Obsédé par le destin tragique de sa patrie, Garneau redoute le coup final d'une série de revers qui avaient commencé en 1759. Les deux derniers vers sonnent comme un lointain écho du poème «Ozymandias» du poète anglais Percy Bysshe Shelley (1792-1822).

I

Ton ciel est pur et beau; tes montagnes sublimes
Élancent dans les airs leurs verdoyantes cimes;
Tes fleuves, tes vallons, tes lacs et tes coteaux
Sont faits pour un grand peuple, un peuple de héros.
À grands traits la nature a d'une main hardie   5
Tracé tous ces tableaux, œuvre de son génie.

Et sans doute qu'aussi, par un dernier effort,
Elle y voulut placer un peuple libre et fort,
Qui pût, comme le pin, résister à l'orage,
Et dont le fier génie imitât son ouvrage.   10
Mais, hélas! le destin sur ces hommes naissants
A jeté son courroux et maudit leurs enfants.
Il veut qu'en leurs vallons, chassés comme la poudre,
Il ne reste rien d'eux qu'un tombeau dont la foudre
Aura brisé le nom, que l'avenir, en vain,   15
Voudra lire en passant sur le bord du chemin.
De nous, de nos aïeux la cendre profanée
Servira d'aliment au souffle de Borée[1],
Nos noms seront perdus et nos chants en oubli
Abîme où tout sera bientôt enseveli.   20

II

Ainsi chantait ma muse et sa lyre plaintive,
Comme le vent du soir, murmurait sur la rive;
Mais les échos muets étaient sourds à sa voix,
        Et le peuple qu'autrefois
Enthousiasmaient ses chants, enivrait son histoire,   25
        Peu soucieux de sa gloire,
S'endormait maintenant pour la première fois.
        Hélas! dans son insouciance
Il passe comme un bruit qu'on oublie aussitôt:
Rien de lui ne dira son nom ni sa puissance;   30
        Il s'éteindra comme un flot ·
        Qui se brise sur le rivage,
        Sans même à l'œil du matelot
        Laisser empreinte son image.
Où sont, ô Canada! tes histoires, tes chants?   35
Tes Deluc[2], tes Rousseau[3], l'honneur de l'Helvétie[4],
Tous ces hommes enfin qu'illustrent les talents,
Qui font un peuple fier, grandissent la patrie,
Font respecter au loin son nom, ses lois, ses arts,
Et, pour sa liberté, lui servent de remparts?   40
L'étranger[5] cherche, en vain, un nom cher à la science.
Notre langue se perd, et dans son indigence
L'esprit, ce don céleste, étincelle des Dieux,
S'éteint comme une lampe, ou comme dans les cieux

1. Borée: Dieu des Vents du nord.
2. Jean-André Deluc (1727-1817), homme de science suisse, inventeur de la pile sèche.
3. Jean-Jacques Rousseau (1712-1778), grand écrivain français, né en Suisse.
4. Helvétie = la Suisse.
5. L'étranger: Garneau semble déjà prévoir le jugement sommaire de Durham sur les Cana-
   diens; dans son rapport publié en 1839, celui-ci fait cette remarque désobligeante:
   «Peuple sans littérature et sans histoire».

Une étoile filante au funeste présage.   45
Déjà, l'obscurité nous conduit au naufrage;
Et le flot étranger[6] envahissant nos bords,
De nos propres débris enrichit ses trésors[7].
Aveuglés sur le sort que le temps nous destine,
Nous voyons sans souci venir notre ruine   50
O peuple subjugué par la fatalité,
Tu sommeilles devant l'oracle redouté.
Il rejette ton nom comme un arbre stérile,
Que l'on veut remplacer par un scion fertile[8].
Il dit: laissons tomber ce peuple sans flambeau,   55
    Errant à l'aventure;
Son génie est éteint, et que la nuit obscure
    Nous cache son tombeau.

III

Pourquoi te traînes-tu comme un homme à la chaîne,
Loin, oui, bien loin du siècle, où tu vis en oubli?   60
L'on dirait que vaincu par le temps qui t'entraîne,
À l'ombre de sa faux tu t'es enseveli!
    Vois donc, partout dans la carrière,
    Les peuples briller tour à tour,
    Les arts, les sciences et la guerre   65
    Chez eux signalent chaque jour.

    Dans l'histoire de la nature,
    Audubon[9] porte le flambeau;
    La lyre de Cooper[10] murmure,
Et l'Europe attentive à cette voix si pure   70
    Applaudit ce chantre nouveau.
    Enfant de la jeune Amérique,
    Les lauriers sont encore verts;
    Laisse dans sa route apathique
    L'Indien périr dans les déserts.   75
Mais toi comme ta mère, élève à ton génie
    Un monument qui vive dans les temps;
    Il servira de fort à tes enfants:
Faisant par l'étranger respecter leur patrie.

6. Le flot étranger: Déjà en 1831, Charles Mondelet avait écrit, «l'immigration causera notre anéantissement, si nous n'en arrêtons les progrès». On associa les deux fléaux le choléra asiatique et l'immigration: «On déclara que l'Angleterre était responsable des ravages du choléra, parce qu'elle avait envoyé dans le pays une immense émigration qui portait en elle les germes du fléau.» (F.-X. Garneau, *Histoire du Canada*, livre 16, chapitre 1).
7. Trésors: Voir le poème «Les Moissonneurs» (1806) de Joseph Quesnel.
8. Scion = pousse de l'année.
9. John James Audubon (1785-1851), célèbre naturaliste et artiste américain.
10. James Fenimore Cooper (1789-1851), premier grand romancier américain. Il vécut en Europe de 1826 à 1833.

Cependant, quand tu vois au milieu des gazons   80
S'élever une fleur qui devance l'aurore,
   Protège-la contre les aquilons[11]
     Afin qu'elle puisse éclore.
Honore les talents, prête-leur ton appui;
   Ils dissiperont la nuit   85
   Qui te cache la carrière[12]:
Chaque génie est un flot de lumière.
....
....

IV

O peuples fortunés! ô vous! dont le génie
Au monde spirituel découvrit jusqu'aux Dieux,
Qui brillez dans les temps comme l'astre des cieux,   90
L'esprit est immortel, et chaque œuvre accomplie
Par sa divine essence est et sera toujours;
Dieu même n'en saurait interrompre le cours.
Ainsi Rome et la Grèce éternisant leur gloire,
À l'immortalité léguèrent leur mémoire.   95
L'Europe rajeunie, instruite à leurs leçons,
Poursuivit les travaux des Plines[13], des Platons[14];
Et l'homme remontant ainsi vers la nature[15],
Elève au créateur toujours la créature.
Mais pourquoi rappeler ce sujet dans mes chants?   100
La coupe des plaisirs efémine nos âmes;
Le salpêtre étouffé[16] ne jette point de flammes;
   Dans l'air se perdent mes accents.
Non, pour nous plus d'espoir, notre étoile s'efface,
Et nous disparaissons du monde inaperçus.   105
Je vois le temps venir, et de sa voix de glace
   Dire, il était; mais il n'est plus.
Ma muse abandonnée à ces tristes pensées.
Croyait déjà rempli pour nous l'arrêt du sort,
Et ses yeux parcourant ces fertiles vallées   110
Semblaient à chaque pas trouver un champ de mort.
Peuple, pas un seul nom n'a surgi de ta cendre;
Pas un, pour conserver tes souvenirs, tes chants,
   Ni même pour nous apprendre
   S'il existait depuis des siècles ou des ans.   115
Non! tout dort avec lui, langue, exploits, nom, histoire;

---

11. Aquilons = vents du nord.
12. Carrière = cours de la vie, profession.
13. Pline l'Ancien (23-79) et Pline le Jeune (62-vers 113), écrivains romains.
14. Platon (428-347 av. J.-C.), célèbre philosophe grec.

Ses sages, ses héros, ses bardes, sa mémoire,
Tout est enseveli dans ces riches vallons
Où l'on voit se courber, se dresser les moissons.
Rien n'atteste au passant même son existence ;   120
S'il fut, l'oubli le sait et garde le silence.

Louise. Légende canadienne (1840)

La rencontre des écrivains polonais en exil à Londres, notamment Krystyn Lach-Szyrma et Niemcewicz, permet à Garneau de prendre contact avec l'œuvre du célèbre Adam Mickiewicz (1798-1855). Niemcewicz, auteur des *Chants historiques* écrits sous l'influence des ballades romantiques allemandes et anglaises, a peut-être suggéré au jeune Garneau d'exploiter, dans une ballade romantique, le passé national de son pays. En 1840, le poète canadien conçoit, enfin, sa longue ballade « Louise », poème divisé en sept parties. La victoire française de la Monongahéla, en 1755, fournit le fond historique. À la suite de ses modèles, Hugo et l'Allemand Bürger entre autres, le poète récrée l'atmosphère traditionnelle de la romance : les ruines d'un vieux château ; l'évocation des souvenirs d'un âge héroïque ; l'amour marqué par la fatalité, tragédie pressentie dans le rêve ; la fidélité à la patrie et l'héroïsme d'un seigneur.

À la recherche des sources d'inspiration, on se reporte bien sûr à l'œuvre de Mickiewicz dont Garneau publie trois poèmes dans sa revue *L'Abeille canadienne* (1 février 1834). (Voir Paul Wyczynski, *Adam Mickiewicz ou l'expression polonaise de l'époque romantique*, dans la *Revue de l'Université d'Ottawa*, vol. 25, no 4, 1955, p. 436-456.) Garneau n'aurait-il pas subi aussi l'influence d'Antoine-Léonard Thomas (1732-1785), auteur de l'épopée intitulée *Jumonville* (1759)? Thomas, en décrivant l'«assassinat» de Jumonville en 1753 sur les rives de l'Ohio, satisfait son goût de l'héroïsme, par ce chant à partir d'un exploit authentique auquel il imagine un dénouement plus sanglant que la réalité. (Les Français vengent le meurtre de Jumonville en massacrant leurs adversaires; en fait, ils les avaient épargnés.) Si Thomas se laisse vite oublier, le Nouveau Monde, l'Amérique, n'a pas fini de hanter les poètes européens. (Voir Jean Fabre, *Un thème préromantique, le Nouveau Monde des poètes d'André Chénier à Mickiewicz*, dans *Lumières et Romantisme*, Paris, Klincksieck, 1963, p. 151-166.)

I

Vois-tu là-bas au pied des riantes collines,
Près des flots azurés éparses des ruines ? —
Le villageois de loin n'y passe qu'en tremblant ;
C'est là que vient la nuit errer le spectre blanc.
Et l'on dit que souvent sa voix triste et plaintive   5
Se mêle au vent du soir et gémit sur la rive.
Dans ces pins noirs jadis s'élevait un château,
L'effroi de l'Indien (a) et l'appui du hameau.
Plus d'une fois le choc meurtrier des batailles
Retentit jusqu'au ciel du pied de ses murailles ;   10
Et l'homme rouge ardent en son premier effort,
Au lieu de la victoire y vint chercher la mort.
Mais depuis bien longtemps le fracas de la guerre
Ne troublait plus l'écho de ce lieu solitaire.
Les doux oiseaux des cieux, messagers du printemps,   15
Cachés sous la feuillée y soupiraient leurs chants.
Aux étoiles du soir l'acier des sentinelles
Ne brillait plus au loin sur le haut des tourelles,
Tandis que l'Indien furtif, silencieux,
Jettait sur eux des bois un regard curieux,   20
Ou que, levant sa hache au-dessus des campagnes,
Son bras les menaçait du sommet des montagnes.
Les flots du Saint-Laurent murmurant sur leurs bords,
Aux chants des villageois mêlaient leurs doux accords.
Tout respirait la paix et le bonheur champêtre,   25
Bonheur que chaque jour l'aube faisait renaître.

II

*Le manoir était l'héritage d'Édouard de Chambly ; il rappelait aux
Canadiens «qui passaient dans ces lieux», le souvenir de la gloire
du passé.*

III

*Nous assistons aux effusions amoureuses d'Édouard et de Louise.
Dans sa robe blanche, la jeune fille ressemble «aux anges du ciel
purs et resplendissants». Mais le destin la poursuit depuis sa nais-
sance ; orpheline, incapable d'oublier une enfance triste et solitaire,
elle refuse de croire au bonheur et à l'amour. Un mauvais rêve
confirme ses sombres pressentiments.*

IV

« Un soir on entendait dans ce manoir antique
Des pas sourds, cadencés, une douce musique ;
Puis un bruit prolongé de rires et de voix   115
Qui réveillaient l'écho silencieux des bois.

Les fenêtres semblaient rayonner de lumière;
Les flots du Saint-Laurent dans leur pente légère
Brillaient comme un miroir qu'embrasent mille feux,
Et leur reflet dorait les nuages des cieux.   120
L'on fêtait en ces lieux une grande victoire,
Dont toi-même, Édouard, tu partageas la gloire.
Cent beautés y brillaient, et leurs traits souriants,
Sous leurs longs cils archés leurs yeux noirs, languissants
Étincelaient de grâce, et partout leur sourire   125
Répandait dans les cœurs la joie et le délire.
L'on vantait tes exploits, on chantait les vainqueurs;
Ton vieux père à ton nom, d'orgueil versait des pleurs...
Mais un bruit tout-à-coup frappe la salle immense.
Ah! ciel, là-bas, un spectre qui s'avance!   130
Tous les yeux sont tournés au sommet du coteau
Que la lune effleurait derrière le château.
L'œil attaché sur lui, la foule s'est pressée,
Muette de frayeur elle reste glacée.
Je sens encor mon sang remonter vers mon cœur,   135
Ses yeux étaient hagards; une sombre pâleur
Sous ses cheveux épars régnait sur son visage;
Mais sa voix était douce et semblable au feuillage
Qu'agitent mollement les zéphirs du matin.
De son linceul vers nous il éleva la main.   140
Et sa parole alors suave, mais tremblante,
Porta jusqu'au festin sa plainte gémissante;
Et l'écho de la nuit en répétant ses chants
Fit retentir le ciel de ses tristes accents:

Échos du soir qui veillez dans la plaine,   145
Vers Édouard portez ma triste voix;
Car de la nuit l'humide et froide haleine
Glace mon sein qui tremble sous mes doigts.

Il ne vient pas et sa pauvre Louise
Dans la nuit sombre attend toujours en vain;   150
Va-t-il laisser au souffle de la brise
Périr de froid la fleur sur son chemin?

Cher Édouard, pourquoi briser ma vie?
Si jeune encore et verser tant de pleurs.
Mais tendre rose, à sa tige affaiblie,   155
L'aquilon souffle avant l'aube et je meurs.

Il n'entend plus la voix de l'orpheline
Dont les accents faisaient vibrer son cœur;
Froide et tremblante au haut de la colline
Elle n'est plus que l'enfant du malheur.   160

Tombé là-bas, en gardant la frontière,
Parmi les preux qu'a frappé le trépas;
Le noir tombeau va couvrir sa poussière,
Car Édouard ne nous reverra pas.»

«On entendait encor ces mots dans la nuit sombre   165
Que le spectre à nos yeux disparaissait dans l'ombre.
Un silence suivit ce spectacle effrayant,
Présage qu'on n'osait s'expliquer qu'en tremblant,
Quand le bruit d'un coursier retentit dans la plaine.
Bientôt l'on entendit sur le parquet de chêne   170
Glisser en murmurant le sabre d'un soldat
Qui revenait des bords de la Monongahla[1]
Dans le château soudain un bruit confus résonne,
Et ton père pâlit, la force l'abandonne;
De sa tremblante main la coupe avec fracas   175
Tombe sur le parquet et se brise en éclats —
Édouard n'était plus!
(...)

À la suite de ce songe, Édouard essaye de consoler sa fiancée.

V

*Mais bientôt la guerre éclate et Édouard doit partir. Louise l'attend
et «son cœur serré respire à peine».*

VI

*La bataille: un petit groupe de Canadiens surprend une armée
anglo-américaine et remporte une victoire complète. Édouard tombe
sur le champ de bataille en héros romantique.*

(...)
Devant Chambly s'arrête un guerrier d'Albion,
Pâle et le sang partout ruisselant sur son front.
Un air noble, mais doux animait sa figure;
Jeune, ses traits sont beaux; sa blonde chevelure   305
En boucles retombait sur son habit doré
Que la poudre a noirci, la hache déchiré.
Guerrier, dit-il, reçois ces inutiles armes
Que mon bras mutilé ne peut plus soutenir,
À ses décrets le ciel me force d'obéir.   310
Et l'on vit dans ses yeux paraître quelques larmes.

---

1. La rivière Monongahéla coulait à quelque distance du fort Duquesne. Garneau raconte
les événements de cette bataille dans son *Histoire du Canada* (livre 9, chapitre 1).

Avec peine son cœur se soumettait au sort,
Qui semblait lui ravir la gloire de la mort.
Brave guerrier, lui dit De Chambly, ton courage
    Méritait un sort plus heureux;   315
  Mais aux combats la fortune est volage.
Nous saurons respecter un soldat valeureux.
Il dit: quand près de là passe un Indien farouche;
Ces mots, ces mots affreux s'exhalent de sa bouche:
Guerriers! point de quartier, partout mort aux Anglais!   320
De sa hache le sang coulait à flots épais.
Au-dessus de son front, longtemps il la balance;
Et sur le prisonnier avec un cri la lance.
Pour détourner le coup Chambly lève son bras;
Dans l'air vint se choquer l'acier des tomahawks;   325
Mais celui de l'Indien rebondit vers la terre;
Dans le flanc de Chambly la hache meurtrière
S'enfonce en mugissant; le guerrier en tombant
Exhale avec son âme un sourd gémissement.
(...)

VII

Le manoir était triste, et le vent de l'automne
Frappait dans les vitraux plaintif et monotone.
La lame vacillant au milieu du salon,
Jetait sur les lambris un blanchâtre rayon.
Louise veillait seule, et la tête penchée,   350
Ses regards s'arrêtaient sur la voûte étoilée
Que souvent lui cachait un nuage fuyant;
Puis ensuite le ciel devenait plus brillant.
Le vent qui gémissait au milieu du silence
Dans son âme pensive entretient la souffrance,   355
Des songes effrayants agitent son esprit,
Fantômes fugitifs dont son cœur se nourrit.
Pourquoi donc suis-je triste? ah! la vie est amère.
Édouard... non, nul bruit au chemin solitaire!
Qui sait s'il reviendra, s'il reverra jamais   360
Le toit qui l'a vu naître et nos boccages frais?
Sa nef fendre les flots? Les dangers, la misère
Ont partout assiégé sa nouvelle carrière.
Peut-être, hélas! la mort sans cesse sur ses pas
A moissonné ses jours au milieu des combats...   365
Et ses yeux attendris se remplissaient de larmes.
De noirs pressentiments augmentaient ses alarmes
Quand un soir un bruit sourd agite le coteau;
Un guerrier inconnu paraît dans le château,
Le cœur bat à Louise; elle craint, elle espère: 370
Édouard l'avait-il envoyé vers sa mère?...

Mais sa mère se tait, elle semble pâlir ;
Un mot qu'elle étouffa venait de la trahir.
Après avoir gardé quelques temps le silence,
Louise, lui dit-elle, on a tous sa souffrance,   375

Mais à la supporter on montre son grand cœur ;
Et le courage est fait pour braver le malheur,
C'était mon seul enfant ! Mais qu'as-tu donc Louise,
Oh ciel ! je n'en puis plus ! ah ! ma tête se brise.
Édouard ! Édouard ! s'écrie avec douleur   380
L'amante qui soudain tomba de sa hauteur.
Le château retentit. La mort sur son visage
Avait déjà jeté son éternel ombrage.
À ce spectacle ému le guerrier valeureux
Sentait couler les pleurs qui tombaient de ses yeux.   385
Hélas ! c'en était trop pour le cœur de la mère,
Ses glas tintaient, le soir, au village en prière.
Et dans chaque chaumière, au pied d'une humble croix,
Des échos pleins de pleurs répondaient à leur voix.
Depuis l'on dit qu'on voit du haut de ces collines   390
Louise errer la nuit au sein de ces ruines.

NOTES DE L'AUTEUR :
(a) On sait que dans les premiers temps de l'établissement du pays,
nos ancêtres étaient obligés de cultiver leurs champs les armes
à la main ; les sauvages faisaient souvent des irruptions, et l'his-
toire nous raconte les massacres qu'ils ont commis, surtout dans
le district de Montréal. Le Fort Chambly fut bâti pour
mettre un frein aux courses des Iroquois.

Le Dernier Huron (1840)

Dans « Le Dernier-Huron », le poète s'abandonne à une médi-
tation sombre sur l'oubli qui entoure fatalement toutes les civilisa-
tions humaines. Un tableau d'Antoine Plamondon, exposé à Qué-
bec en 1838, sert de source d'inspiration à Garneau. Comment
les bons citoyens de Québec auraient-ils pu rester indifférents
devant le portrait de Vincent Tha-ri-o-lin surnommé Toska, dernier
Huron de pur sang ? En présentant son poème au public dans Le
Canadien du 12 août 1840, Garneau rappelle brièvement le passé
de la race huronne. Par la suite, il explique les pensées et les
sentiments qu'il attribue au jeune sauvage :

« Ces sentiments sont naturels au cœur de l'homme, et nous de-
vons les respecter, nous la cause innocente des malheurs de Toska.

FIG. 13 — Autoportrait de Zacharie Vincent (le dernier Huron),
fait à partir de l'original de A. Plamondon. Coll. privée.

M. Plamondon a donné au personnage de son tableau l'expression
d'une résignation contemplative. J'ai voulu laisser percer, dans les
regrets du dernier Huron, l'énergie qui caractérisait sa nation, et
peindre dans l'amertume de ses pensées l'espèce de plaisir de ven-
geance que lui fait éprouver le vague espoir qu'il y aura un temps où
Sur les débris de leurs cités pompeuses
Le pâtre assis alors ne saura pas
Dans ce vaste désert quelles cendres fameuses
Jaillissent sous nos pas.»

Triomphe, destinée! enfin, ton heure arrive,
  O peuple, tu ne seras plus.
Il n'erra plus bientôt de toi sur cette rive
  Que des mânes inconnus.
  En vain le soir du haut de la montagne   5
  J'appelle un nom, tout est silencieux.
O guerriers levez-vous, couvrez cette campagne,
  Ombres de mes aïeux!

Mais la voix du Huron se perdait dans l'espace
  Et ne réveillait plus d'échos,   10
Quand, soudain, il entend comme une ombre qui passe,
  Et sous lui frémir des os.
  Le sang indien s'embrase en sa poitrine;
  Ce bruit qui passe a fait vibrer son cœur.
Perfide illusion! au pied de la colline   15
  C'est l'acier du faucheur!

Encor lui, toujours lui, serf au regard funeste
  Qui me poursuit en triomphant.
Il convoite, déjà, du chêne¹ qui me reste
  L'ombrage rafraîchissant.   20
  Homme servile! il rampe sur la terre;
  Sa lâche main, profanant des tombeaux,
Pour un salaire impur va troubler la poussière
  Du sage et du héros.

Il triomphe et semblable à son troupeau timide, 25
  Il redoutait l'œil du Huron;
Et lorsqu'il entendait le bruit d'un pas rapide
  Descendant vers le vallon,
  L'effroi, soudain, s'emparait de son âme;
  Il croyait voir la mort devant ses yeux.   30
Pourquoi dès leur enfance et le glaive et la flamme
  N'ont-ils passé sur eux?

---

1. Chêne: Voir le poème «Le Vieux Chêne» de Garneau.

Ainsi Zodoïska[2] par des paroles vaines,
    Exhalait un jour sa douleur.
Folle imprécation jetée aux vents des plaines,   35
    Sans épuiser son malheur.
    Là, sur la terre à bas gisent ses armes,
    Charme rompu qu'aux pieds broya le temps.
Lui-même a détourné ses yeux remplis de larmes
    De ces fers impuissants.   40

Il cache dans ses mains sa tête qui s'incline,
    Le cœur de tristesse oppressé.
Dernier souffle d'un peuple, orgueilleuse ruine
    Sur l'abîme du passé.
    Comme le chêne isolé dans la plaine,   45
    D'une forêt noble et dernier débris,
Il ne reste que lui sur l'antique domaine
    Par ses pères conquis.

Il est là seul, debout au sommet des montagnes,
    Loin des flots du Saint-Laurent;   50
Son œil avide plonge au loin dans les campagnes
    Où s'élève le toit blanc.
    Plus de forêts, plus d'ombres solitaires;
    Le sol est nu, les airs sont sans oiseaux;
Au lieu de fiers guerriers, des tribus mercenaires   55
    Habitent les coteaux.

Que sont donc devenus, ô peuple, et ta puissance
    Et tes guerriers si redoutés?
Le plus fameux du nord jadis par ta vaillance,
    Le plus grand par tes cités.   60
    Ces monts couverts partout de tentes blanches
    Retentissaient des exploits de tes preux,
Dont l'œil étincelant reflétait sous les branches
    L'éclair brillant des cieux.

Libres comme l'oiseau qui planait sur leurs têtes,   65
    Jamais rien n'arrêtait leurs pas.
Leurs jours étaient remplis et de joie et de fêtes,
    De chasses et de combats.
    Et dédaignant des entraves factices,
    Suivant leur gré leurs demeures changeaient.   70
Ils trouvaient en tous lieux des ombrages propices,
    Des ruisseaux qui coulaient.

---

2.   Zadoïska: Le nom d'un chef indigène.

Au milieu des tournois sur les ondes limpides
    Et des cris tumultueux,
Comme des cygnes blancs dans leurs courses rapides   75
    Leurs esquifs capricieux,
Joyeux, voguaient sur le flot qui murmure
    En écumant sous les coups d'avirons.
Ah! fleuve Saint-Laurent que ton onde était pure
    Sous la nef des Hurons   80

Tantôt ils poursuivaient de leurs flèches sifflantes
    La renne qui pleure en mourant,
Et tantôt sous les coups de leurs haches sanglantes
    L'ours tombait en mugissant.
Et fiers chasseurs ils chantaient leur victoire
    Par des refrains qu'inspira la valeur.
Mais pourquoi rappeler aujourd'hui la mémoire
    De ces jours de grandeur?

Hélas! puis-je, joyeux, en l'air brandir la lance
    Et chanter aussi mes exploits?   90
Ai-je bravé comme eux au jour de la vaillance
    La hache des Iroquois?
    Non, je n'ai point, sentinelle furtive,
    Jusqu'en leur camp surpris des ennemis.
Non, je n'ai pas vengé la dépouille plaintive   95
    De parents et d'amis.

Tous ces preux descendus dans la tombe éternelle
    Dorment couchés sous ces guérets,
De leur pays chéri la grandeur solennelle
    Tombait avec les forêts.   100
    Leurs noms, leurs jeux, leurs fêtes, leur histoire,
    Sont avec eux enfouis pour toujours,
Et je suis resté seul pour dire leur mémoire
    Aux peuples de nos jours!

Orgueilleux aujourd'hui qu'ils ont mon héritage,   105
    Ces peuples font rouler leurs chars,
Où jadis s'assemblait, sous le sacré feuillage,
    Le conseil de nos vieillards.
    Au sein du bruit leurs sompteux cortèges
    Avec fracas vont profaner ces lieux!   110
Et les éclats bruyants des rires sacrilèges
    Y montent jusqu'aux cieux.

Mais il viendra pour eux le jour de la vengeance.
    Et l'on brisera leurs tombeaux.

Des peuples inconnus comme un torrent immense   115
    Ravageront leurs coteaux.
Sur les débris de leurs cités pompeuses
Le pâtre assis alors ne saura pas
Dans ce vaste désert quelles cendres fameuses
    Jaillissent sous ses pas.   120

Qui sait? peut-être alors renaîtront sur ces rives
    Et les Indiens et leurs forêts;
En reprenant leurs corps, leurs ombres fugitives
    Couvriront tous ces guérets;
Et se levant comme après un long rêve,   125
Ils reverront partout les mêmes lieux,
Les sapins descendant jusqu'aux flots sur la grève,
    En haut les mêmes cieux.

François-Réal Angers
(1812-1860)

L'auteur du premier roman publié au Québec, *Les Révélations du crime ou Cambray et ses complices* (Québec, Fréchette et cie, 1837, 76 p.), est né à la Pointe-aux-Trembles. Nous lui devons cinq poèmes dont une traduction de la chanson de Moore, sa chanson canadienne intitulée «L'Avenir» et son chant canadien à Saint-Jean-Baptiste, mis en musique par le compositeur québécois, Charles Sauvageau. Devenu avocat en 1837, Angers délaisse la littérature pour se consacrer uniquement à la pratique du droit. Comme plusieurs jeunes de sa génération, les préoccupations quotidiennes ne lui permettent pas de considérer la possibilité d'une carrière littéraire.

La Chanson du voyageur canadien [1] (1837)

Les vers d'Angers n'ont pris de Thomas Moore que le point de départ; l'inspiration en demeure plus personnelle.

> La cloche tinte au vieux clocher,
> Et l'aviron suit la voix du rocher.
> Sur le rivage il se fait tard.
> Chantons, chantons l'air du départ:
> Nagez, rameurs, car l'onde fuit,   5
> Le rapide est proche et le jour finit.
>
> Pourquoi donner la voile au vent?
> Pas un zéphir ne ride le courant.
> Quand du bord les vents souffleront,
> Vous dormirez sur l'aviron.   10
> Nagez, rameurs, car l'onde fuit,
> Le rapide est proche et le jour finit.

---

1. Poème publié dans *Le Télégraphe* du 12 avril 1837.

> Fier Ottawa, les feux du soir
> Nous guideront sur ton mirage noir!
> Patronne de ces verts îlots,
> Ste-Anne, aide-nous sur les flots!   15
> Soufflez, zéphirs, car l'onde fuit,
> Le rapide est proche et le jour finit.

L'Avenir [1] (1836)

Ce chant rempli d'espérance convoque les jeunes des deux races dans la poursuite d'un idéal commun, la création d'un nouvel État en terre américaine. L'appel aux « enfants de la Normandie » et aux « jeunes fils d'Albion » trouve un écho dans l'« Adresse des Fils de la Liberté de Montréal aux jeunes gens des colonies de l'Amérique du Nord » du 4 octobre 1837 :

> « En prenant le nom de « Fils de la Liberté », l'association des jeunes gens de Montréal n'a nullement l'intention d'en faire une cabale privée, une junte secrète, mais un cadre démocratique plein de vigueur, qui se composera de toute la jeunesse que l'amour de la patrie rend sensible aux intérêts de son pays, quelque puissent être d'ailleurs leur croyance, leur origine et celles de leurs ancêtres. »

> Canada, terre d'espérance,
> Un jour songe à t'émanciper ;
> Prépare-toi dès ton enfance,
> Au rang que tu dois occuper ;
> Grandi sous l'aile maternelle,   5
> Un peuple cesse d'être enfant :
> Il rompt le joug de sa tutelle,
> Puis il se fait indépendant.
>   O terre américaine,
>   Sois l'égale des rois :   10
>   Tout te fait souveraine,
>   La nature et tes lois.

> Rougi du sang de tant de braves,
> Ce sol, jadis peuplé de preux,
> Serait-il fait pour des esclaves,   15
> Des lâches ou des malheureux ?
> Nos pères, vaincus avec gloire,
> N'ont point cédé leur liberté :

---

1. Publié sous le titre de « Chanson du Canadien » dans *Le Canadien* du 8 janvier 1836.

Montcalm a vendu la victoire,
Son ombre dicta le traité.   20
    O terre américaine,
    Sois l'égale des rois:
    Tout te fait souveraine,
    La nature et tes lois.

Vieux enfants de la Normandie,   25
Et vous, jeunes fils d'Albion,
Réunissez votre énergie,
Et formez une nation:
Un jour notre mère commune
S'applaudira de nos progrès,   30
Et guide au char de la fortune,
Sera le garant du succès.
    O terre américaine,
    Sois l'égale des rois:
    Tout te fait souveraine,   35
    La nature et tes lois.

Si quelque ligue osait suspendre
Du sort le décret éternel!
Jeunes guerriers, sachez défendre
Vos femmes, vos champs et l'autel.   40
Que l'arme aux bras chacun s'écrie:
« Mort à vous, lâches rénégats;
« Vous immolez votre patrie;
« Vos crimes nous ont fait soldats. »
    O terre américaine,   45
    Sois l'égale des rois:
    Tout te fait souveraine,
    La nature et tes lois.

Sur cette terre encore sauvage
Les vieux titres sont inconnus: 50
La noblesse est dans le courage,
Dans les talents, dans les vertus.
Le service de la patrie
Peut seul ennoblir des héros;
Plus de noblesse abâtardie,   55
Repue aux greniers des vassaux.
    O terre américaine,
    Sois l'égale des rois;
    Tout te fait souveraine,
    La nature et tes lois.   60

Mais je vois des mains inhumaines
Agiter un sceptre odieux!

De fureur bouillonne en nos veines,
Ce noble sang de nos aïeux;
Dans ces forêts, sur ces montagnes   65
Le bataillon s'apprête et sort:
La faux qui rasait nos campagnes
Soudain se change en faux de mort.
     O terre américaine
     Sois l'égale des rois: 70
     Tout te fait souveraine,
     La nature et tes lois.

Napoléon Aubin

(1812-1890)

Né près de Genève, en Suisse, le jeune Napoléon Aubin émigre à New York en 1830 et y séjourne pendant cinq ans. Après quelques mois à Montréal où il collabore à *La Minerve* ; il s'installe à Québec en 1835. L'œuvre poétique d'Aubin comprend seize poèmes tous écrits entre 1834 et 1838, et un autre, « Le Dépit amoureux », publié en 1840. Aubin fait siens les thèmes romantiques et patriotiques de son époque : l'épanchement du cœur, la femme et l'enfant, la liberté et l'amour de la patrie. Malgré une certaine tonalité nouvelle, il ne réussit pas à se dégager complètement des procédés classiques. Napoléon Aubin participe avec enthousiasme au renouveau culturel de la décennie 1830-1840. Déjà en 1838, il propose la publication d'un répertoire de la littérature canadienne (voir *Le Canadien* du 17 janvier 1838), et à partir de 1839, il anime une troupe de théâtre amateur. Après la publication de dix-sept poèmes et de six contes, entre 1834 et 1840, il délaisse la création littéraire, se consacrant exclusivement au journalisme. Qui ne connaît pas, en effet, son célèbre *Fantasque,* revue satirique, publiée à Québec de 1837 à 1849 ? Après une dizaine d'années aux États-Unis, il revient à Québec, en 1863, s'établissant définitivement à Montréal en 1866.

L'œuvre poétique

James Huston publie quinze des dix-sept poèmes d'Aubin dans son *Répertoire national*. Il y manque la « Confession de Mr Lowbow », morceau également connu sous le titre d'« Aveu naïf », imprimé dans *La Minerve* du 15 janvier 1835, ainsi que « Le Dépit amoureux », chanson romantique mise en musique par Charles Sauvageau et publiée par Aubin et Rowan en 1839.

J.-P. Tremblay, « Aubin, poète et conteur », dans *À la recherche de Napoléon Aubin*, Québec, P.U.L., 1969, p. 45-73.

Les Français aux Canadiens [1] (1834)

Voulant s'éloigner des discussions politiques qui, depuis si longtemps, désolaient l'Europe, le jeune Aubin part pour l'Amérique en 1830. Débarquant à New York, il y reste jusqu'en 1835. Désabusé devant la vie de la grande ville «yankee», Aubin tourne ses yeux vers le Canada. Sous le pseudonyme de «L'Observateur étranger», en 1834, il envoie à *La Minerve* onze articles, précisant ses opinions politiques et son enthousiasme devant l'idéalisme de la jeunesse canadienne à la suite de Papineau. Au courant des luttes acerbes entre l'Anglais conquérant et le Français vaincu, Aubin adresse depuis New York, son premier poème, «Les Français aux Canadiens», lançant un appel à la liberté, même à la révolte.

> Vous Canadiens, vous autrefois nos frères,
> Vous que l'intrigue [2] a lâchement vendus;
> Unissez-vous, comme l'ont fait nos pères,
> Et les puissants seront bientôt vaincus.
> Forts de vos droits, vous méprisez les haines,   5
> À vos tyrans [3], opposez vos vertus...
> Ce noble sang qui coule dans vos veines
> O Canadiens! ne le sentez-vous plus?
>
> À l'étranger qui vous défend la gloire,
> Montrez un titre inscrit dans le passé;   10
> Le souvenir que laisse la victoire,
> De votre cœur ne s'est point effacé...
> Demandez-lui qu'il allège vos chaînes...
> L'on peut... deux fois... essuyer un refus...
> Ce noble sang qui coule dans vos veines   15
> O Canadiens! ne le sentez-vous plus?
>
> Si, dans vos champs, la victoire moins prompte,
> Cédant au nombre, trompait la valeur,
> L'on ne pourrait vous accabler sans honte!
> Vous ne succomberez pas sans honneur!
> Vous suppliez... vos demandes sont vaines,   20
> Du rang des Peuples, vous êtes exclus...

---

1. Ce poème, publié dans *La Minerve* du 22 décembre 1834, devait se chanter sur l'air: «T'en souviens-tu.»
2. L'intrigue: Rappel de la croyance populaire que les intrigues de certains Français, dont l'intendant Bigot, ont fait perdre la colonie de la Nouvelle-France malgré l'héroïsme des Canadiens.
3. Tyrans = Anglais.

Ce noble sang qui coule dans vos veines
O Canadiens! ne le sentez-vous plus?

Il est un vœu qui du Peuple[4] s'élance,   25
Lorsque le joug est trop longtemps porté.
Le temps n'est plus où le cœur en silence
Pouvait se taire au nom de Liberté!
Du Saint-Laurent, aux rives de la Seine
Ce nom magique[5] reçoit des tributs   30
Au noble sang qui coule dans vos veines
Ah! Canadiens, ah! ne résistez plus!

Couplets en l'honneur de la Saint-Jean-Baptiste [1] (1835)

Arrivé à Montréal au mois de janvier 1835, Aubin continue sa collaboration à *La Minerve* de Ludger Duvernay. D'ailleurs, ce dernier venait de fonder la Société Saint-Jean-Baptiste à Montréal, le 24 juin 1834. Au banquet de la Société du 30 juin 1835, Duvernay récite ce poème d'Aubin, composé à son intention. Inspiré par Béranger, le poète se fait le porte-parole du peuple dont il chante les regrets et les espoirs, les aspirations à la liberté et à l'indépendance.

Beau Canada! notre chère patrie,
Vois tes enfants rassemblés en ce jour;
C'est l'espérance, ici, qui nous convie;
Mais le bonheur peut-être aura son tour.
Chacun de nous sent l'ardeur qui l'inspire;   5
Chacun de nous répète avec fierté:
Pour son pays un Canadien désire
    La paix! la liberté!

Dans l'avenir plaçons notre espérance,
Pour le pays il faut plus que des vœux...   10
Mais à l'audace unissons la prudence,
Et méprisons un pouvoir orgueilleux.
Si contre nous un ennemi conspire,
Opposons-lui notre fraternité...
Pour son pays un Canadien désire   15
    La paix! la liberté!

---

4. Peuple: Fidèle à l'esprit du *Contrat social* de Rousseau, il proclame la souveraineté du peuple.
5. Nom magique = la liberté.
1. Poème publié dans *La Minerve* du 25 juin 1835, qui devait se chanter sur l'air: «Du Dieu des Bonnes Gens.»

Peut-être un jour notre habitant paisible
Se lassera du pesant joug d'un roi[2]
Il s'écriera... mais de sa voix terrible:
« Sortez d'ici... cette terre est à moi!   20
Du Canada je puis être un martyre[3],
Je n'obéis qu'aux lois que j'ai dictées!
Pour son pays un Canadien désire
     La paix! la liberté!

Chers défenseurs de notre noble cause,   25
Tout Canadien vous porte dans son cœur.
Du beau pays qui sur vous se repose,
Oh! travaillez à fonder le bonheur!
Vous, Papineau[4], Viger[5], qu'un peuple admire,
Ah! recevez un encens mérité;   30
Dans notre histoire on vous devra d'inscrire:
     La paix! la liberté.

Oui, parmi nous il est une richesse
Dont le pays pourra s'enorgueillir;
Il est des germes dans notre jeunesse   35
Que le danger fait en foule surgir.
Ils prouveront que dans nos froides plaines,
Le laurier est aussi récolté,
Qu'un Canadien ne veut pas d'autres chaînes
     Que paix et liberté!   40

PAIX! LIBERTÉ! voilà notre devise;
Garde, Saint Jean, notre naissant chaînon;
Si la discorde jamais nous divise,
Pour s'allier on choisira ton nom.
Mais, chers amis, hâtons-nous de redire   45
Ce beau refrain qui doit être adopté:
Pour son pays un Canadien désire
     La paix! la liberté!

---

2. Roi: Remarquez le sentiment anti-monarchiste, sentiment très répandu parmi les Patrio-
   tes.
3. Martyre: Ne faut-il pas lire « martyr »? En effet, Aubin n'hésite pas devant le contre-
   sens pour les commodités de la rime.
4. Louis-Joseph Papineau (1786-1871), parlementaire et chef de file du parti patriote.
5. Denis-Benjamin Viger. (Voir les pages de notre anthologie consacrées à ce poète et
   homme politique.)

À Jenny [1] (1835)

Le poète touche à l'occasion les thèmes lyriques chers aux Romantiques: l'infidélité de la femme, la mélancolie, la fuite des jours. À Jenny pose le problème de la trahison de l'amour. L'amant délaissé n'a qu'un parti à prendre: «voltiger de belle en belle» à son tour. La même année, Pierre Petitclair, le suave poète de Québec, traite du même sujet dans «La Somnambule». Aubin fait preuve d'un sens très poussé du rythme dans ce poème. Le refrain se compose de quatre vers octosyllabiques, tandis que les trois strophes sont bâties sur dix vers d'inégale longueur.

> Je ne veux plus être fidèle,
> Le changement fait le bonheur;
> L'amour doit voltiger de belle en belle,
> Le papillon de fleur en fleur.

> J'avais, d'une trop aimable amie,   5
> Fait choix pour embellir mes jours,
> La croyant simple autant que jolie,
> J'espérais être aimé toujours.
> Mais ah! quel douloureux moment,
> Lorsque je vis que bien souvent,   10
> Le soir un autre amant
>   S'offrant,
> Charmait celle que durant ma vie
> J'aurais adoré constamment.
>   Je ne veux plus être fidèle,   15
>   Le changement fait le bonheur;
>   L'amour doit voltiger de belle en belle,
>   Le papillon de fleur en fleur.

> Désormais, je n'aurai plus d'alarmes,
> De transports, de soupçons fâcheux;   20
> Les yeux ne verseront plus de larmes,
> Qu'au souvenir de jours heureux.
> Oui, je suis sûr que chaque instant,
> L'amour est un cruel tourment;
> Pour un fidèle et constant   25
>   Amant,
> Sa belle, à ses yeux, n'a de charmes,
> Qu'autant qu'elle aime constamment.
>   Je ne veux plus être fidèle,
>   Le changement fait le bonheur;   30

---

1. Poème publié dans *La Minerve* du 19 janvier 1835.

L'amour doit voltiger de belle en belle,
Le papillon de fleur en fleur.

Cependant, si jamais l'infidèle
Revenait à moi quelque jour,
J'oublirais tout; car elle est si belle!   35
Toujours on pardonne à l'amour.
Mais je crains cet objet charmant:
Pourrais-je croire à ses serments?
Ne suis-je pas dès longtemps
        Souffrant?   40
Je sais que jamais la cruelle
Ne saurait aimer constamment.
    Je ne veux plus être fidèle,
    Le changement fait le bonheur;
    L'amour doit voltiger de belle en belle,   45
    Le papillon de fleur en fleur.

Napoléon (1838)

Napoléon Aubin reçut en réalité des prénoms plus prosaïques,
lors de son baptême le 9 novembre 1812, soit Aimé-Nicolas.
Quand il arrive au Québec en 1835, le culte de l'Empereur, mort
en exil en 1821, commence à s'y faire jour. Aubin, lecteur de
Béranger et de Hugo, n'est pas étranger à ce mouvement en
faveur de celui que les Canadiens, à la suite de la propagande
britannique, considéraient jusque-là comme un despote et un tyran.
Le 24 août 1835, notre Napoléon publie dans *La Minerve* son
«Épitaphe de Napoléon», c'est-à-dire de l'autre Napoléon, le
grand. En août 1838, la *Société française en Canada* se réunit
à Québec. Parmi les diverses santés, on en propose une «À la
mémoire de Napoléon. (...) après quoi M. Aubin demanda la
permission de chanter la chanson suivante, ce qui lui fut accordé.»
(Le Fantasque, 20 août 1838). Ce poème en faveur du *petit caporal*
se chantait dans tous les salons canadiens à l'époque.

Il dort! ce héros dont la gloire
Verra la fin de l'avenir!
Il dort! on entend la victoire
Le rappeler par un soupir.
Tous avec moi versez des larmes,   5
Guerriers que respecta la mort;
Car vous direz, posant vos armes:
    Il dort! Il dort!

Il dort, hélas! il faut le dire,
Pour ne se réveiller jamais!   10
Il dort, et Clio[1] va redire
Quel fut pour lui le nom français:
Qui, ce beau nom, vous dira-t-elle,
Pourrait être terrible encor...
Mais, le héros que je rappelle,   15
    Il dort! Il dort!

Il dort et sa tête repose
Sur des lauriers dus au vainqueur.
Il dort et son apothéose
Se grave au temple de l'honneur.   20
Tous avec moi versez des larmes,
Guerriers que respecta la mort;
Car vous direz, posant vos armes:
    Il dort! Il dort!

---

1. Clio: Muse de la poésie épique et de l'histoire.

Pierre Petitclair

(1813-1860)

Après des études au Séminaire de Québec, Petitclair devient commis au greffe judiciaire. En 1831, il signe un long récit en vers intitulé «Le Revenant». Par la suite, il participe à la vie littéraire naissante, publiant au moins huit poèmes, trois pièces de théâtre: *Griphon ou la vengeance d'un valet* (1837), *La Donation* (1842), *Une partie de campagne* (1856), ainsi qu'un conte: «Une aventure au Labrador» (1840). En 1839, il s'engage comme précepteur chez Guillaume-Louis Labadie, riche marchand habitant la côte nord du golfe Saint-Laurent. Par la suite, il ne revient que rarement à Québec. Le style de Petitclair est coloré et allègre et n'a pour objet premier que de plaire ou de divertir. Selon son ami, Louis-Michel Darveau, «il avait le génie de la conception littéraire et le feu de la poésie l'inspirait.» James Huston reproduit cinq poèmes de Petitclair dans *Le Répertoire national*.

Voir Louis-Michel Darveau, *Pierre Petitclair*, dans *Nos Hommes de lettres*, Montréal, A. A. Stevenson, 1873, p. 61-74.

La Somnambule. Romance (1835)

Le poète, à la suite de Goëthe, Byron, Chateaubriand et Lamartine, peint l'amour malheureux.

> Le jour avait fait place aux ombres de la nuit,
> Un silence profond régnait sur la nature;
> Cet éclat ténébreux que la lune produit
> Des champs et des vallons argentait la verdure;
>   Sur le sommet d'un précipice affreux   5
>   Je vois paraître une forme angélique,
>   Un ton plaintif, des accents douloureux
>   Me font entendre un chant mélancolique.

« Tout est beau, tout est grand dans ces endroits chéris,
À goûter le bonheur tout ici nous invite,   10
Pourquoi retardes-tu, toi pour qui seul je vis ?
Veux-tu donc que je meure ?... hélas ! je le mérite :
 Un pur amour avait uni nos cœurs,
 Tu m'étais cher, je te fus infidèle ;...
 O tendre ami, pardonne mes erreurs.   15
 Des cœurs constants je serai le modèle.

Au bord de ce ruisseau, dans ce bocage frais,
Jadis nous partagions nos plaisirs et nos peines,
Sous ces arbres touffus avec moi tu pleurais,
Tu riais avec moi : tu gisais dans mes chaînes ;   20
 Combien de fois je t'ai vu me jurer
 Que pour toujours je te serais unie ;
 Tu fuis de moi, tu ne veux plus m'aimer,
 Je suis coupable,... ah ! que je suis punie !

Peut-être en ce moment, plus heureuse que moi,   25
Une autre dans tes bras jouit de sa conquête...
Mais où suis-je ? que vois-je ? est-ce un rêve, est-ce toi ? »
À ces mot je la vois vers moi pencher la tête.
 Un cri perçant frappe soudain les airs,
 Elle frémit, chancelle, tombe, expire.   30
 Elle dormait : sur ces rochers déserts
 L'avait conduite un amoureux délire.

Sombre est mon âme comme vous. Romance (1839)

  Le sombre et grandiose aspect des régions sauvages du Grand
Nord avait prise sur l'imagination du poète, déjà trop naturellement
porté à la mélancolie et à la solitude. Pendant ses dernières an-
nées, Petitclair vécut dans les vastes et mornes solitudes du nord
du golfe Saint-Laurent.

Sombre désert, et forêt noire,
Pour moi vous avez plus d'attraits
Que les honneurs, les biens, la gloire,
Que le plus brillant des palais,
Seul avec moi chez vous je goûte   5
Un bonheur, un plaisir plus doux
Que chez l'homme que je redoute :
Sombre est mon âme comme vous.

Un ciel de rose, et belle aurore
Charmaient jadis mes sens émus ;   10

Le soleil brille, éclaire encore,
Et pourtant ne me charme plus:
Foudres, tombez; grondez, orages;
Votre aspect sinistre m'est doux.
J'aime à vous voir, épais nuages;   15
Sombre est mon âme comme vous.

Jadis sur vos rives fleuries,
Petits ruisseaux, oh! l'heureux jour!
Je goûtais des faveurs chéries,
Je dormais sur le sein d'Amour;   20
Aujourd'hui, mornes précipices,
Gouffres profonds, mers en courroux,
Vous m'êtes amour et délices;
Sombre est mon âme comme vous.

Tu danses, folâtre jeunesse,   25
Des roses naissent sous tes pas:
Comme toi j'aimais l'allégresse,
Pour moi tout avait des appas;
Aujourd'hui je ne vois qu'épines,
Et mon âme, sous les verroux,   30
Aime à vous voir, tombeaux, ruines,
Sombre et morne elle est comme vous

L'Érable [1] (1836)

L'Érable, comme symbole du Canada français, du Québec, se
rencontre dès le début du siècle. Dans *Le Canadien* du 29 novem-
bre 1806, une fable dédiée au *Mercury*, journal anti-canadien par
excellence, se lit comme suit:

« L'Érable dit un jour à la ronce rampante:
    Aux passants pourquoi t'accrocher?
Quel profit, pauvre sotte, en comptes-tu tirer?
    Aucun, lui repartit la plante.
    Je ne veux que les déchirer.

« L'Érable », symbole des forces vives du pays, va inspirer notre
poète, en 1836. Dans les quatre strophes, il décrit les quatre sai-
sons; mais malgré les dangers qui s'abattent sur le pays, « l'arbre
de la patrie » protège le Canadien. À l'encontre des poésies de la

---

1. Poème publié dans *Le Canadien* du 23 mai 1836 sous le pseudonyme de « R ».

nature de Thomson à Delille, notre poète imagine d'abord
«L'Érable» en hiver. Cette saison, absente ou presque de l'affecti-
vité européenne, inspire pour la première fois à un poète du pays
un vocabulaire proprement canadien ou québécois. Par contre,
Petitclair ne peut se dégager des images classiques de la poésie
française quand il peint l'arbre lors des autres saisons.

Parti du nord, l'hiver, en frissonnant,
Déroule aux champs son froid manteau de neige!
L'arbuste meurt, et le hêtre se fend.
Seul au désert, comme un roi sur son siège,
Un arbre encore ose lever son front. 5
Par les frimas couronné d'un glaçon;
Cristal immense, où brillent scintillantes
D'or et de feux mille aigrettes flottantes,
Flambeau de glace, étincelant la nuit,
Pour diriger le chasseur qui le suit: 10
Du Canada c'est l'érable chérie[2],
L'arbre sacré, l'arbre de la patrie.

Mais quand zéphyr amollit les sillons,
Que le printemps reparaît dans la plaine,
Le charme cesse; ils tombent ces glaçons, 15
Comme des bals la parure mondaine
Dont la beauté s'orne tous les hivers.
L'arbre grisâtre échauffé par les airs,
Verse des pleurs de sa souche entr'ouverte,
Comme un rocher suinte une écume verte; 20
Mais douces pleurs, nectar délicieux,
C'est un breuvage, un mets digne des dieux;
Du Canada c'est l'érable chérie,
L'arbre sacré, l'arbre de la patrie.

L'été s'avance avec ses verts tapis; 25
Et libre enfin du bourgeon qui la couvre,
En festins verts sur chaque rameau gris,
Comme un trident une feuille s'entr'ouvre;
L'arbre s'ombrage, épaissit ses rameaux,
Fait pour l'amour des voûtes, des berceaux. 30
Sur le chasseur, l'émigré qui voyage,
Le paysan, il étend son feuillage,
Dôme serré qui brave tour à tour
Les vents d'orage et les rayons du jour:

---

2. L'érable chérie: Le mot «érable» est généralement masculin. Le poète le met au féminin
pour les commodités de la rime: «patrie», «chérie».

FIG. 14 — La musique de « O Canada ! Mon pays ! Mes amours ! »

Du Canada c'est l'érable chérie,   35
L'arbre sacré, l'arbre de la patrie.

L'automne enfin sur l'aile d'Aquilon,
Comme un nuage emporte la feuillée,
Et verse à flots sur l'humide vallon,
Brume, torrent, froid, brouillard et gelée.   40
L'érable aussi dépouille son orgueil,
Et des forêts sait partager le deuil;
Mais en mourant, sa feuille, belle encore,
Des feux d'Iris[3] et du fard de l'aurore,
Tombe et frémit, en quittant son rameau,   45
Comme le vent siffle aux mâts d'un vaisseau:
Du Canada c'est l'érable chérie,
L'arbre sacré, l'arbre de la patrie.

---

3. Iris: symbole de l'arc-en-ciel.

George-Étienne Cartier
(1814-1873)

Admis au Barreau en 1835, il se lance en même temps, à la suite de Papineau, dans le mouvement qui devait aboutir à l'insurrection de 1837-1838. Sa chanson, «O Canada! Mon pays! Mes amours!», témoigne de la force des sentiments à cette époque. Député à l'Assemblée législative du Canada-Uni à partir de 1848, Cartier, de concert avec John A. Macdonald joue un grand rôle dans l'établissement de la Confédération canadienne en 1867. Son conservatisme sera attaqué par le jeune Fréchette dans sa «Voix d'un exilé» en 1866-1869.

O Canada! Mon pays! Mes amours![1] (1835)

Comme le dit un vieil adage:
Rien n'est si beau que son pays;
Et de le chanter, c'est l'usage;
Le mien je chante à mes amis.
L'étranger voit avec un œil d'envie   5
Du Saint-Laurent le majestueux cours;
À son aspect le Canadien s'écrie:
O Canada! mon pays! mes amours!

Maints ruisseaux, maintes rivières
Arrosent nos fertiles champs;   10
Et de nos montagnes altières
De loin on voit les longs penchants.
Vallons, coteaux, forêts, chutes rapides,
De tant d'objets est-il plus beau concours?
Qui n'aimerait tes lacs aux eaux limpides?   15
O Canada! mon pays! mes amours!

---

1. Poème publié dans *La Minerve* du 29 juin 1835 sous le titre de «Chanson de M. G.-E. Cartier», et devant se chanter sur l'air: «Je suis Français, mon pays avant tout.»

Les quatre saisons de l'année
Offrent tour à tour leurs attraits.
Le printemps, l'amante enjouée
Revoit ses fleurs, ses verts bosquets.   20
Le moissonneur, l'été, joyeux s'apprête
À recueillir le fruit de ses labours,
Et tout l'automne et tout l'hiver, on fête.
Au Canada! mon pays! mes amours!

Le Canadien, comme ses pères,   25
Aime à chanter, à s'égayer,
Doux, aisé, vif en ses manières,
Poli, galant, hospitalier,
À son pays il ne fut jamais traître,
À l'esclavage il résiste toujours :   30
Et sa maxime est la paix, le bien-être
Du Canada, son pays, ses amours!

Chaque pays vante ses belles;
Je crois bien que l'on ne ment pas;
Mais nos Canadiennes comme elles   35
Ont des grâces et des appas.
Chez nous, la belle est aimable, sincère;
D'une Française elle a tous les atours,
L'air moins coquet, pourtant assez pour plaire.
O Canada! mon pays! mes amours!   40

O mon pays! de la nature
Vraiment tu fus l'enfant chéri;
Mais d'Albion la main parjure
En ton sein le trouble a nourri.
Puissent tous tes enfants enfin se joindre,   45
Et valeureux voler à ton secours!
Car le beau jour déjà commence à poindre,
O Canada! mon pays! mes amours!

Un Souvenir de 1837 [1]

Après la bataille de Saint-Charles, le 25 novembre 1837,
Cartier doit se réfugier aux États-Unis. C'est probablement pen-
dant cette période d'exil qu'il aurait écrit cette chanson mélanco-
lique. Cartier rentre au pays, après l'amnistie, en août 1838.

---

1. Sur l'air « Combien j'ai douce souvenance ».

Dans le brillant de la jeunesse
Où tout n'est qu'espoir, allégresse,
Je vis captif en proie à la tristesse,
  Et tremblant je vois l'avenir
    Venir.   5

De longtemps ma douce patrie
Pleurait sous les fers asservie ;
Et, désireux de la voir affranchie,
  Du combat j'attendais l'instant
    Gaiement.   10

Mais advint l'heure d'espérance
Où j'entrevoyais délivrance ;
Eh ! mon pays, en surcroît de souffrance,
  Mars contraria tes vaillants
    Enfants.   15

Et moi, victime infortunée
De cette fatale journée,
Le léopard[2] sous sa griffe irritée
  Sans pitié me tient mains et pieds
    Liés.   20

La reverrai-je cette amie
Naguère qui charmait ma vie,
Souvent en moi son image chérie
  Fait soupirer dans sa douleur
    Mon cœur.   25

Adieu ! ma natale contrée,
Qu'à jamais je vois enchaînée,
Fasse le ciel qu'une autre destinée
  T'accorde un fortuné retour
    Un jour !   30

---

2. Léopard = l'Angleterre.

Joseph-Guillaume Barthe
(1816-1893)

Né à Carleton, en Gaspésie, Barthe étudie au Séminaire de
Nicolet. Peu attiré par la prêtrise et la médecine, il ne restait que le
droit à un jeune homme désireux de se tailler une carrière. Peinant
dans une étude d'avocat aux Trois-Rivières, Barthe ne s'accomode
guère de l'atmosphère endormie de ce gros village. Mais bientôt, il
se passionne pour la littérature, à la suite de l'appel lancé le 10
avril 1837 par Leblanc de Marconnay, rédacteur du *Populaire* de
Montréal, en faveur de la littérature canadienne. Barthe y envoie
des poèmes et des récits signés du pseudonyme «Marie-Louise»,
ce qui fait croire au journaliste qu'une jeune fille de seize ans
se cache sous le couvert de ce nom de plume. En novembre 1837,
Barthe révèle enfin son identité. À la page littéraire du *Populaire*
participent d'autres fervents des lettres : le jeune Aubert de Gaspé,
Romuald Cherrier (Pierre-André) et sa sœur Odile (Anaïs) et N.-J.
Jeaumine (Le Solitaire). Ainsi voit-on se dessiner un mouvement
littéraire dans les années fatidiques que sont 1837 et 1838.

Barthe ne publie pas moins de cinquante-deux textes dans *Le
Populaire*, du 10 mai 1837 au 29 octobre 1838. Touché dans son
cœur de Patriote par les événements tragiques de 1837-1838, il
adresse une complainte «Aux exilés politiques canadiens»,
poème paru dans *Le Fantasque* de Napoléon Aubin, le 26 décem-
bre 1838. Aussitôt, le jeune clerc d'avocat est emprisonné sous
l'accusation d'incitation à la violence. Libéré, il est admis au Bar-
reau et s'installe à Montréal à l'automne de 1839 où il accepte, sur
les instances de Denis-Benjamin Viger, le poste de rédacteur de
l'*Aurore des Canadas* (1839-1848), le seul journal français à
Montréal à cette époque. Il écrit encore des poèmes. Voir «À mes
compatriotes» (1840) et «Les Douze Martyrs de 1838» (1840).
Mais bientôt les besoins de la vie — député à l'Assemblée légis-
lative de 1841 à 1844 et journaliste à l'*Aurore* de 1840 à 1846
— l'éloignent de la muse.

En 1853, il se rend en France, chargé par l'*Institut Canadien* de renouer les liens avec les instituts français et le gouvernement de Napoléon III. Son ouvrage, *Le Canada reconquis par la France*, publié à Paris en 1855, constitue un document de toute première importance sur les débats d'ordre culturel et social au Québec. N'est-il pas responsable en grande partie de la reprise des relations officielles entre la France et le Québec autour des années 1855-1865, symbolisée par la visite de la corvette française *La Capricieuse*? À son retour au Canada en 1856, Barthe pratique le droit, collabore à divers journaux et publie, en 1885, ses *Souvenirs d'un demi-siècle*.

Fidèle admirateur des Romantiques français, en particulier de Chateaubriand, «le tendre, l'éloquent, le séraphique...» (*Le Canada reconquis par la France*, p. 313) et de Lamartine, Barthe tente avec plus ou moins de succès, d'imiter le jeu de leur imagination. Influencé par leur sensibilité et leur mélancolie, il opte pour le lyrisme personnel dans la communion avec la nature. Nombreux sont les poèmes qui chantent les plaisirs et les peines de l'amour. La fugacité du temps, la mélancolie et l'image de la mort se dégagent comme une émanation romantique de sa poésie. Dans «Le Bourreau», le poète fait preuve d'une imagination fertile par la force des expressions. Mais le souffle poétique de Barthe touche à son apogée dans les poèmes patriotiques qui atteignent l'ampleur de l'épopée: «Le Songe», «Aux exilés politiques canadiens».

L'œuvre poétique

James Huston reproduit 31 poèmes de Barthe dans son *Répertoire national*.

Le Temps et l'Éternité [1] (1838)

Le poète s'inspire de la chute de Napoléon dans cette méditation sur le destin suprême de l'homme. Ces vers, d'une certaine puissance, contrastent avec des cantiques un peu mièvres que Barthe publie, soit pour l'*Épiphanie* (1838), où le Christ est «rosée du ciel», soit pour *Pâques* (1838), où il est «eucharistie et vie», soit pour l'*Ascension* (1838), où il devient celui «qui prend soin des humains».

---

1. Poème paru dans *Le Populaire* du 4 mai 1838.

Mais du temps qui n'est plus, sur les débris des âges,
Il ne nous est resté que de vaines images.
Le temps a renversé le trône et les autels
Et sous sa main de fer s'effacent les mortels!
Fouillez, pauvres humains! la cendre des empires, 5
Cherchez, dans leurs tombeaux, la poudre des vampires[2]
Qui, sous le nom de chefs, de rois ou d'empereurs,
De leurs frères humains faisant des serviteurs,
Suçaient le sang et l'or de leurs peuples esclaves,
Exploitaient, en tyrans, les bras, les cœurs des braves: 10
Que vous en reste-t-il? leurs noms et leur néant!
Ce sublime Univers, à la mort échéant,
Périra, dans son jour, comme aura péri l'homme!
Annibal[3] et César[4] avec Carthage[5] et Rome.
Alexandre[6] et Pompée[7] et les vaillants héros 15
Que le Dieu des combats, sous les mêmes drapeaux,
Guidait aux champs d'honneur, sont passés comme l'ombre!...
Et puis, du géant Corse[8] allez évoquer l'ombre!...
L'écho de Sainte Hélène[9] a conservé son nom
Et le rocher s'anime où gît Napoléon!... 20

Dieu suspendit son bras puissant comme un miracle:
Le champ de Waterloo[10] fut son dernier spectacle...
Étouffez, s'il se peut, vos pleurs et vos sanglots,
Ou, pleurant ses malheurs, adorez le héros!
De prodige et d'honneur Dieu qui forma son être 25
L'aurait fait immortel si l'homme avait pu l'être!
Comme tous les humains habitant le tombeau,
L'éternité l'endort en son sombre berceau.

Mais ce temps éternel de délice ou de flammes
Qui devra, pour jamais fixer le sort des âmes, 30
Règne, dans deux séjours qui nous partageront.
Les saints, amis de Dieu, dans un bonheur profond,

---

2. Vampires = personnes cruelles, coupables de crimes.
3. Général carthaginois (247-183 av. J.-C.) qui meurt en défendant sa patrie menacée par les Romains.
4. Julius Caesar (101-44 av. J.-C.) conquérant des Gaules, il gouverne Rome en souverain, avant d'être assassiné à la suite d'une conspiration entre les aristocrates du sénat.
5. Carthage: République maritime puissante en Afrique du Nord, prise une première fois par les Romains malgré les efforts d'Annibal.
6. Alexandre le Grand (356-323 av. J.-C.), roi des Grecs et conquérant d'une partie importante du Moyen-Orient.
7. Général romain (107-48 av. J.-C.) qui se distingue en Afrique. Rival de César, il est vaincu en Égypte.
8. Corse = Napoléon, né en Corse.
9. Sainte-Hélène: Ile britannique dans l'Atlantique, célèbre par la captivité de Napoléon de 1815 à 1821.
10. Waterloo: Lieu où Napoléon est vaincu par l'armée réunie des Anglais et des Prussiens le 18 juin 1815.

Vivront au Paradis, dans l'éternelle ivresse.
Pleins d'amour, de feux purs, d'extase et de tendresse,
Louant et bénissant dans un sacré transport,   35
Le même Dieu qui donne et la vie, et la mort !

Dans le gouffre hideux, où le feu le dévore,
Satan, ange déchu, que le pécheur honore,
Dans l'éternelle nuit qui le dérobe aux cieux,
Exécrant et son être, et son abîme affreux,   40
Règne, en cruel bourreau, sur ses tristes victimes :
Sur son front de terreur sont gravés tous les crimes ;
La rage et le péché se disputent son cœur,

Il insulte à ce Dieu qui fut son créateur.
Il porte sur son front l'éternel anathème   45
Et son âme maudite exhale le blasphème
Cette âme de poison est vouée aux serpents,
En proie à tous les maux, l'abrégé des tourments.
Hurlant contre le ciel qui lui lance sa foudre,
Il voudrait tenter Dieu de le réduire en poudre !   50
Ses cris désespérés invoquent le néant :
Le néant, dont il sort, est sourd à son tourment.
Le bras du Tout Puissant l'a lancé dans l'abîme,
Asile réprouvé qui s'acquiert par le crime,
Où les tourments, les pleurs, les grincements de dents,   55
Les feux, le désespoir, les remords, les serpents
Vengeront à jamais, les majesté divine !...

Le Bourreau [1] (1838)

La hardiesse dans l'expression du poète trifluvien surprend en
cette période de troubles et de répression. Mais ne faudrait-il pas
reconnaître aussi des accents exotiques qui, depuis Young et
Goëthe, troublent l'esprit de la jeunesse ?

Dans l'ombre d'un cachot, avec la mort assis,
Ayant pour courtisans la honte et les soucis,
Un être pâle, affreux ! à la bouche béante,
Dont l'âme est un volcan et l'œil une tourmente,
Attend pour s'enivrer du sang d'un criminel   5
L'heure de l'immoler sur son immonde autel,
Et son livide front, où s'est empreint le crime,
Se penchant froidement semble sonder l'abîme

---

1. Poème publié dans *Le Populaire* du 13 août 1838.

Où son atroce main, homicide instrument,
Entasse, l'âme sourde aux soupirs du mourant,   10
Les maudits de la Loi qui font honte à la terre,
Et que, chaque an, l'on voue au hideux Cimeterre[2].
Sur un cadavre froid, étranglé de ses mains,
Ce spectre ignominieux qui fait peur aux humains,
Règne comme la mort en convoitant sa proie: 15
Dans le sang qui jaillit il retrempe sa joie!
Ses bras prostitués étreignent les mourants,
Il savoure l'angoisse et les gémissements!
Sans amis, sans parents, vagabond sans patrie,
Dans le meurtre et le sang il retrouve sa vie!   20
Ce valet d'échafaud, cet opprobre vivant,
Ce monstre à face d'homme, au regard satanique
Qui goûte en l'agonie un plaisir frénétique,
Que la potence, ô Dieu! réclame pour amant.
Est-il marqué du sceau de la même origine?   25
Porte-t-il dans son cœur une essence divine?
Son fratricide bras fut-il formé par toi?
A-t-il un cœur qui bat?... une âme comme moi?
A-t-il un sein de pierre ou des entrailles d'homme?...
Vil proscrit, protégé par tout son déshonneur,   30
Qui boit du sang humain pour raviver son cœur!
J'ai peur d'avoir souillé la bouche qui le nomme!...

Aux exilés politiques canadiens [1] (1838)

Encore étudiant en droit aux Trois-Rivières, le poète y est emprisonné, le 2 janvier 1839, le même jour où Napoléon Aubin l'est, à Québec, pour avoir publié une véhémente adresse en vers aux exilés des Bermudes, écrit que les autorités considéraient comme un appel à la sédition. Après trois mois et demi de prison, il est mis en liberté provisoire. En juin 1838, Lord Durham avait proposé aux principaux chefs de l'insurrection de 1837 détenus à Montréal de signer un aveu de culpabilité, moyennant quoi ils achèteraient par quelques mois d'exil la grâce de tous les autres détenus politiques. C'est ainsi que, le 18 juin, huit de ces chefs: Robert-Shore-Milnes Bouchette, Wolfred Nelson, Rodolphe Desrivières, Luc-Hyacinthe Masson, Henri-Alphonse Gauvin, Siméon Marchessault, Toussaint-Hubert Goddu et Bonaventure Viger, remettent au gouverneur un long projet d'aveu sans repentance,

---

2. Cimeterre = sabre large et recourbé.
1. Poème paru dans *Le Fantasque* du 26 décembre 1838.

aveu jugé non satisfaisant. Enfin, ils lui présentent un autre document jugé acceptable, le 26 juin. Le 2 juillet, les huit exilés, menottes aux poignets, sont embarqués sur le *Canada* qui doit les conduire à Québec. Le lendemain, ils montent sur le *Vestal*, vaisseau de guerre qui doit les transporter aux Bermudes. Le 26 octobre, ils sont libérés à la suite du désaveu de l'ordonnance de Durham. Ils sont de retour au Canada en novembre de la même année. C'est alors que le poète leur adresse un salut patriotique. Dans son poème « À l'Honorable Louis-Joseph Papineau », Barthe avait exalté le souvenir de celui qui avait été condamné à l'exil. Sa dénonciation de la tyrannie s'accompagne d'un péan à la liberté. Dans son chant « Aux Exilés Politiques », le poète reprend les mêmes thèmes avec la violence de l'indignation.

Salut! concitoyens, foulez la terre amie,
    Foulez le sol sacré de la patrie!
Sur la plage lointaine, où le crime gémit,
Où le repentir pleure... un généreux proscrit[2],
Un Nelson, un Gauvin, un Masson, un Bouchette,   5
Noms de héros chantés sur la mâle trompette,
DesRivières, Goddu, Marchessault et Viger,
Dont les fronts plébéiens, ceints du noble olivier,
Devaient courber plus tard sous le faix de la gloire,
Pouvaient-ils dans la honte expier leur valeur?   10
    L'égide de l'honneur
    Protégeait leur mémoire!...
....
....
Les tyrans[3] ont pâli, souillés d'iniquité,
Et, près de s'engloutir sous les débris du trône,
Ils se sont moins joués des droits d'humanité;   15
Ah! c'est que dans la fange ils jetaient leur couronne!
....
....
Les fils des Canadas[4], amants de liberté,
Perdant leur vain espoir dans un sceptre insensé,
Et d'un généreux sang rachetant leur patrie,
Bravèrent dans nos champs la mitraille ennemie;   20
    O peuple! jette un funèbre feston
    Sur leur tombeau... bats le mâle clairon!
      Couvre de drapeaux sombres
      Les tombeaux et leurs ombres!...

---

2. Proscrit = Papineau.
3. Tyrans = les Anglais.
4. Fils des Canadas: Il y eut aussi un soulèvement dans le Haut Canada.

Baise leur cendre sainte au fond de leur cercueil, 25
Érige un monument qui fasse ton orgueil,
Leurs noms, en traits de feu, dans ta généreuse âme
 Sont gravés pour jamais!
....
....
Rois, vous portez en vain et le feu et la flamme
 Si loin de vos palais! 30
Un roi doit-il régner sur un peuple d'esclaves?
Doit-il sous un vil joug courber les fronts des braves?...
....
....
Martyrs sanctifiés par de mâles exploits,
Le trépas vous soustrait à de honteuses lois!
Le peuple honorera vos noms, votre mémoire, 35
Vos ombres avec lui chanteront la victoire!
  O Peuple! jette un funèbre feston
  Sur leur tombeau... bats le mâle clairon!
  Couvre de drapeaux sombres
  Les tombeaux et leurs ombres?...
Mais vous, qui, dans l'exil, consumant de beaux jours, 40
Avez flétri vos pas dans la fange des crimes,
Vous, qu'un fer assassin réclamait pour victimes,
Que de vils ennemis, sanguinaires vautours,
Jetaient à l'échafaud, en ignoble pâture, 45
Vous avez affronté le fer et la torture
Et l'homicide bras souillé de déshonneur!
La peur n'a pas molli vos âmes généreuses:
(Dans le sein des héros il bat un si grand cœur!)
Si le destin rendit vos armes malheureuses, 50
Si Mars vous a ravi la palme des combats,
Si vous ne fûtes point les plus heureux soldats,
Vous êtes succombés du moins avec vaillance.
Un seul fils d'Albion[5] et sept fils de France
  Que l'honneur fit soldats, 55
Qu'on vit briguer la gloire en tête des combats,
Payèrent dans l'exil leur valeur héroïque:
Ceignons-leur aujourd'hui la Couronne civique![6]
  O peuple! tresse un glorieux feston,
  Chante et bats le mâle clairon 60
Et de leurs pas chéris, oh! baise la poussière,
Devant eux, de respect, courbe ta tête altière!

---

5. Fils d'Albion = Wolfred Nelson, d'origine irlandaise.
6. Couronne civique = couronne décernée au soldat qui avait sauvé un citoyen romain dans une bataille.

Les Patriotes:
1830-1839

La décennie 1830-1839 voit paraître quelque trois cents poèmes dans les journaux et revues du Québec. Passant par toutes les gammes des émotions patriotiques, ces vers reflètent les sentiments intimes des jeunes Canadiens survoltés par les grands événements qui balisent ces années troubles. Frais émoulus des collèges, ces jeunes rêvent de créer à la fois une littérature nationale et un pays. Nous connaissons leurs noms pour la plupart : François-Xavier Garneau, Joseph-Guillaume Barthe, Pierre-Joseph-Olivier Chauveau pour ne nommer que ceux-là. James Huston dans son *Répertoire national* reproduit une centaine de poèmes de l'époque. Voici que surgissent d'autres noms : Turcotte, Derome, mais aussi tant d'anonymes! Nous avons déjà présenté quelque soixante-quinze textes poétiques de la décennie, dans un recueil intitulé *Les Patriotes 1830-1839* (Montréal, Éditions Libération, 1971). Nous ne reproduisons ici que quelques-unes des œuvres anonymes de cette époque tragique, mais combien glorieuse, de l'histoire du Québec.

À mes compatriotes [1] (1831)

Chaque pays, dit-on, a son génie,
Qui le protège et veille à son bonheur;
Un jour celui de ma belle patrie
M'apparaissant me remplit de frayeur.
« Calme, dit-il, l'effroi qui te domine,   5
« Je suis l'ami du peuple canadien;
« J'ai craint de voir la discorde intestine
« Contre son frère armer le citoyen. »

---

1. Poème paru dans *La Minerve* du 6 janvier 1831, signé du pseudonyme « Un Canadien » qui devait se chanter sur l'air : « Te souviens-tu, disait un Capitaine. »

FIG. 15 — Les Patriotes à Beauharnois, aquarelle de Jane Ellice, 1838.
Archives publiques du Canada.

« Vrais Canadiens, la sombre jalousie,
« Ne convient pas à vos cœurs généreux ;   10
« Prêtez l'oreille aux vœux de la patrie,
« Et vous vaincrez vos ennemis nombreux.
« Si vos efforts sont combinés ensemble,
« De longs succès vous les verrez bénis ;
« Qu'un même esprit à jamais vous rassemble !   15
« Pour être heureux, soyez toujours unis. »

« Rappelez-vous votre source première,
« Rappelez-vous de qui vous êtes nés ;
« Fils des Français, voyez l'Europe entière
« Suivre l'exemple offert par vos aînés   20
« Lorsque la voix du pays vous réclame,
« De vains débats doivent être finis !
« Que désormais son amour nous enflamme !
« Pour être heureux, soyez toujours unis. »

Il avait dit et dans l'air il s'élance,   25
Par ses conseils soyons encouragés ;
Et méritons par notre obéissance :
Les beaux succès qui nous sont présagés.
Si nous suivons du bienveillant Génie,
Les bons avis, le triomphe est certain ;   30
Plus de discorde : Amour de la patrie
Rallions-nous et donnons-nous la main.

Avant tout je suis Canadien [1] (1832)

Souvent de la Grande-Bretagne
J'entends vanter les mœurs, les lois ;
Pour leurs vins, la France et l'Espagne
À nos éloges ont des droits ;
Aimez le ciel de l'Italie,   5
Louez l'Europe, c'est fort bien :
Moi je préfère ma patrie,
Avant tout je suis Canadien. (bis)

Sur nous quel est donc l'avantage
De ces êtres prédestinés,   10
En sciences, arts et langage
Je l'avoue, ils sont nos aînés

---

1. Poème anonyme paru dans *Le Canadien* du 14 mars 1832. Dans *La Minerve* du 23 janvier 1832, un correspondant avait écrit : « Je suis Canadien avant tout ; et(...) ce titre (...) est pour moi le plus beau du monde (...) »

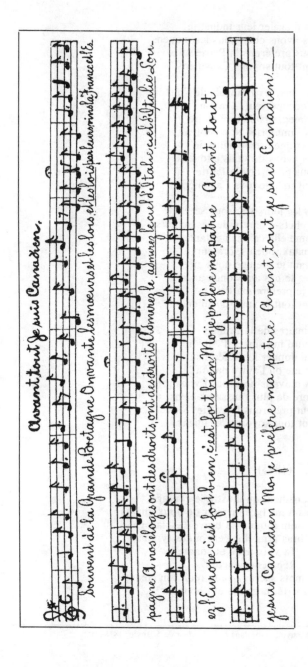

FIG. 16 — La musique de « Avant tout je suis Canadien ».

Mais d'égaler leur industrie
Nous avons chez nous les moyens
A tous préférons la Patrie   15
Avant tout soyons Canadiens.

Vingt ans, les Français de l'histoire
Ont occupé seul le rayon
Ils étaient fils de la victoire
Sous l'immortel Napoléon: 20
Ils ont une armée aguerrie
Nous avons de vrais citoyens
À tous préférons la Patrie
Avant tout soyons Canadiens.

Tous les jours l'Europe se vante   25
Des chefs-d'œuvre de ses auteurs,
Comme elle ce pays enfante
Journaux, poètes, orateurs:
En vain le préjugé nous crie
Cédez le pas au Monde ancien   30
Moi je préfère ma Patrie
Avant tout je suis Canadien.

Originaires de la France
Aujourd'hui sujets d'Albion
À qui donner la préférence   35
De l'une ou l'autre nation?
Mais n'avons-nous pas j'vous prie
Encore de plus puissants biens
À tout préférons la Patrie
Avant tout soyons Canadiens.   40

Chanson [1] (1835)

O Canadien, qu'illustra le courage,
Viens à ma lyre inspirer de doux chants;
Ton nom toujours a bravé l'esclavage,
Ton bras armé fut l'effroi des tyrans.
    Ta voix mâle et sonore   5
    Répéterait encore
Ces mots sacrés que te redit ton cœur:
La liberté, la patrie et l'honneur!

1.   Poème anonyme paru dans *Le Canadien* du 5 janvier 1835.

Aimant la paix, fuis les yeux du sicaire[2]
Qu'un fer en main on lâche contre nous;   10
Mais si jamais un pacha téméraire
Voulait braver les lois et ton courroux,
    Ta voix mâle et sonore
    Soudain répète encore
Ces mots sacrés que te redit ton cœur: 15
La liberté, la patrie et l'honneur!

Quoi! voudrais-tu, sur le sol de tes pères,
Dans la poussière ensevelir ton front?...
N'entends-tu pas gémir leurs cimeterres,
Et leurs os bruire aux champs de Carillon?[3]   20
    Mais non! ta voix sonore
    Soudain répète encore
Ces mots sacrés que te redit ton cœur:
La liberté, la patrie et l'honneur!

Salaberry[4] conquit par sa vaillance   25
Ceux qui juraient d'ensanglanter nos champs;
Mais Papineau sait par son éloquence
Rompre au sénat les projets des méchants.
    Ta voix mâle et sonore
    Va répéter encore   30
Ces mots sacrés que te redit ton cœur:
La liberté, la patrie et l'honneur!

Ce noble cri partout se fait entendre;
Le peuple enfin veut reprendre ses droits.
Un an commence où plus d'un trône en cendre,   35
En s'éteignant, fera pâlir les rois.
    À cet heureux présage
    Que promet un autre âge,
Peuples, chantons ces mots chers à mon cœur:
La liberté, la patrie et l'honneur!   40

Aux Canadiens [1] (1838)

    — Peuple loyal et brave,
    Qu'as-tu donc à pleurer?
    Quand tu serais esclave,
    Tu dois rire et chanter!

---

2. Sicaire = assassin.
3. Carillon: Voir le poème «Le Drapeau de Carillon» d'Octave Crémazie.
4. Salaberry: Voir le poème «La Victoire de Châteauguay» de Joseph Mermet.
1. Poème anonyme paru dans *La Quotidienne* du 2 janvier 1838.

— Je pleure ma faiblesse,   5
Je pouvais être heureux;
Croupi dans la mollesse,
Je ne suis plus qu'un gueux.

Je pleure mon amante,
L'épouse des humains;   10
Ma lâche indifférence
A trahi ses destins.

Je pleure la patrie,
Je pleure un bien perdu,
La liberté ravie,   15
L'honneur et la vertu.

Ma douleur est profonde:
Je rêvais d'un beau jour;
Je n'ai plus rien au monde
Que l'espoir et l'amour.   20

Indigne de nos pères,
L'élite des guerriers,
J'ai taché leurs bannières,
J'ai flétri leurs lauriers.

— Peuple loyal et brave,   25
Tu ne dois pas pleurer;
Quand tu serais esclave,
Tu dois rire et chanter!

Charles Lévesque
(1817-1859)

Les deux frères Lévesque, Charles et Guillaume (1819-1856), se laissent emporter par le tourbillon révolutionnaire de 1837-1838. Charles, étudiant en droit et «Fils de la Liberté», doit quitter précipitamment la province à l'automne de 1837, pour éviter l'arrestation. Son plus jeune frère se trouvera condamné à mort le 22 janvier 1839, à la suite de son rôle lors du grand soulèvement de novembre 1838. Tous deux vont s'en tirer cependant: Charles revient au pays lors de l'amnistie de 1838; Guillaume, pardonné, doit s'exiler, ne pouvant revenir qu'à l'automne de 1843. Reçu au Barreau en 1840, Charles s'établit à Berthier. En 1843, il épouse Julie Morrison qui meurt l'année suivante à la naissance de leur fille. Fortement affecté, Charles cherche la consolation dans le monde de la poésie. Nous connaissons de lui plus de soixante pièces, composées de 1845 à 1859, sans compter quelques textes en prose: nouvelles, essais, fragments de roman. À l'automne de 1859, un passant le trouve «étendu au pied d'un arbre, une main ensanglantée et une blessure près de la tempe: son fusil était à côté de lui et déchargé» (*Le Canadien*, 14 novembre 1859). Sa muse est essentiellement lyrique et tendre à la manière de Gérard de Nerval; il chante l'amour et la femme — la fiancée, l'épouse, la jeune mère, l'orpheline. S'affranchissant de la mesure, il pratique parfois le poème en prose, le verset biblique à la manière de Lamennais.

L'œuvre poétique

Charles Lévesque publie donc ses poèmes de 1845 à 1859 dans les journaux et revues: *La Revue canadienne, L'Écho des Campagnes, L'Aurore des Canadas, Le Moniteur canadien, La Minerve* et *La Patrie*. James Huston reproduit cinq pièces dans son *Répertoire national*. Voir Michel Boucher, *Les Oeuvres de Charles Lévesque, écrivain oublié du dix-neuvième siècle (1817-1859).* Texte établi et annoté. Thèse de maîtrise présentée à l'Université Laval, 1972, xviii, 226 pp.

Jeanne d'Arc Lortie, «Voix du peuple: Charles Lévesque» dans *La Poésie nationaliste au Canada français (1606-1867)*, Québec, P.U.L., 1975, p. 291-302.

À Georgina [1] (1846)

Profondément troublé par le destin tragique qui l'accable, le poète exprime son angoisse devant la fuite du temps: n'écrit-il pas que «pour être heureux ici bas» il faut rester enfant? Et il le fait dans une strophe libre sans contrainte de la rime, ce qui à l'époque constitue une originalité incontestable dans l'ensemble de la création poétique.

De loin tu vois le monde, son faste et ses plaisirs,
tu vois aussi ses peines sans les comprendre, à tes yeux
tout paraît mystère, enchantement oh! ne demande pas à
vieillir!

Au-dessus de ta tête se trouve l'arc-en-ciel, ta robe   5
est si blanche et tu marches tout le jour sur un tapis de fleurs,
puis quand vient le soir, tu t'endors quelquefois sur le sein de
ta mère, Oh! ne demande pas à vieillir!

Semblable au lac tranquille que le vent en courroux
ne ride point, que la barque du pécheur n'a pas encore troublé,   10
tu es calme. Oh! ne demande pas à vieillir!

Tu es pure comme l'Iris qui s'éveille matinale et parfume
le champ qui l'a vu naître, tu es fraîche comme la brise
vivifiante, qui ranime le laurier mourant.

Demeure dans cet âge où brille l'innocence comme le   15
premier rayon d'un beau jour, comme l'étoile du rocher qui
perce la nuit profonde et le conduit au port.

Prolonge ton année. À onze ans qu'on est bonne, l'ange
de Dieu nous couvre de son aile, il nous parle en secret et
nous dit mille choses, plus suaves que le myrrhe, plus douces   20
que l'amour, qui font tressaillir l'âme.

---

1. Dans *L'Aurore des Canadas* du 6 juin 1846.

Écoute sa voix céleste, elle est pleine d'harmonie, puis
tu te diras à toi-même: pour être heureux ici bas, il faut être
à mon âge et vivre dans le mystère.

La cimetière. À Jessy [1] (1846)

Dans ces versets adressés à sa fille, le poète remémore la
disparition si soudaine de sa jeune épouse, «la blanche fleur
que j'avais cueillie». Et il entend «cette voix si douce» que son
enfant n'a point connue. Il ne lui reste que la consolation que
l'âme est immortelle: Au ciel «(...) l'aurore brille toujours (...) le
bonheur est sans peine.»

Quel est ce lieu funèbre que l'Ange de la mort cou-
vre d'un sombre voile, où la terre s'entrouve, en un jour
de deuil, pour nous recevoir?

Le prêtre l'a béni, au son d'un glas lugubre; le
silence y règne, la douleur y veille et dans sa foi profonde,   5
le chrétien révère ce dernier asile des dépouilles mortelles.

Vois-tu ce marbre froid aussi blanc que la neige, fra-
gile monument où son nom est gravé, que les vents efface-
ront: c'est le tombeau du riche qui n'a vu luire qu'un jour,
il deviendra poussière comme lui.   10

J'aime la croix de bois qui s'élève timide au-dessus
de la fosse pour ainsi dire ignorée, cette fosse du pauvre
que Dieu seul protège, où quelquefois l'âme pieuse vient
prier.

Ici, le front décoloré, sa pensée au ciel, la jeune mère,   15
qui n'a plus d'espérance sur son enfant à peine né que le
destin lui a ravi, dépose une guirlande de fleurs.

Plus loin, sous la pervenche, dort la vierge candide,
amante de la vertu, dont les heures passèrent joyeuses;
plus loin encore le saule pleureur ombrage la sépulture du   20
vieillard qui ne voulait point mourir.

Je m'arrête — Hélas! et sur l'urne funèbre qui con-
tient la blanche fleur que j'avais cueillie, et trop tôt passée,
je me penche et veux verser des larmes.

1. Dans *L'Écho des Campagnes* du 12 décembre 1846.

Écoute: entends-tu cette voix si douce que tu n'as point   25
connue, cette voix qui me fut chère — Elle dit: tes cheveux
en boucles, ton teint de rose, tes grâces naïves sont mortels,
mais ton âme, ma fille, jouira de l'immortalité.

O! quand tu seras dans le Ciel, où l'aurore brille tou-
jours, où le bonheur est sans peine, tu verras ta mère. Que   30
d'amour infini! Elle mettra sur ta tête la couronne des
anges et vous ne vous quitterez plus.

La Fiancée [1] (1853)

Le poète évoque les « chastes étreintes » d'un amour, tout à la
fois don et passion: « Sa hanche n'offre qu'un soupir, l'adieu de
sa virginité. »

Où vas-tu, jeune fille, en ta robe de fête?
Comme un lys du matin, ne lèves-tu la tête
Que pour montrer au jour l'éclat de tes attraits?
Quel bonheur rêves-tu? Dis, quels sont tes souhaits?
Cherches-tu les plaisirs nourris par la mollesse,   5
Ou bien ceux que procure une vaine richesse,
Les discours ou l'encens d'amis adulateurs,
Ton empire et ta chute au milieu des honneurs?
« Mettre au pied de l'autel ma couronne de rose,
Souvenir virginal qui d'amour se compose,   10
Prononcer un serment qui naît de la candeur
Je vais où me conduit le choix qu'a fait mon cœur,
Pour aimer mon époux et lui vouer mon âme,
Exister de lui-même et brûler de sa flamme,
Pour être grande et noble. O! si belle à ses yeux!   15
Et porter nos regards, notre espoir vers les cieux. »
— Dieu veille sur tes pas, jeune fille adorée
Qu'il donne à ces vertus une gloire assurée.

De blanches fleurs parent son front.
Son cœur bat d'une vive joie.   20
Rien ne la distrait sur sa voie.
Or du ciel s'échappe un rayon
Pour embellir son innocence.
Elle marche avec l'espérance
Et l'amour dans sa pureté.   25
On la contemple et on l'admire;
Sa hanche n'offre qu'un soupir,
L'adieu de sa virginité.

---

1. Dans *La Minerve* du 30 juin 1853.

Amour [1] (1854)

La vie réelle et les souvenirs sont transformés par le songe :
la mémoire du poète devient en quelque sorte intemporelle.

Viens avec moi, là bas dans la prairie,
    Toi dont le cœur est pur ;
Viens avec moi chercher la rêverie
    Sous ce beau ciel d'azur.
Jeune fille aux yeux noirs, oui, bien plus que moi-même,   5
    O! je t'aime, je t'aime.

La paquerette à l'aurore vermeille
    A fait sécher ses pleurs.
Viens avec moi pour orner ta corbeille
    Des plus tendres couleurs.   10
Jeune fille aux yeux noirs, oui, bien plus que moi-même,
    O! je t'aime, je t'aime.

Sous cet ormeau le rossignol qui chante
    Voudrait nous retenir,
Quels doux accents, il parle à son amante,   15
    Ah! c'est pour l'attendrir.
Jeune fille aux yeux noirs, oui, bien plus que moi-même,
    O! je t'aime, je t'aime.

Ainsi que lui, que ma lèvre brûlante
    T'exprime mes amours.   20
Je touche aux plis de ta robe flottante
    Et te dirai toujours :
Jeune fille aux yeux noirs, oui, bien plus que moi-même,
    O! je t'aime, je t'aime.

Un doux baiser sur ta lèvre si rose ?
    Ne montre point d'aigreur.
S'aimer, le dire... est une sainte chose
    Qui ne porte point malheur.
Jeune fille aux yeux noirs, oui, bien plus que moi-même,
    O! je t'aime, je t'aime.   30

---

1. Dans *La Minerve* du 11 avril 1854.

Jubilé en Canada, 1854 [1] (1855)

Le poète accuse déjà les symptômes de la crise névrotique qui va le pousser au suicide en 1859; se sentant coupable d'une faute qu'il doit expier, seule l'intercession d'une femme, de la Vierge, peut obtenir pour lui et pour l'humanité le pardon.

Hélas! que l'impie,
Au milieu des plaisirs d'un factice bonheur
Que lui prodigue, un jour, une vaine splendeur
  Craint les maux de la vie.
Le calice qu'il boit enivre sa raison   5
  De criminelles espérances...
Mais, saisi de frayeur auprès des jouissances
  Qu'éveille son ambition,
Il s'arrête, un instant, au bord du précipice;
Et malgré le triomphe où luit sa passion   10
Il voudrait échapper aux angoisses du vice...

—

  Consolante charité,
Si le monde pervers pousse à l'iniquité,
  Que se méconnaissant lui-même
   L'homme irréligieux   15
D'un sophisme cruel mérite l'anathème,
Dépose dans son cœur ton baume précieux.

Ouvrez-vous à la foi, temple sur nos rivages;
Sonores carillons annoncez les hommages,
   Auprès de la Divinité   20
  D'un peuple plein de loyauté.
O! quel brillant aspect, on voit l'or et la myrrhe,
Des cierges allumés, des vases de porphyre
  Contenant parfums les plus doux.
Les autels sont couverts de soie et de guirlandes. 25
Les prêtres ont béni les nombreuses offrandes
   Du peuple repentant.
  Quel saint recueillement!

Je te salue, O! Vierge, unique sur la terre.
La gloire, la sagesse habitent dans ton sein,   30
Que le Dieu de Sion remplisse la carrière.

---

1. Poème paru dans *La Minerve* du 16 janvier 1855; l'Église catholique proclame des jubilés généralement tous les vingt-cinq ans afin de permettre aux fidèles de gagner des indulgences plénières.

Que béni soit ton nom, entre toutes les femmes.
Le fruit que tu conçois porte un signe divin
O! Jésus-Christ naîtra pour le salut des âmes.

Mère du Créateur donne nous la tendresse   35
Pour qu'un vrai repentir sauve le genre humain,
Et chante à notre mort un hymne d'allégresse.

Auguste vérité, si pure en tes attraits
Que brillante est la chair, où ta voix Angélique
      Enseigne à tous la paix.   40
Quand tu dictes au cœur la céleste musique,
En sons mélodieux, répète tes bienfaits.
      Au-dessus de nos têtes
Flotte ton pavillon, arboré dans les cieux,
      O! Son éclat est radieux;   45
      Confondant les faux dieux
      Il prouve ses conquêtes.

      L'emportant sur ton courroux
      O! Seigneur, que ta clémence,
      Accepte l'obéissance   50
      De tes enfants à genoux.
Que ton sang précieux fléchisse ta colère,
Ton essence nourrit les germes de la foi
      Comprends notre misère,
      Nous adorons ta loi.   55

Auguste Soulard
(1819-1852)

Après des études au Collège de Sainte-Anne-de-la-Pocatière où l'abbé Painchaud, fervent du romantisme, l'initie à la littérature, Soulard s'engage dans un bureau d'avocats à Québec, en 1837. Bientôt son goût exquis lui attire les sympathies de la petite phalange patriotique et studieuse à laquelle on doit la fondation de la *Société Saint-Jean-Baptiste*, en 1842, et la *Société scientifique et littéraire*, en 1843. Ce fervent des lettres rêve même de publier une revue littéraire et, en octobre 1840, paraît le prospectus du *Journal des Familles* qui devait avoir pour collaborateurs ses amis : François-Magloire Derome, Augustin-Norbert Morin, François-Xavier Garneau, Pierre-Joseph-Olivier Chauveau et David Roy. Faute de moyens, Soulard doit se retirer, et c'est Derome seul qui lance alors le *Journal des étudiants*, paraissant de décembre 1840 à mars 1841, qui sera suivi de l'hebdomadaire, *L'Institut ou Journal des étudiants*, rédigé par Garneau et David Roy, du 7 mars au 22 mai 1841. Reçu au Barreau en 1842, Auguste Soulard publie des chroniques d'un ton spirituel dans *Le Canadien* et *Le Fantasque* de Napoléon Aubin. Pendant ses vacances, Soulard aimait s'étendre près du fleuve où il écoutait complaisamment les bruits de la marée montante dont les flots battaient à ses pieds. Dans son poème, « Mon Pays » (1841), il chante les joies simples de sa paroisse natale, Saint-Roch-des-Aulnaies :

> « J'aime de mon pays les riantes campagnes,
> Ses étés si brillants et ses joyeux hivers,
> Ses bosquets enchantés de sapins toujours verts
> Et ses lacs transparents et ses hautes montagnes.
> J'aime du Saint-Laurent les rivages si beaux,
> J'aime à les contempler le soir lorsque la brise
> Agite mollement la surface des eaux,
> Assis sur le rocher où la vague se brise. »

L'œuvre poétique

Soulard a également écrit une petite nouvelle historique et quelques pièces de vers. James Huston en publie trois dans son *Répertoire national*.

Le Bal (1843)

Les Québécois d'alors aimaient les plaisirs des bals et des sorties. Napoléon Aubin avait déjà décrit deux jeunes époux qui s'endettent pour assister à un bal au Château Saint-Louis, dans son récit intitulé « Le Bal » (*Le Fantasque* du 7 juillet 1838). De son côté le héros du roman d'Aubert de Gaspé fils, *Le Chercheur de trésors* (1837), médite sur la société de son temps après avoir assisté à un bal. Pour Soulard, le bal, ses couleurs, son tourbillon de musique et de mouvement, tout cela le plonge dans un univers de rêve où les femmes «aux pieds fins, ces danseurs passagers», passent dans les songes «comme les fantômes légers».

Que le bal est joyeux! vois ces nombreux quadrilles;
Le plaisir fait briller ces yeux de jeunes filles,
Anime tous leurs pas, rit dans toutes les fleurs:
Partout, papillon frais, il vole, il se repose;
Il pare la danseuse à la peau blanche et rose   5
    De ses plus riantes couleurs.

J'aime ce bal avec son lustre aux mille flammes,
Ses bijoux, ses parfums, ses folles jeunes femmes,
Qui froissent leurs tissus dans un rapide élan;
Leur bonheur enfantin, frêle et légers comme elles,   10
Et dans un coup d'archet, dans leurs gazes nouvelles.
    Dans les nuances d'un ruban.

Les vois-tu balancer leurs plumes, leurs dentelles;
Sourire à ces miroirs qui les montrent si belles;
Puis dans un cercle étroit, où la foule survient,   15
Former les pas divers de leur danse rapide,
Pesant sur le parquet comme un oiseau timide
    Sur la branche qui le soutient.

Mais l'orchestre se tait, et chaque jeune fille
Marche alors vers le banc de velours où l'or brille,   20
Fait un léger salut, et quitte son danseur;

Puis implore un peu d'air de l'éventail docile,
Qui s'agite semblable à la feuille mobile
    Qu'on voit frémir près d'une fleur.

Le salon resplendit de saphir, de topaze,   25
Et cent femmes lui font un vêtement de gaze;
Tout est satin, rubans, guirlandes et joyaux:
Partout sur des fronts blancs et moites on admire
Ces bouquets toujours frais, qui jamais n'ont vu luire
    D'autres soleils que des flambeaux.   30

Mais l'orchestre résonne, et le cercle s'envole:
La galoppe! oh! vois donc la fantasque, la folle,
Bondir toute joyeuse, et dans ces tours adroits,
Traverser les salons au gré de son caprice;
La voilà qui s'élance, et court, et vole, et glisse,   35
    Et tourne sans ordre et sans lois.

Viens, l'huile brûle encor dans les lampes d'albâtre;
Dansons, mais un rayon à la lueur blanchâtre
Glisse sur le parquet, sur les rideaux soyeux:
Tout effrayés du jour les quadrilles finissent;   40
Dans les flambeaux dorés les lumières pâlissent
    Comme les étoiles aux cieux.

Il faut partir! Voici que les pâles danseuses
Jettent sur leurs cols nus les écharpes moelleuses;
Puis, lançant tristement un coup d'œil aux miroirs,   45
Posent les châles épais sur leurs fraîches parures,
Et les simples manteaux tout couverts de rayures,
    Avec les boas longs et noirs.

Nous allons le quitter, ce bal, mais son image
Va nous suivre du moins comme dans un nuage: 50
Ces femmes aux pieds fins, ces danseurs passagers,
Pendant notre sommeil fécond en doux mensonges,
Riant et voltigeant, vont passer dans nos songes,
    Comme les fantômes légers.

Pierre-Joseph-Olivier Chauveau
(1820-1890)

Ce fils de la cité de Champlain débute dans le journalisme à sa sortie du Séminaire de Québec à l'âge de seize ans. En pleine adolescence lors des troubles de 1837-1838, ce jeune clerc publie, à dix-huit ans, son premier poème, « L'insurrection ». Reçu avocat à vingt et un ans, il est élu député trois ans plus tard, battant le vieux routier John Neilson. À vingt-six ans, Chauveau avait déjà écrit son roman *Charles Guérin*. Orateur, essayiste, homme de lettres, Chauveau devient premier ministre de la Province de Québec en 1867. Nommé shérif du district de Montréal, en 1877, et professeur de droit romain à l'Université Laval, en 1878, ses dernières années sont très remplies, malgré les deuils répétés qui l'accablent. À sa mort, on juge Chauveau ainsi : « il était plus qu'un écrivain, plus qu'un orateur, plus qu'un homme d'État en retraite, il était une époque, si l'on veut, et cette époque s'achève avec lui. »

Débutant dans la carrière littéraire par des essais poétiques, il brille à la tête des poètes secondaires qui apparurent durant la décennie 1838-1848. Mais la poésie n'était pour lui qu'un passe-temps de jeunesse. Selon Henri-Raymond Casgrain, « Chauveau n'a pas méconnu son talent en se livrant de préférence à la prose. Il aurait pu devenir avec le temps et l'étude un versificateur ingé-nieux, très habile même : mais son astre en naissant ne l'a pas fait poète ». Il reste que son long poème « L'Insurrection » (1838) demeure la seule tentative de composer une pièce descriptive à la suite des événements de 1837. Dans l'« Adieu à Sir John Colborne » (1839) et « L'Union des Canadas ou la fête des Banquiers » (1841), notre poète atteint un sommet qui laisse entrevoir son sens véri-table de la poésie. Malheureusement, Chauveau, poussé par le dé-sir légitime d'arriver à une certaine aisance, consacre le meilleur de son talent au journalisme, à l'art oratoire et à la vie politique.

FIG. 17 — *L'artillerie britannique s'attaque à l'église de St-Eustache, par Beauclerc,*
Lithographic views of military operation in Canada..., London, 1840.

L'œuvre poétique

Nous connaissons vingt-deux poèmes de P.-J.-O. Chauveau, dont sept sont reproduits dans le *Répertoire national* de James Huston. «L'Insurrection», «Adieux à Sir John Colborne», «L'Union des Canadas», «Joies naïves» et «À Albion» ainsi que «À l'oiseau blanc» et «À une étoile tombante», deux œuvres signées du pseudonyme «Josephte». Sa longue pièce de vers «Donnaconna» (1861) sera reproduite dans les anthologies de Taché, de Nantel et de Fournier. Chauveau publie aussi trois longues légendes en vers: «Le Colporteur», «La Messe de minuit» et l'«Histoire de Lanouet» sous le titre de *Souvenirs et légendes* (Québec, A. Côté, 1877, 36 pp.).

P.-J.-O. Chauveau, textes choisis et présentés par André Labarrère-Paulé, Montréal, Fides, 1962, 96 pp. Coll. Classiques canadiens.

L'Insurrection [1] (1838)

Ces vers exaltent l'héroïsme des Canadiens qui, aux jours sombres de 1837, ont su combattre avec courage et énergie, malgré l'inutilité apparente de leur lutte. Dans ce long poème, le jeune poète exprime l'angoisse de ses compatriotes, en trois tableaux. Le premier rappelle l'atmosphère des vers de l'abbé Delille, le Virgile français: il traduit la douceur et la paix du Québec d'autrefois. Dans le deuxième tableau, le canon gronde et, franchissant le seuil de ces humbles maisons, l'ennemi cruel écrase les pauvres «Fils de la Liberté». (Chauveau ne se serait-il pas inspiré de la bataille de Saint-Eustache, le 14 décembre 1837?) Enfin, dans le troisième tableau, le poète décrit deux enfants errant à travers «des hameaux embrasés», deux enfants qui meurent: «enfin le silence a régné au pied du vieux sapin.» Chauveau partage ainsi le sentiment de découragement qui accable les Canadiens en 1838-1840.

I

Depuis longtemps régnaient sur nos riches campagnes
La paix et la vertu, ces fidèles compagnes,
Et les travaux des champs à plus d'un laboureur
Semblaient mieux un plaisir qu'une peine, un labeur.

---

1. Poème paru dans *Le Canadien* du 6 avril 1838.

FIG. 18 — *Les troupes britanniques s'attaquent aux Patriotes à l'arrière de l'église de St-Eustache, par Beauclerc.* Lithographic views of military operation in Canada..., London, 1840.

Mais surtout des moissons lorsqu'arrivait le terme,   5
Les fêtes et les jeux accouraient à la ferme.

Des filles du hameau la modeste beauté,
Les refrains si joyeux de nos rondes antiques,
Le cidre qui pétille en des coupes rustiques,
Puis des jeunes amants l'enivrante gaîté ;   10
Tout nous peint le bonheur et tout chôme sur l'herbe,
Et les derniers travaux et la dernière gerbe.

Lorsque d'un blanc manteau la terre se couvrait,
Pour cacher ses os nus et son sein qui gelait,
Devant le vieux foyer éclatant de lumière,   15
On riait, on jouait, on dansait tout le soir ;
Au conte que narrait la crédule fermière,
On se pressait pensifs dans le coin le plus noir.

O fils du Canada ! qui vient troubler vos fêtes ?
Quel sinistre présage a plané sur vos têtes ?   20
Les plaisirs ont cessé, l'homme reste attentif,
Et l'enfant vers sa mère a couru tout craintif.
Ainsi font les agneaux, des loups fuyant la rage,
Ainsi font les poussins, lorsque surgit l'orage.

Pleurez, enfants, aux genoux de vos mères,   25
L'ennemi vient, dit-on, et le jour va finir.
Pleurez, enfants, voyez sortir vos pères ;
Savez-vous si jamais ils pourront revenir ?

II

Le canon gronde au loin, et les chiens du village,
Aux cris des insurgés mêlant leur voix sauvage,   30
Ont hurlé par trois fois. Distillant ses poisons,
Et franchissant le seuil de ces humbles maisons,
Le démon de la guerre a semé les alarmes,
Et veut forcer le peuple à recevoir des armes !

— Silence, toi, méchant, va chercher loin d'ici   35
Ton empire, ton sceptre, et tes sujets aussi !
Peuple bon, peuple heureux ! en ce moment suprême,
À ton Dieu sois fidèle, à tes lois, à toi-même.
Le plus saint des devoirs, pourrais-tu l'oublier ?
Et ton antique honneur, voudrais-tu le souiller ?   40

— Pour former parmi nous une troupe rebelle,
Il faudrait une voix qui n'eût rien d'odieux,
Une voix qui parût nous descendre des cieux :

Une voix qui pût dire: allez, Dieu vous appelle!
— La voici cette voix, et par tout le vallon   45
Du tocsin retentit le lugubre tinton!
« C'est la cloche, ont-ils dit, c'est la cloche qui sonne,
« C'est comme une agonie, ou la nuit lorsqu'il tonne.
« Elle chante d'en haut ce cantique de mort:
« On profane l'autel, on égorge vos prêtres,   50
« On a souillé le champ où dorment vos ancêtres!
« Marchons, la cloche a dit: marche et tu seras fort. »

Ils sont là nos guerriers, et d'orgueil et d'audace,
D'ardeur et de courroux brillent leurs nobles fronts;
Ils sont là, décidés à venger nos affronts.   55
Mais des chefs étrangers, que l'épouvante glace,
Ont disparu. — Comment? pour combattre ils n'ont rien?
Point d'armes, plus de chefs? — Mais du sang canadien!

Des soldats d'Albion les brillantes cohortes
Dans l'air ont déployé l'étendard radieux   60
Qui domine partout, flottant sous tous les cieux.
Les Canadiens du temple ont entouré les portes:
Leur sang français pétille, et bouillonne en leurs cœurs;
Ils seront braves, eux, s'ils ne sont pas vainqueurs!

     Soudain brille une étincelle,   65
     Trois monstres en rugissant
     S'élancent, vomissant
     Le feu, la mort que recèle
     Leur poitrine de fer.
     Une lueur d'enfer   70
     En leur gueule enflammée,
     Et pleine de fumée,
     Épouvante les yeux;
     Puis, tous trois, furieux,
     Ensemble rebondissent,   75
     Puis de nouveau mugissent,
     En menaçant les cieux.
     Derrière eux s'avancent
     Les soldats du pouvoir,
     Leurs foudres les devancent: 80
     Qui va les recevoir?
     Des cris de rage
     Ébranlent les airs,
     Comme dans un orage
     L'éclair suit les éclairs;   85
     Une flamme éclatante
     Du milieu d'eux surgit;

D'une pourpre sanglante
Le neige se rougit.
Valeur perdue!   90
Audace superflue!
Inutiles trépas!
Les foulant sous leurs pas,
Les farouches soldats
Ont chanté: «Victoire!   95
«Victoire! Gloire!
«Gloire à nous!
«Vile poussière,
«Leur troupe entière
«A tombé sous nos coups.   100
«Victoire! gloire à nous!»

— Victoire, dites-vous?
Non, non, ce n'est pas là victoire,
Ce n'est pas une gloire,
Vous vous méprenez tous: 105
Comment ne pas réduire un adversaire en poudre,
Lorsque l'on a pour soi et le ciel et la foudre?

Allez, enfants, loin de vos mères,
L'Anglais a triomphé et la clarté s'enfuit,
Et partout c'est la mort, et partout c'est la nuit;   110
Allez, n'attendez plus vos pères!

III

À la lueur des hameaux embrasés,
Deux tout jeunes enfants vont errant dans la plaine;
Chassés loin de chez eux, de fatigue épuisés,
Ils suivent le chemin où la terreur les mène.   115
Au bord de la forêt, au pied des grands sapins,
Ils s'arrêtent pleurant, se disant leurs chagrins.

— Ah! sais-tu, mon frère,
Où s'est sauvé notre père?
Au-dessus du clocher que tu vois tout en feu,   120
Au-dessus du nuage, au-dessus du ciel bleu.
Trouvera-t-il là-haut une belle demeure,
Une demeure sainte, où jamais l'on ne pleure?

— Quand je serai grand, moi, j'irai dire au bon Dieu
Qu'il me rende mon père, oui, j'irai dans ce lieu   125
Où tu dis que son âme est à présent cachée;
Il est mort, lui si bon; qu'avait-il fait au roi?

Ah! j'aurai quelque jour une bien grande épée;
Je tuerai ces méchants quand je serai grand, moi.

— Louis, il est bien tard, la corneille a fini   130
De crier sur la branche, et puis j'entends à peine
Un faible bruit qui court et se perd dans la plaine.
Louis, moi j'ai bien froid, je suis tout endormi:
Mettons-nous à genoux, et disons la prière,
La prière du soir que disait notre mère.   135

À genoux sur la neige, ils joignirent les mains,
Et regardant le ciel tout couvert de nuages,
Ils prièrent celui qui chasse les orages,
Qu'il éteignît la flamme aux villages lointains,
Qu'à leur père il ouvrit les portes de sa gloire,   140
Et que jamais sa loi ne quittât leur mémoire.

Leur voix tendre et suave au vent s'abandonnait,
Et le vent doucement à son Dieu la portait.
Mais qui réchauffera leur poitrine qui tremble?
Hélas! en s'embrassant, ils sont tombés ensemble,   145
Puis un murmure doux... s'écoule... et puis, enfin,
Le silence a régné au pied du vieux sapin.

À ses anges le ciel ajoutera deux anges
Qui du seigneur demain chanteront les louanges.
    Dormez, enfants, sous la neige blottis,   150
    Reposez là vos membres engourdis.

L'Union des Canadas ou La Fête des banquiers [1] (1841)

Chauveau proteste de tout son cœur de patriote contre l'in-
justice de l'union entre les deux Canadas imposée au Québec en
1840. Son long cri de protestation, le poème compte 190 vers, se
fait l'écho des sentiments de presque tous les jeunes de sa géné-
ration. Très lucidement, le poète décèle les véritables motifs qui
ont inspiré des hommes politiques britanniques: il s'agissait de la
fête des banquiers. Comme plusieurs, Chauveau sera inféodé par la
suite au nouveau régime comme député et ministre. Louis-Honoré
Fréchette lui reprochera cette attitude de compromis dans sa
« Voix d'un exilé » en 1866-1869.

---

1. Poème paru dans *Le Canadien* du 5 avril 1841.

C'est le jour des banquiers! Demain sera notre heure.
Aujourd'hui l'oppression, demain la liberté;
Aujourd'hui l'on fustige un peuple entier qui pleure,
Demain l'on voit debout tout un peuple ameuté;
Aujourd'hui le forfait, et demain la vengeance;   5
Aujourd'hui c'est l'or, et demain c'est du fer;
Aujourd'hui le pouvoir, et demain l'impuissance;
Aujourd'hui c'est l'orgie, et demain c'est l'enfer.
Demain n'est pas à vous, il est à Dieu qui veille,
Et Dieu donne toujours son brillant lendemain   10
Aux pauvres nations qu'on maltraitait la veille.
(...)
...   C'est aujourd'hui leur jour!
Pourquoi, chantre importun, élever dans la fête,
Parmi les rires fous une sinistre voix?
Pourquoi pendant le calme annoncer la tempête?
Eh! que peuvent-ils craindre? N'ont-ils pas cette fois   40
Tous scrupules domptés, toute attente remplie?
Voyez: la table est mise et pour un seul repas,
Sur une nappe affreuse et par le sang rougie,
Les ogres du commerce ont les deux Canadas.
(...)

André-Romuald Cherrier
(1821-1863)

Étudiant au Collège de Montréal, il voit paraître son premier poème dans *L'Ami du Peuple*, le 27 août 1836. Leblanc de Marconnay, le sympathique rédacteur du *Populaire*, encourage ce jeune talent en publiant pas moins de vingt-neuf poèmes et textes en prose, du 11 septembre 1837 au 24 janvier 1838, tous signés du pseudonyme «Pierre-André». Admis à la pratique du droit en 1842, Cherrier délaisse la littérature.

Voir John Hare, *Contes et nouvelles du Canada français, 1778-1859*, tome 1, Ottawa, E.U.O., 1971, p. 129-132.

La Création (1841)

Grand Dieu! j'ai médité ta parole sublime,
Et j'ai vu ton esprit voltiger sur les eaux;
J'ai vu ton bras puissant commander à l'abîme;
J'ai vu percer le jour dans la nuit des tombeaux.

J'ai vu le firmament surgir du fond des ondes,   5
(Ce firmament si pur que tu nommas le Ciel!)
Sous ton souffle fécond, j'ai vu naître deux mondes,
Dont l'un s'efface et meurt, et l'autre est immortel.

J'ai vu, Seigneur, j'ai vu tout l'élément humide
Creuser et un clin d'œil le vaste lit des mers;   10
J'ai vu le sol stérile et la nature aride
Couvrir leur nudité des arbres les plus verts.

J'ai vu l'astre des jours marquer dans sa carrière
Les semaines, les mois, les ans et les saisons;
J'ai vu l'astre des nuits de sa blanche lumière   15
Refléter à mes yeux les suaves rayons.

J'ai vu ta main s'étendre, et soudain tout l'abîme
À mes yeux s'est peuplé de millions d'habitants.
Des arbres du désert j'ai vu ployer la cime,
Sous les folâtres jeux des hôtes du printemps. 20

À ta puissante voix, le grand désert du monde
S'animer, s'enrichir comme l'air et les eaux ;
Les animaux répondre à ta voix si féconde ;
Puis tu parus, Seigneur, rentrer dans ton repos.

Mais non, il faut un roi dans ton sublime ouvrage ; 25
Qui te verra sans lui, sans lui qui t'aimera ?
Fais l'homme, ô Créateur, fais l'homme à ton image,
Et dans l'éternité l'homme te bénira.

Joseph Lenoir
(1822-1861)

Son père, Nicolas Lenoir dit Rolland, comme la plupart des ouvriers de sa génération, ne savait pas écrire. Il envoie pourtant son fils au collège de Montréal, de 1835 à 1843. Attiré très tôt par la poésie, Joseph Lenoir déclame « Le Génie des forêts. Ode » au cours des exercices littéraires en juillet 1843 ; poème publié dans *La Minerve* du 4 janvier 1844. Influencé par les vers de François-Xavier Garneau, il compose son « Chant de mort d'un Huron » et le « Rêve d'un exilé » pendant cette période.

Reçu avocat en 1847, il ouvre un bureau l'année suivante, s'associant quelques mois plus tard à Joseph Doutre. Mais il ne pratique guère la profession qu'il avait embrassée, ne se sentant pas les aptitudes nécessaires. Lenoir réussit quand même à subvenir à ses besoins en faisant de la traduction et du journalisme. Enfin, il attire l'attention de Pierre-Joseph-Olivier Chauveau, surintendant de l'Instruction publique et ami des lettres. En janvier 1857, Lenoir est nommé bibliothécaire et assistant rédacteur du *Journal de l'Instruction publique*, poste qu'il occupe jusqu'à sa mort.

Lenoir participe à la fondation du journal *L'Avenir* en 1847, comme un des treize sociétaires. Ce journal, considéré comme très libéral à l'époque, avait des attaches certaines avec l'*Institut canadien*. En effet, Lenoir participe à toutes les fêtes et manifestations de l'Institut : le 24 juin 1849, il propose la santé « A Rome régénerée » lors du banquet de la Saint-Jean-Baptiste et, à l'inauguration des nouvelles salles de l'Institut, le 2 mai 1854, il déclame un poème de circonstances. Connu surtout par sa poésie, Lenoir présente un essai important, le 6 février 1852, devant les membres de l'Institut. Recherchant les éléments qui ont contribué à la civilisation des peuples, il conclut que « l'influence de l'éducation et des lettres crée les sociétés, et qu'un peuple chez lequel elles se trouvent en honneur est éminemment progressif et civilisé.» Il estime de plus que des institutions républicaines favorisent l'élan littéraire et les arts plus que toute autre forme de gouvernement.

Sans doute un des meilleurs poètes du Québec avant Nelligan, il jouit d'une grande renommée au cours de la décennie 1850-1860. Selon Louis Fréchette, «il fut à peu près le seul (des poètes de cette époque) qui sut s'affranchir de cet attirail mythologique dont raffolait le dix-huitième siècle, et de toutes ces périphrases de convention que l'abbé Delille avait mises à la mode» (Conférence prononcée le 12 mars 1873). Plusieurs courants marquent la poésie de Lenoir, bien au fait de la littérature contemporaine. Il puise dans les premiers Romantiques, surtout Lamartine, une extrême tendresse et un penchant pour les thèmes exotiques. Nourri aussi d'Hugo, de Byron et de Goëthe, sans oublier Lamennais et le poète «socialiste» Pierre Dupont, il s'attaque avec une grande violence aux institutions et aux gens en place. Son audace ne va pas sans quelques craintes toutefois, puisqu'il signe ses vers trop virulents de pseudonymes: «Un Canadien», «Peuple» et «Jean Meunier», entre autres.

Les années 1848-1853 se révèlent pour le poète une période de production intense, alors qu'il publie la majorité de ses poèmes. À la fin de 1852, Lenoir songe même à recueillir ses œuvres sous le titre de «Les Voix occidentales ou chants nationaux»; mais ce manuscrit de quelque 250 pages n'a jamais vu le jour, faute de souscripteurs et de moyens financiers. Il faut attendre l'année 1916 avant de voir paraître une vingtaine de ses poèmes de cette période sous le titre de *Poèmes épars*. Pourtant, le compilateur passe sous silence une quarantaine de poèmes.

La tonalité de cette poésie va de la sentimentalité à la violence jusqu'au goût prononcé du macabre. Doué d'un véritable talent poétique, il n'a pas pu se détacher complètement de ses modèles. Lenoir témoigne pourtant à sa façon de la volonté d'affranchissement littéraire et politique de la génération de 1845; les dures réalités de la vie dans «une société d'épiciers» selon le mot d'Octave Crémazie, ont eu raison cependant de cette âme sensible. Un siècle après sa mort, son œuvre demeure encore dispersée dans les journaux et les revues; dans *La Minerve, L'Avenir, La Revue canadienne, Le Moniteur canadien, Le Pays, La Ruche littéraire, La Patrie* et *Le Journal de l'Instruction publique*.

Poèmes épars de Joseph Lenoir-Rolland 1822-1861, recueillis, mis en ordre et publiés par Casimir Hébert, Montréal, Le Pays laurentien, 1916, 74 pp.

Laurent Bisson, *Le Romantisme littéraire au Canada français*, Paris, Droz, 1932, p. 83-90.

Jeanne d'Arc Lortie, «Nationalisme humanitaire: Joseph Lenoir», dans *La Poésie nationaliste au Canada français (1606-1867)*, Québec, P.U.L., 1975, p. 276-290.

Le Génie des forêts. Ode [1] (1843)

Le goût macabre si prononcé dans la première œuvre connue de Lenoir contraste singulièrement avec les bleuettes mièvres si populaires au cours du siècle. Déjà apparaissent les prémices d'une grande poésie marquée par l'exploitation du frénétique, du fantastique et de l'exotique, rendue dans un vocabulaire précis et dans un rythme entraînant. Lenoir compose ce poème dans l'esprit des vieilles ballades écossaises et allemandes.

> Il est dit qu'une fois, sur les arides plaines
> Qui s'étendent là-bas dans les vieilles forêts,
> L'esprit des noirs brouillards qui couvrent ces domaines
> Dormit à l'ombre d'un cyprès.
>
> Mais il n'était pas seul: l'air pensif, en cadence,   5
> Pressés autour de lui, des hommes s'agitaient;
> Un chant rompit bientôt leur lugubre silence:
> Voici quel chant ils écoutaient:
>
> Foule de guerriers sans courage,
> Je le sais et tu t'en souviens,   10
> Parce que tu n'aimais qu'un indigne carnage,
> Mes pères ont maudit les tiens.
>
> Parce que tu mangeais des entrailles de femme,
> Tu t'engraissais des chairs de tes amis,
> Et que jamais, chez toi, n'étincelle la flamme,   15
> Qu'autour de tremblants ennemis.
>
> Va voir, si tu peux, au seuil de nos cabanes,
> Les pâles et rouges débris

---

1. Poème paru dans *La Minerve* du 4 janvier 1844.

FIG. 19 — Le Génie du Lac-des-Deux-Montagnes, par A. Guindon
(*ca* 1900), église Notre-Dame, Montréal.

    Des chevelures et des crânes
Qu'en ton sein autrefois ma hache avait surpris.   20

    Foule de guerriers sans courage,
    Je le sais et tu t'en souviens,
Parce que tu n'aimais qu'un indigne carnage,
    Mes pères ont maudit les tiens.

    Viens donc! apporte la chaudière,   25
    Tu boiras le jus de mes os!
    Viens donc! assouvis ta colère,
Tu ne m'entendras pas pousser de vains sanglots!

    Ils frappent: les haches brisées
    À leurs pieds tombent en éclats;   30
    Ils frappent: leurs mains épuisées
    Restent sans vigueur à leurs bras.

Lui, cependant, avec un rire horrible,
Le cou tendu, les yeux sans mouvement,
Sur le roc qui voyait cette lutte terrible,   35
    Il s'asseyait en murmurant:

    Viens donc! apporte la chaudière,
    Tu boiras le jus de mes os!
    Viens donc! assouvis ta colère,
Tu n'entendras pas pousser de vains sanglots!   40

À la fin, bondissant de douleur et de rage,
    L'esprit de la noire forêt
   Jette dans l'air un cri rauque et sauvage,
    Écume, grince et disparaît.

Depuis, nul n'a foulé le morne[a] solitaire,   45
    Alors que les vents de la nuit
    Aux horreurs qui couvrent la terre
    Ont mêlé leur funèbre bruit.

    Car une forme surhumaine,
    Hâve, dégoûtante de sang,
    Accourt du milieu de la plaine,   50
    Y dresser son front menaçant.

NOTE DE L'AUTEUR:
(a)   Colline d'Amérique.

Rêve de l'exilé [1] (1844)

Les douleurs des exilés, à la suite de l'insuccès des Patriotes en 1837-1838, pèsent lourdement sur la sensibilité des jeunes poètes au tournant des années 1840. François-Xavier Garneau n'a-t-il pas publié « Les Exilés » en 1841 ?

« Mais la nuit sur les flots jetait ses voiles sombres.
Les bannis sont entrés, comme de pâles ombres,
        Dans leurs noirs cachots.
Nuls cris joyeux d'enfants, nuls sourires de femmes,
Comme autrefois chez eux n'ont rafraîchi leurs âmes;
        C'est le silence des tombeaux.»

Qui ne connaît pas, aussi, « Le Canadien errant » d'Antoine Gérin-Lajoie; est-il un coin de l'Amérique du Nord où ces vers n'ont pas été chantés ? Le jeune Lenoir compose également un « Rêve de l'exilé », œuvre d'un certain souffle et de force certaine.

Banni de ses foyers, sur la rive étrangère,
Il gémissait captif au sein de la douleur;
Une larme parfois humectait sa paupière
Quand, en doux souvenir de sa pauvre chaumière,
L'espoir se mêlait par son prestige enchanteur.   5

Comme l'on voit le lis à la teinte argentine
Dans l'ombre de la nuit se faner et mourir,
Ou le saule de deuil dont la branche s'incline
Sur la tombe là-bas au pied de la colline,
Malheureux, il sentait son âme se flétrir.   10

Un jour sous le vieux chêne aux ombres solitaires
Pensif, il s'endormit au bruit lointain des vents,
Et l'ange du sommeil sur ses ailes légères
Soudain le transporta vers le toit de ses pères
Et là lui fit goûter de suaves instants.   15

« Salut ! s'écriait-il, ô terre que j'adore !
« Salut ! beau St-Laurent, sur tes rives encore
        « Je renais au bonheur.
« À genoux sur ce sol de mon âme brûlante
« J'ose élever vers toi l'hymne reconnaissante   20
        « Écoute le Seigneur.

---

1. Poème paru dans *La Minerve* du 26 février 1844.

« J'arrive avec transports sous le riant feuillage
« Qui recouvre à demi de ses tranquille ombrage (sic)
     « Mon paisible séjour.
« Assez longtemps souffrir, ne pleure plus ma mère,   25
« De ton sein déchiré bannis la paix amère,
     « Ton fils est de retour.

« Salut, champs fortunés !... mais grand Dieu ! je frissonne
« En parcourant ces lieux mon pied tremblant résonne
     « Sur des crânes brisés.   30
« Victimes d'un beau zèle ils périrent en braves,
« Ces héros glorieux maudissant leurs entraves
     « Sous le joug oppressés,

« Ombres de mes amis ! Ombres que je vénère !
« Voyez enfin nos fronts sortir de la poussière,   35
     « Voyez tarir nos pleurs,
« Nos vœux sont couronnés ; la fortune attendrie
« Dessinant de la paix l'auréole chérie
     « Termine nos malheurs.

Mais une voix frappe mon oreille attentive,   40
Lui montrant son pays bien au-delà des mers ;
C'était le bruit des flots, et la vague plaintive
Dont la rage éveillait les échos des rochers.

Dayelle. *Orientale* [1] (1848)

À la suite de Victor Hugo qui publie ses *Orientales* en 1829, notre poète se laisse séduire par l'exotisme de la pure poésie. Lenoir révèle dans cette œuvre ses dons exceptionnels : une richesse et une somptuosité verbales ainsi qu'une maîtrise dans le maniement des rythmes et des sonorités. Comme chez Hugo, sa musique se fait parfois langoureuse et doucement obsédante :

« Douce brise du soir, haleine parfumée
Qu'exhale, en expirant, le vaste sein du jour. »

L'impression de mélancolie, de tristesse, se dégage comme une odeur sonore du poème par la répétition de la première strophe et des mots, « Oh ! je l'ai tant aimée ». La « rouge cavale » ne symbolise-t-elle pas la passion, « coursier fidèle » qui, enfin trouve « une

---

1. Poème publié dans *L'Avenir* du 5 avril 1848.

eau *limpide*» dans cette oasis, «la tente où parfois tu vas dormir, ma belle»?

> L'âme triste est pareille
> Au doux ciel de la nuit,
> Quand l'astre, qui sommeille,
> De la voûte vermeille
> A fait tomber le bruit!
>
> LAMARTINE

Douce brise du soir, haleine parfumée,
Qu'exhale, en expirant, le vaste sein du jour,
Ah! puisses-tu bientôt, sur la couche embaumée
Où Dayelle s'agite, (oh! je l'ai tant aimée!)
Porter à son oreille un mot de mon amour!   5

Allah! je n'ai plus rien qu'un chétif dromadaire!
Un fakir[2], l'autre jour, m'a ravi mon caftan[3]!
Une Circassienne[4], achetée au vieux Caire,
A tué ma cavale[5]!.... Et je suis solitaire,
Comme un des noirs muets du sérail[6] du Sultan!   10

Car, voyez-vous, c'est elle! une odalisque[7] pâle,
Dont l'œil noir étincelle au milieu de ses pleurs,
C'est elle qui voulut que ma rouge cavale
A force de courir devint, comme l'opale,
Blanche sous son écume et pleine de douleurs!   15

Que la tente où parfois tu vas dormir, ma belle,
Quand le simoun[8] en feu règne sur le désert,
Te soit une oasis, où ton pied de gazelle
Se pose sans frémir! Que ton coursier fidèle
Y trouve une eau limpide, un gazon toujours vert!   20

Douce brise du soir, haleine parfumée,
Qu'exhale, en expirant, le vaste sein du jour,
Ah! puisses-tu bientôt, sur la couche embaumée,
Où Dayelle s'agite, (oh! je l'ai tant aimée!)
Porter à son oreille un mot de mon amour!   25

Montréal, 28 mars 1848.

---

2. Fakir = ascète musulman.
3. Caftan (ou cafetan) = robe richement ornée des Orientaux.
4. Circassienne = femme de la Circassie; une esclave.
5. Cavale = jument.
6. Sérail = la partie du palais où les femmes sont enfermées.
7. Odalisque = femme du harem.
8. Simoun = vent chaud et violent du désert.

La Légende de la fille aux yeux noirs [1] (1848)
Dédiée à Iacinta

La fatalité de l'amour-passion inspire au poète une légende toute baignée de l'atmosphère des ballades germaniques.

L'avez vous vu? qui est-ce qui l'a vu?
Ce n'est pas moi, Qui donc? Je n'en sais rien.
STERNE. [2]

I

Qui l'a vu? Qui l'a vu? c'était un aigle noir,
    Comme ta chevelure;
O fille, que l'amour amène, chaque soir,
    Sous la feuillée obscure!

Il n'avait pas le cri de ces fauves oiseaux   5
    Qui chantent leur carnage;
Ni les ongles d'airain du grand aigle sauvage,
    Ni ses instincts brutaux!

Jamais on ne l'a vu becqueter les entrailles
    De cadavres pourris,   10
Ou poser son grand nid, dans des pans de murailles,
    Pleins de chauves souris!

Il était noble et fier: et quand ses larges ailes
    Luttaient contre les vents,
Des éclairs jaillissaient de ses sombres prunelles,   15
    De ces sourcils mouvants!

Les pitons [3] décharnés, les nuageuses cîmes
    Des hauts chênes des monts,
Les autres isolés, les flamboyants abîmes,
    Repaires de démons;   20

Les nuits noires, les nuits, propices aux mystères,
    La foudre et ses carreaux,
Les charniers ténébreux, les mornes solitaires,
    La gueule des tombeaux;

---

1. Poème paru dans *L'Avenir* du 20 mai 1848.
2. Laurence Sterne (1713-1768), écrivain anglais.
3. Piton = pointe de montagne élevée.

Tous l'ont vu! Tous l'ont vu! Parfois de flammes bleues   25
        Ses plumes se couvraient,
Parfois, deux spectres blancs aux frémissantes queues
        De leurs bras l'entouraient!

II

Or, il était, un jour, une fille candide,
        Qu'un fol amour perdit;   30
Que sa mère frappa, sur son beau front sans ride,
        Que son père maudit!
Bien souvent elle errait, le soir, au clair de lune,
        Portant son âme aux cieux,
Quand un beau cavalier, qui la vit, sur la dune,   35
        Lui dit: «Vierge aux doux yeux!
«Que me demandes-tu, pour être à moi, la belle?
        «Veux-tu ces anneaux d'or?
«Veux-tu ces bracelets, cette fine dentelle,
        «Plus précieuse encore?»   40
«Cavalier trop courtois, toutes ces rares choses,
        «Offertes de ta main,
«Éblouissent: mais vas, plus pures sont mes roses,
        «Vas! passe ton chemin!»
«Désires-tu corsets soyeux, blanche mantille,   45
        «Diamants pleins tes bras?
«Tu les auras! Veux-tu? Dis-le moi, brune fille,
        «Certes tu les auras!»
«Non, non! Je n'aurais plus les baisers de ma mère!...
        «Tes bagues, tes joyaux,   50
«Feraient naître en mon cœur une tristesse amère,
        «Source de bien des maux!
«Garde-les donc!» Pourtant, la nuit, au clair de lune,
        Elle venait souvent
Voir le beau cavalier chevaucher par la dune,   55
        Sur son coursier ardent!

Elle l'aima, dit-on: c'est ce qui fit sa perte!
        La fille aux bruns cheveux
Donnait à ses baisers, sur la pelouse verte,
        Sa bouche et ses doux yeux!   60

Son père, la voyant, sous la feuillée obscure,
        Lance un blasphème et dit:
«Par le Dieu que j'adore et qui venge l'injure,
        Que ton front soit maudit!»

« Que ton corps soit broyé sous la dent de ton crime ! »   65
　　　　Dit sa mère en courroux,
Écrasant de sa main cette pâle victime,
　　　　Tombée à ses genoux !

III

Leur voix dut s'élever jusqu'aux pieds du Grand Maître,
　　　　Puisque, le lendemain,   70
On vit des os, noircis par la foudre peut-être
　　　　Joncher le grand chemin !

IV

À l'heure, où le hibou hurle ses chants funèbres,
　　　　Qui donc gémit ainsi ?
Qui donc ôse venir pleurer, dans les ténèbres,   75
　　　　Sur le morne obscurci ?

D'ou partent ces éclats de rire ? Ce phosphore[4],
　　　　Pourquoi va-t-il lécher
Des deux crânes jaunis, que le ver mange encore,
　　　　Et qu'il devra sécher ?   80

Est-ce pour voir passer un voyageur nocturne
　　　　Que ce grand aigle noir,
Là-bas, sur ce tombeau, dont il a brisé l'urne
　　　　Est accouru s'asseoir ?

Qui sait ? Mais, chaque soir, quand se lève la lune,   85
Deux squelettes hideux, poussant des cris confus,
Foulent, autour de lui, le sable de la dune,
　　　　Avec leurs pieds fourchus.

Montréal, 30 avril 1848.

Adresse du Jour de l'An[1] (1850)

　　　Animé par l'amour de la liberté, le poète dénonce l'injustice sociale et milite en faveur de la souveraineté du peuple. Nous sentons l'influence de Lamennais dans ses vers. En effet, Lamennais n'a-t-il pas donné pour épigraphe à son journal *L'Avenir* (Paris) : « Dieu et la liberté ».

4.　Phosphore = substance qui a la propriété de luire comme du feu.
1.　Poème publié dans *L'Avenir* du 1er janvier 1850.

> Le monde s'élargit, la paix va
> renaître, il y aura place pour
> tous! ....
> LAMENNAIS.[2]

Frères! l'année expire et nous luttons encore!
Le fantôme est debout, mais la honte dévore
    Ceux qui tiennent encore à lui!
Luttons! voici qu'il a soulevé tant de haine,
Tant de dédains moqueurs, qu'aujourd'hui c'est à peine   5
    S'il peut compter un seul appui!

Oui, ses adorateurs rougissent de l'idole!
Eh! se compromet-on pour un culte frivole,
    Le culte d'un Dieu sans pouvoir,
Qui promet des honneurs, quand il rampe lui-même,   10
Qui n'a pas même d'or pour les hommes qu'il aime,
Qui se venge dans l'ombre et tremble par devoir!

Vous avez fui devant la clameur populaire,
Emportant avec vous votre immense colère
    Dans une lointaine Cité!   15
Puisque vous êtes forts, sévissez, ô nos maîtres!
    On vous l'a dit cent fois: vous n'êtes que des traîtres,
    Fuyant devant la liberté!

Cette liberté là, maîtres, n'est pas la vôtre!
Elle vient pour le peuple et le prend pour apôtre!   20
    Son pied se détourne de vous!
Vous la verrez passer avec des yeux avides!
Consolez-vous pourtant, ô ministres sordides,
Elle fera ployer vos fronts ou vos genoux!

Frères! l'année expire et nous luttons encore,   25
Le fantôme est debout, mais la honte dévore
    Ceux qui tiennent encore à lui!
Luttons! voici qu'il a soulevé tout de haine,
Tant de dédains moqueurs, qu'aujourd'hui c'est à peine
    S'il peut compter un seul appui!   30

A nous la vaste arêne où s'agite le monde!
A nous la douce paix, le bonheur qui féconde,
    Sol, intelligences et cœurs!
Tout œil a son rayon de limpide lumière,
L'oiseau, le ciel sans borne et l'homme sa carrière!   35
Soyons libres! ayons les nations pour sœurs!

---

2. Félicité de Lamennais (1782-1852), auteur des *Paroles d'un croyant* et catholique mili-
tant, dénonçait l'injustice dans son journal *L'Avenir,* publié à Paris.

C'est notre droit: le joug où la force nous lie,
Ne peut nous empêcher de vivre de leur vie!
      Un peuple esclave n'est pas mort!
Car, lorsque vient le temps d'aller prendre la place   40
Que le doigt d'un Dieu juste à l'avance lui trace,
      Il rompt ses chaînes sans effort!

Nous ne sommes pas faits pour un plus long servage!
Levons-nous! l'heure sonne! allons! Frères, courage!
      Oh! n'attendons pas à demain!   45
Voyez! l'occident noir, en déchirant ses voiles,
A revêtu son front de trente-quatre étoiles!
      Entendez-vous le cri de l'aigle américain![3]

Frères, l'année expire et nous luttons encore!
Le fantôme est debout, mais la honte dévore   50
      Ceux qui tiennent encore à lui!
Luttons! voici qu'il a soulevé tant de haine,
Tant de dédains moqueurs, qu'aujourd'hui c'est à peine
      S'il peut compter un seul appui!

31 déc. 1849.

Amour [1] (1850)

Voici trois visages de l'amour: le narcissisme (v.1-12),
l'amour romantique (v.13-24) et l'amour-évasion (v.25-36).

À quoi pense la jeune fille,
Celle qui rit, chante et s'habille,
En se regardant au miroir;
Qui, posant les mains sur ses hanches,
Dit: Oh! mes dents sont bien plus blanches   5
Que le lin de mon blanc peignoir?

Elle se promet, folle reine,
De régner fière et souveraine,
Au milieu des parfums du bal;
Elle compose son sourire,   10

---

3. Aigle américain: Les jeunes libéraux considéraient les États-Unis comme le pays
  de liberté par excellence, ce qui expliquerait en partie le mouvement annexionniste
  qui atteint un point culminant pendant cette période.
1. Poème publié dans *L'Avenir* du 6 avril 1850.

Afin que d'elle on puisse dire:
Son amour à tous fut fatal!

A quoi pense cette autre blonde,
Quand sa chevelure l'inonde
Comme un vêtement de satin?   15
Dès l'aube, avant qu'elle se lève,
Sa lèvre sourit au doux rêve
Qu'elle fait du soir au matin!

Quelle sera sa destinée?
Est-ce que cette fille est née,   20
Chaste fleur, pour tomber un jour?
Voyez! la pure fiancée!
Elle court où va sa pensée!
Elle se perd par trop d'amour!

Celle-là, brune paresseuse,   25
Laisse sa prunelle rêveuse
Errer par le ciel de la nuit!
Voici qu'une étoile qui passe
Fait parcourir un large espace
A son grand œil noir qui la suit!   30

Elle se penche à la fenêtre,
Et se dit: il la voit peut-être!
Que ne puis-je voler ainsi!
Étoile d'amour, je t'envie!
Je voudrais vivre de la vie,   35
Pour ne plus soupirer ici!

Montréal, 30 mars 1850.

Fantasmagorie [1] (1850)

Le poète laisse errer sa fantasie sous l'impulsion de rêves
exotiques inspirés par les vers de Victor Hugo, surtout «La Pente
de la rêverie» et «La Fée et la Péri». Nous rencontrons de nou-
veau l'érotisme si finement exprimé dans «Dayelle».

> *Procul recedant somnis*
> *Et noctium phantasmata*
>
> Hymne [2].

---

1. Poème paru dans *L'Avenir* du 13 avril 1850.
2. «Bientôt le sommeil se retire, et les rêves nocturnes.»

FIG. 20 — Portrait d'une esclave, par F. Malepart de Beaucourt (1786),
Université McGill, Montréal.

I.

Il m'en souvient! mon âme eût d'étranges caprices!
Une nuit, je rêvai des rêves de délices,
Un banquet, des parfums, des perles, des rubis,
Des cheveux noirs bouclés, coulant sur les habits;
Des regards de gazelle aux paroles ardentes,   5
Et des blancs cous de cygne, et des lèvres charmantes,
Et des vêtements d'or, flottant harmonieux,
Comme les bruits des soirs qui meurent dans les cieux!
Des pieds glissant muets sur le parquet rapide,
Des bras forts étreignant des tailles de sylphide[3];   10
Des femmes aux seins nus, aux cœurs ivres d'amour;
Des adieux, des soupirs, des regrets, puis.... le jour!

J'avais un char pompeux, une riche livrée,
Des laquets, des chevaux à la robe dorée;
Un château, large et fort, ayant de hautes tours,   15
Manoir où les plaisirs se changeaient tous les jours!
Sous ses murs, dans un parc grand à perte de vue,
Un étang empruntait ses teintes à la nue!
J'avais une nacelle[4]; et, quand venait le soir,
Je la faisais nager sur le flot calme et noir,   20
Tandis que sur ses bords, du milieu des charmilles,
La brise m'apportait des chants de jeunes filles!
Et puis, ma meute ardente aimait le son du cor!
Je la voyais courir! oh! je la vois encor,
Avec ses beaux colliers, étincelante armure,   25
Arracher au cerf gris, chairs, soupirs et ramure!
C'était beau! je pouvais rien qu'à tendre la main,
Cueillir des voluptés, en passant mon chemin;
Et plus d'une, en voyant ma splendeur souveraine,
Eût, pour m'appartenir, refusé d'être reine!   30

Oh! mes songes heureux! dans l'alcove où je dors,
Jamais ne m'ont suivi les haines du dehors!
Là, la lampe de bronze, au globe diaphane,
Là, le coquet boudoir interdit au profane!
Là, les tapis soyeux, la pourpre, l'ambre pur,   35
Là, les marbres veinés, d'or, d'opale ou d'azur!

Ogives, chapiteaux[5], colonnettes, spirales,
Corridors se tordant, voluptueux dédales,
Tout ce qu'on peut vouloir, je le voulus, un jour,
Et mon noble palais eut pour hôte l'amour!   40

---

3. Sylphide = femme gracieuse et légère.
4. Nacelle = bateau.
5. Ogive = arc diagonal de renfort sous une voûte; chapiteaux = tête d'une colonne.

FIG. 21 — Montréal, vu de l'Église Notre-Dame, (1859).

II.

Oh! que ta lèvre est parfumée!
Ange ou péri[6], mystérieuse almée[7],
Démon aux chatoyants regards!
Que t'ai-je fait, ô bien aimée,
Pour qu'au chevet de ma couche embaumée,   45
Tu viennes, chaque nuit, tes beaux cheveux épars!

Est-ce la douleur ou l'ivresse,
Est-ce l'effroi, sauvage enchanteresse,
Qui font ainsi pâlir ton front!
Que tardes-tu donc à le dire!   50
En te baignant dans mes bains de porphyre[8],
D'un regard indiscret tu dus subir l'affront!

III.

Et je voyais alors sous mes paupières closes,
Des lèvres se chercher pour se dire des choses
A donner des rayons au front, à l'œil, au cœur!   55
Je vis l'ange frémir! je vis mon ris moqueur!
C'était un froid dédain!.... Et mon rêve de flamme
S'envolait, en suivant les parfums d'une femme!

Montréal, 6 avril 1850.

Le Roi des Aulnes (1859)

Lenoir publie une première traduction de cette ballade de Goëthe sous le titre de «L'Esprit du rivage» dans *L'Avenir* du 30 mars 1850. Le poète saisit bien l'atmosphère des vers du génie allemand:

ERLKÖNIG
Wer reitet so spät durch Nacht und Wind?
Es ist der Vater mit seinem Kind;
Er hat den Knaben wohl in dem Arm,
Er fasst ihn sicher, er halt ihn warm.

Qui voyage si tard par le vent et la nuit?
C'est un enfant avec son père.

---

6. Péri = génie ou fée, bienfaisant mais fantasque.
7. Almée = danseuse orientale.
8. Porphyre = sorte de marbre.

Un cheval les emporte à travers la bruyère.
L'enfant ferme les yeux et tremble au moindre bruit.

— Pourquoi donc, ô mon fils, caches-tu ton visage ?   5
   La nuit luit, aurais-tu peur ?
— Regarde ! enveloppé d'une blanche vapeur,
Le Roi des Aulnes vient là-bas par le rivage !
   — Mon fils, je ne vois qu'un nuage !

 « Cher petit enfant, doux trésor   10
 « Viens avec moi, viens, viens, je t'aime !
 « Ma mère porte un diadème !
 « Tu seras son bonheur suprême
« Elle a des fleurs sans nombre et de beaux jouets d'or ! »

— Entends-tu ce qu'il dit ? Père, prête l'oreille !   15
— Je n'entends que le bruit du vent qui se réveille !

  — « Veux-tu venir ? Veux-tu venir ?
 « Mes filles sont jeunes et belles.
 « Tu pourras m'aimer avec elles ;
 « Et, quand viendront tes nuits nouvelles, 20
« Elles auront des chants sereins pour t'endormir ! »

— Oh ! ses filles sont là, dans le passage sombre !
— Du saule aux rameaux gris, enfant, ce n'est que l'ombre !

  — « Que ton charmant visage est doux !
 « Je t'aime ! Ange, veux-tu me suivre ?   25
 « Comment, sans toi, pourrai-je vivre ?
 « Viens donc ! ton bel œil bleu m'enivre !
« Je te veux, malgré toi, bercer sur mes genoux ! »

— Mon père, il me saisit ! oh ! son haleine ardente,
En passant sur mon front, me glace d'épouvante !   30

Et pressant dans ses bras son fils avec effort,
Le père se hâtait de gagner sa demeure ;
Mais lorsque du retour au foyer sonna l'heure,
   Le petit enfant était mort !

FIG. 22 — La musique de « Un Canadien errant ».

Antoine Gérin-Lajoie
(1824-1882)

Après l'école primaire à Yamachiche, Antoine Gérin-Lajoie s'inscrit au Collège de Nicolet. En 1842, il compose une chanson devenue vite célèbre: «Un Canadien errant», publiée dans *Le Charivari canadien* du 4 juin 1844. En juillet 1844, à la veille de quitter le collège, Gérin-Lajoie écrit *Le Jeune Latour,* une tragédie en vers. Il participe activement à la vie culturelle à Québec, en 1860, et publie en 1862 *Jean Rivard, le défricheur,* suivi en 1864 de *Jean Rivard, économiste,* qui constitue le roman le plus lu au siècle dernier. En 1865, il déménage à Ottawa où il travaille comme bibliothécaire. Son œuvre poétique comprend sept poèmes publiés.

René Dionne, *Antoine Gérin-Lajoie, homme de lettres*, Sherbrooke, Naaman, 1978, 435 pp.

Un Canadien errant (1842)

Cette œuvre de jeunesse a connu un destin extraordinaire. Ces vers éclipseront tous les autres écrits de Gérin-Lajoie. La douce sonorité plaintive de ce chant ne symbolise-t-elle pas toute l'âme «canadienne» au XIXᵉ siècle?

Un Canadien errant,
Banni de ses foyers,
Parcourait en pleurant
Des pays étrangers.

Un jour, triste et pensif,
Assis au bord des flots,
Au courant fugitif
Il adressa ces mots:

5

« Si tu vois mon pays,
Mon pays malheureux,   10
Va, dis à mes amis
Que je me souviens d'eux.

Plongé dans les douleurs
Loin de mes chers parents,
Je traîne dans les pleurs   15
D'infortunés moments.

« Ces jours si pleins d'appas,
Sont pour moi disparus,
Et ma patrie, hélas !
Je ne la verrai plus.   20

Oui, mais en expirant,
O triste Canada,
Mon regard languissant
Vers toi se portera. »

Louis-Joseph-Cyprien Fiset
(1825-1898)

Né à Québec le 3 octobre 1825 (et non en 1827 comme le signalent les biographies), Louis Fiset fait ses études au Séminaire de Québec en même temps qu'Octave Crémazie. Admis au Barreau en 1848, Fiset est nommé protonotaire adjoint de la cour supérieure à Québec, en 1861, et protonotaire, en 1865. Président de l'*Institut canadien* de Québec, en 1856, on avait distribué son poème «Les Voix du passé» lors du défilé de la Saint-Jean-Baptiste, en 1858. Déjà attiré par les muses au collège, ses premières œuvres publiées ne semblent dater que de cette année. De 1858 à 1861, il fait paraître onze poèmes; de ce fait, Fiset est réputé «l'un de nos poètes les plus estimés et les plus féconds» (*Le Journal de Québec*, 18 juillet 1861).

Ami du jeune abbé Henri-Raymond Casgrain, il collabore à la revue *Les Soirées canadiennes,* publiant son long poème «Jude et Grazia ou les malheurs de l'émigration canadienne» en 1861. Cette œuvre en vers d'une trentaine de pages (dans *Les Soirées canadiennes),* raconte une histoire pathétique d'amour malheureux. En 1863, Fiset devient membre du comité de direction de la nouvelle revue, *Le Foyer canadien,* suite à la scission entre l'imprimeur des *Soirées* et ses collaborateurs. L'année suivante, Fiset figure à côté de Crémazie et Lenoir dans le volume de prime du *Foyer,* le deuxième tome de *La Littérature canadienne de 1850 à 1860.* La revue ayant disparu en 1866, Fiset participe au concours de poésie de l'Université Laval, en 1867, qui portait sur la découverte du Canada. Il se classe deuxième après Pamphile Le May. Ses activités politiques auraient restreint sa production littéraire à la suite de ce succès. Ce célibataire riche meurt le 15 août 1898.

Si son œuvre poétique fut éclipsée par celles de Crémazie, de Fréchette et de Le May, il reste que certains de ses poèmes font état d'une recherche personnelle. Inspiré par l'immensité de la nature canadienne, Fiset compose des vers marqués parfois d'une touche parnassienne. Ses préoccupations esthétiques lui attirent cependant des critiques de Crémazie et aussi d'Edmond Lareau dans son *Histoire de la littérature canadienne* en 1874 (p. 96).

L'œuvre poétique

Fiset publie une quinzaine de poèmes dans des revues et des journaux: *Le Journal de Québec, Le Canadien, Le Littérateur canadien, Le Journal de l'Instruction publique, La Ruche littéraire* et *Les Soirées canadiennes*. On reproduit cinq de ses poésies dans *La Littérature canadienne de 1850 à 1860*, tome 2, p. 254-277.

Jude et Grazia ou les malheurs de l'émigration canadienne, Québec, L. Brousseau, 1861, 41 pp. (Aussi dans *Les Soirées canadiennes*, vol. 1, 1861, p. 175-204.)

Voir Jeanne d'Arc Lortie, *La Poésie nationaliste au Canada français (1606-1867)*, Québec, P.U.L., 1975, p. 371-373.

Méditation [1] (1860)

Dans leurs anthologies, Nantel et Fournier reproduisent les trois premières strophes et la dernière sous le titre de «L'Aurore boréale».

Quand la nuit se fait belle au bord du Saint-Laurent,
Voyez-vous quelquefois au fond du firmament
      Courir ces météores,
Fantômes lumineux, esprits nés des éclairs,
Qui dansent dans la nue étalant dans les airs   5
      Leurs manteaux de phosphores?

Parfois, en se jouant, ils offrent à nos yeux
Des palais, des clochers, des dômes radieux,
      Des forêts chancelantes,
Des flots d'hommes armés pressant leurs bataillons,   10
Des flottes s'engouffrant dans les vastes sillons
      Des ondes écumantes.

---

1. Poème paru dans *Le Canadien* du 4 janvier 1860.

Mais tandis qu'admirant leurs jeux toujours nouveaux,
Votre âme s'intéresse aux magiques travaux
   De leurs essaims sans nombre, 15
A vos regards charmés se dérobant soudain,
Comme un léger brouillard sous les feux du matin,
   Ils s'effacent dans l'ombre.

    —

Tels que l'ange déchu, spectres bannis des cieux,
Quel présage ont porté vos flancs mystérieux ? 20

    —

   De l'humaine vie
   Qui toujours varie
   Son tableau mouvant,
   Ils tracent l'image
   Où le sot, le sage 25
   Inculte ou savant,
   Poursuivent sur terre
   Chacun sa chimère
   Qu'emporte le vent.

   J'y vois de l'enfance 30
   Riche d'espérance
   Les joyeux ébats ;
   L'ardente jeunesse
   Y trouve l'ivresse
   De ses premiers pas, 35
   Et l'homme plus grave,
   Roi, berger, esclave,
   Ses rudes combats.

   J'y vois de l'année
   Hier terminée 40
   L'aurore et la fin,
   Ses luttes sanglantes
   Bientôt renaissantes....
   Peut-être demain !
   Dont la brise apporte 45
   Jusqu'à notre porte
   Un écho lointain.

   Ris, grandeurs et gloire,
   Coupes où vont boire
   Les sens éperdus, 50

Trésors de ce monde,
Où l'homme en vain fonde
Ses vœux assidus,
Ainsi tout s'envole
Avec l'auréole   55
De nos jours perdus.

—

Ils sont passés.... qu'importe? O pèlerin débile!
S'ils t'ont laissé cueillir quelques fruits, quelques fleurs,
Combien de fois, hélas! dans le sentier stérile
        N'ont-ils pas vu couler tes pleurs!   60
Pourquoi regrettons-nous chaque instant qui s'achève?
        Un jour plus pur déjà se lève;
        Chantons, saluons l'avenir!
Ainsi quand nous voyons l'iris de nos prairies
Couvrir le sol glacé de ses tiges flétries,   65
        C'est qu'il va bientôt refleurir.

Vers celui qui pour nous fit jaillir la lumière
Des germes du chaos où nous dormions encor,
Humble tribut d'amour, qu'une vive prière
        De nos cœurs prenne son essor;   70
De ses nouveaux bienfaits offrons-lui les prémices:
        L'encens des pompeux sacrifices
        S'élève moins haut vers le ciel
Que les parfums d'une âme où la reconnaissance
Des plus douces vertus élabore l'essence,   75
        Comme l'abeille fait son miel.

Prions pour que la paix, ainsi qu'un bon génie,
De son sceptre toujours protégeant nos foyers,
Nous épargne le sort de la noble Italie[2]
        Qui saigne encor sous ses lauriers!   80
Prions pour qu'à l'abri du fléau de la guerre,
        L'auguste héritage de Pierre[3]
        Survive aux coups des factions.
Mais que dis-je? Oublions leur fureur impuissante
Puisque pour le sauver une main prévoyante   85
        Fait et défait les nations.

---

2. Italie: Napoléon III avait envoyé un corps expéditionnaire afin d'enlever la Lombardie
    aux Autrichiens, assistant Victor Emmanuel dans sa tentative d'unifier l'Italie. Ces
    événements ont aussi inspiré Octave Crémazie, qui publie son chant, «Guerre d'Ita-
    lie», en janvier 1860.
3. Héritage de Pierre = les États pontificaux.

Bien des siècles déjà sur la ville éternelle
Ont passé sans flétrir ou changer ses destins;
Déjà bien des poignards se sont levés sur elle
    Sans lui ravir ses droits divins....   90
Telle on voyait naguère au centre du village
    Où le plus effrayant carnage
    Reçut le nom de Magenta, [4]
De la reine du ciel la suave peinture
Au milieu des débris, souriant calme et pure   95
    Des flots de sang qu'il en coûta.

—

Saluons l'avenir! Dans sa course rapide
Le temps entraînera ces nouvelles horreurs,
Du pontife sacré la souffrance et les pleurs,
Et de ses ennemis le projet parricide.   100

—

Mais vous, peuples heureux des bords du Saint-Laurent,
Quand la nuit vous verrez au fond du firmament
    Courir les météores,
N'oubliez pas, amis, que nos jours sont comptés,
Et s'enfuiront soudain comme sont emportés   105
    Ces mobiles phosphores.

1er janvier, 1860.

Le Poète à la muse [1] (1861)

Le lyrisme personnel de ces vers rappelle le dialogue entre le poète et la muse de «La Nuit de mai» d'Alfred de Musset.

Vierge, qui présidez aux accords de la lyre,
Aimez-vous, quand le jour, à son déclin, se mire
    Dans des flots de pourpre et de feu,
Sous l'ombre des grands bois, sur le flanc des montagnes,
Aimez-vous, loin du bruit, dans nos vertes campagnes,   5
    A jouir des œuvre de Dieu?

Laissez-moi vous y suivre!.... Errant à l'aventure,
Par les tableaux riants dont s'orne la nature

---

4. Magenta: Ville près de Milan, site d'une victoire française sur les Autrichiens le 4 juin 1859.
1. Poème paru dans *Le Journal de Québec* du 9 février 1861.

Je sais égayer mes loisirs....
Et sans cesse bercé de mille fantaisies,   10
Je puise, en me jouant, mes humbles poésies
    A la source de mes plaisirs.

Le joyeux écureuil courant de branche en branche
Et sautillant du chêne au bouleau qui se penche
    Pour abriter un nid d'oiseaux,   15
Rappelle un souvenir de mes tendres années,
Fugitives lueurs par le temps entraînées
    Comme la feuille au bord des eaux.

Parfois, du rossignol le séduisant ramage
Laisse dans mon esprit la gracieuse image   20
    D'un ange exhalant son amour....
Ces sons harmonieux résonnent dans mon âme
Comme au pied des autels une voix qui réclame
    L'espoir d'un plus heureux séjour.

Pour moi, le bruit du vent, le soupir de la brise   25
C'est un long cri de deuil, c'est un cœur qui se brise
    Déshérité par le malheur;
Le ruisseau murmurant qui bondit et m'enchante,
C'est le bonheur qui rit, c'est un hymne qui chante
    Les louanges du Créateur.   30

Lorsque de fleurs, un jour, j'emplissais ma corbeille....
Je poursuivais mon rêve.... une mouche, une abeille
    Vint bourdonner à mes côtés.
En vain j'offre à ses yeux ma moisson d'églantines,
L'ingrate agite encor ses ailes argentines   35
    Et fuit mes importunités.

Piqué de ses refus et pour mieux la surprendre,
En courant je la suis à travers le méandre
    De son essor capricieux;
Mais au loin si son vol s'arrête et se repose,   40
Ce n'est pas pour goûter de l'œillet, de la rose
    Les arômes délicieux.

L'humble myosotis, l'odorant chèvrefeuille,
Le splendide jasmin que maintes fois je cueille
    Bientôt l'appellent tour à tour.   45
Que de charmes perdus!.... leur insistance est vaine!
La folâtre! elle approche et les salue à peine
    Pour leur dire adieu sans retour.

Mais voici qu'une fleur et plus belle et plus rare,
Un suave parfum dont Dieu même est avare   50
      Enfin captive tous ses vœux.
C'en est fait: pour toujours la mouche industrieuse
A juré de l'aimer et s'abat plus heureuse
      Que tout ce qui vit sous les cieux.

Et, peu discret témoin de sa vive allégresse,   55
Pensif, je me disais: «de tout ce qui le blesse
      Qu'ainsi mon espoir soit vainqueur!»
Et je crus deviner.... muse, vous le dirai-je?
Dans ses chastes ébats, dans son gentil manège
      Tous les mystères de mon cœur.   60

J'y trouve le secret de ces heures perdues
Où de tant de beautés en tout lieu répandues
      J'osai négliger les attraits;
Où tant d'êtres charmants dans les champs de la vie
Ont si souvent fait naître un murmure d'envie   65
      Sans fixer mes regards distraits.

De mes souhaits constants j'y vois le doux emblème;
Seront-ils exaucés? décidez-en vous-même:
      Donnez-moi des jours de bonheur!
Soyons unis! sous l'orme, ou sur la plage humide   70
Lorsque je vais songer, dans mon rêve timide,
      Je suis l'abeille et vous la fleur.

Octave Crémazie
(1827-1879)

Né le 16 avril 1827, le futur poète reçoit les prénoms de Claude-Joseph-Olivier. Cependant, sa mère l'appelle toujours Octave en souvenir de Joseph-Octave Plessis, évêque de Québec, mort en 1825. Onzième enfant du ménage Crémazie dont deux autres seulement atteignent l'âge adulte, il voue un culte particulier à sa mère. À neuf ans, le jeune Octave entre au Petit Séminaire de Québec. En 1842, il termine sa rhétorique, mais au cours de sa deuxième année de philosophie, en décembre 1843, il abandonne ses études. À peine âgé de dix-sept ans, Octave fonde, avec son frère Joseph (1812-1888), la «librairie ecclésiastique». Située au 12, rue de la Fabrique, à partir du mois de décembre 1847, la «librairie J. & O. Crémazie» devient, dans l'espace de quelques années, l'un des principaux foyers de culture de la ville de Québec.

L'ancienne cité de Champlain connaît à cette époque une expansion considérable, jouant un rôle de premier plan, non seulement au point de vue intellectuel, par la fondation de la première université française en 1852, mais aussi du point de vue politique, comme capitale du Canada-Uni. Centre culturel, Québec comptait un groupe d'élite; journalistes, avocats et hommes politiques pour la plupart, les Chauveau, Taché, Gérin-Lajoie, LaRue et Casgrain. Ce dernier, jeune abbé en 1860, nous laisse un témoignage sympathique des réunions à la librairie des frères Crémazie:

«Devant les tablettes ou dans l'arrière-boutique de son magasin, espèce de boyau mal éclairé où régnait un beau désordre, on s'asseyait comme on pouvait, qui sur une vieille chaise à dos éreinté, qui sur un ballot de marchandise, qui sur une caisse. Le sans-gêne de l'installation invitait au laisser-aller des entretiens. Ceux-ci étaient comme d'habitude à bâtons rompus; mais nulle part, ils ne touchaient à une aussi grande variété de sujets; car Octave Crémazie, dont la verve était communicative, avait une

étendue et une profondeur de connaissance que ses intimes seuls
ont pu pénétrer, car il n'en faisait nullement étalage. Au contraire,
il laissait venir et n'abordait les questions qu'au moment où en
apparence elles étaient épuisées. C'est alors qu'il y jetait des traits
de lumière inattendus. Un demi-sourire narquois était la seule
réponse qu'il faisait aux lieux communs qu'il entendait trop souvent
dans sa librairie, mais il y avait des trésors de satire dans ce pli
des lèvres.» (*Les Souvenances canadiennes*, tome 3, p. 47.)

Comme gageure, Crémazie écrit une étrenne « Aux abonnés
de l'*Ami de la Religion et de la Patrie*» que le journal, dirigé
par son frère aîné Jacques, publie le 3 janvier 1849. Admirateur
des œuvres romantiques de Lamartine, de Hugo et de Musset,
le libraire n'ose pas signer ses premiers poèmes de circonstance,
des étrennes de 1849, de 1850 et de 1852. Or, le 4 janvier 1853, il
écrit son nom en bas des vers intitulés «Colonisation». Deux
ans plus tard, à l'arrivée de la *Capricieuse,* corvette française
qui symbolise la reprise des relations directes entre le Québec et
la France, Crémazie écrit son premier poème à succès, «Le
Vieux Soldat canadien». La période d'apprentissage aura été assez
longue, puisque nous ne connaissons que sept poèmes publiés
au cours des sept années de 1849 à 1855. Ses trois voyages en
Europe (en 1851, en 1854 et en 1856) élargissent ses horizons,
renforçant ses sentiments d'appartenance à la culture française
et son amour pour la France.

Comme emporté par un tourbillon, Octave Crémazie compose
fébrilement vingt-quatre poèmes entre 1856 et 1862. Sous l'em-
prise d'un patriotisme caractérisé par l'attachement au sol ca-
nadien et la fidélité au passé; le poète chante «La Fiancée du
Marin», «Le Drapeau de Carillon», «Les Mille Îles» et le «200e
anniversaire de l'arrivée de Monseigneur de Laval». Son amour de
la France l'incite à écrire plusieurs poèmes, à la suite de l'affaire
de Crimée, dont «La Guerre d'Orient» et «Sur les ruines de
Sébastopol». Hanté aussi par la fuite du temps, par la disparition
des traditions et par la fragilité des bases économiques de son
entreprise, le poète médite souvent sur la mort. En effet, son
poème «Les Morts», date de 1856 et son œuvre canadienne se
termine par la «Promenade des trois morts», publiée dans *Les
Soirées canadiennes*, en 1862, à la veille de sa fuite sous un nom
d'emprunt, le 11 novembre. Octave Crémazie ayant forgé des
signatures au bas de billets promissoires, afin de financer sa librai-
rie, aurait ainsi évité la prison pour fraude. Gagnant Paris, il

commence une vie d'exil, longue de seize ans, qui sera marquée par l'angoisse, la solitude, la pauvreté et la maladie.

Sans pouvoir se dégager complètement du pseudo-classicisme, Crémazie demeure un disciple des poètes romantiques. « Pour moi, écrit-il, tout en admirant les immortels chefs-d'œuvres du XVIIe siècle, j'aime de toutes mes forces cette école romantique qui a fait éprouver à mon âme les jouissances les plus pures et les plus douces qu'elle ait jamais senties... » Les accents personnels s'entendent dans ses chants inspirés par l'amour du sol natal et dans ceux où s'exprime une préoccupation mélancolique sur la fatalité et la mort. Mais le poète « national » inspire ses compatriotes par son exaltation épique de la fidélité au passé, toute baignée d'un amour pour la France.

Oeuvres

Crémazie publie trente poèmes dans les journaux et les revues du Québec avant son départ en 1862. Son épigraphe pour *Les Anciens Canadiens* figure dans la première édition de ce roman parue en 1863. Trois autres poèmes composés pendant son exil en France ont aussi vu le jour dans des périodiques. En 1864, Henri-Raymond Casgrain réunit vingt-cinq poèmes, à partir du carnet manuscrit de l'auteur, dans le deuxième tome du recueil intitulé *La Littérature canadienne de 1850-1860* (Québec, Desbarats, 1864, p. 9-122). L'édition des *Oeuvres complètes* (Montréal, Beauchemin et Valois, 1882, 543 pp.) ne reproduit que vingt poèmes dont seize parus dans le recueil précédent. En 1972, Odette Condemine publie une édition critique des trente-quatre poèmes connus de Crémazie, avec une présentation et une bibliographie complète, sous le titre d'*Oeuvres I Poésies* (Ottawa, E.U.O., 1972, 613 pp.).

Odette Condemine, *Octave Crémazie*, dans *La Poésie canadienne-française*, Montréal, Fides, 1969, p. 287-304. « Archives des lettres canadiennes », tome IV.

Jeanne d'Arc Lortie, « Voyant national : Octave Crémazie », dans *La Poésie nationaliste au Canada français (1606-1867)*, Québec, P.U.L., 1975, p. 303-318.

Les Morts (1856)

La hantise de la mort et de la disparition éventuelle des Canadiens baigne toute son œuvre d'un accent de mélancolie angoissante. En 1856, il écrit son long poème « Les Morts » qu'il considère comme sa meilleure pièce. Ces 26 strophes se divisent en trois parties. La première (vers 1-60) démontre le calme sommeil des morts dans leurs tombeaux, délaissés presque toujours par les vivants. La deuxième (vers 61-96) dépeint les ombres errantes auxquelles le poète adresse la question : « Que cherchez-vous sur terre ? » La troisième (vers 97-186) propose une réponse à cette question et une exhortation aux vivants : a) (vers 97-114) les morts sortant de leurs tombeaux et errant parmi les vivants ; b) (vers 115-132) une description des justes ; c) (vers 133-186) un appel à la pitié et à la prière en faveur des morts.

O morts ! dans vos tombeaux vous dormez solitaires,
Et vous ne portez plus le fardeau des misères
    Du monde où nous vivons.
Pour vous le ciel n'a plus d'étoiles ni d'orages,
Le printemps, de parfums, l'horizon, de nuages,   5
    Le soleil, de rayons.

Immobiles et froids dans la fosse profonde,
Vous ne demandez pas si les échos du monde
    Sont tristes ou joyeux ;
Car vous n'entendez plus les vains discours des hommes,   10
Qui flétrissent le cœur et qui font que nous sommes
    Méchants et malheureux.

Le vent de la douleur, le souffle de l'envie,
Ne vient plus dessécher, comme au jour de la vie,
    La moelle de vos os ;   15
Et vous trouvez ce bien au fond du cimetière,
Que cherche vainement notre existence entière,
    Vous trouvez le repos.

Tandis que nous allons, pleins de tristes pensées,
Qui tiennent tout le jour nos âmes oppressées,   20
    Seuls et silencieux,
Vous écoutez chanter les voix du sanctuaire
Qui vous viennent d'en haut et passent sur la terre
    Pour remonter aux cieux.

Vous ne demandez rien à la foule qui passe,   25
Sans donner seulement aux tombeaux qu'elle efface
    Une larme, un soupir;
Vous ne demandez rien à la brise qui jette
Son haleine embaumée à la tombe muette,
    Rien, rien qu'un souvenir.   30

Toutes les voluptés où notre âme se mêle,
Ne valent pas pour vous un souvenir fidèle,
    Cette aumône du cœur,
Qui s'en vient réchauffer votre froide poussière,
Et porte votre nom, gardé par la prière,   35
    Au trône du Seigneur.

Hélas! en souvenir que l'amitié vous donne,
Dans le cœur, meurt avant que le corps n'abandonne
    Ses vêtements de deuil,
Et l'oubli des vivants, pesant sur votre tombe,   40
Sur vos os décharnés plus lourdement retombe
    Que le plomb [1] du cercueil!

Notre cœur égoïste au présent seul se livre,
Et ne voit plus en vous que les feuillets d'un livre
    Que l'on a déjà lus;   45
Car il ne sait aimer dans sa joie ou sa peine
Que ceux qui serviront son orgueil ou sa haine:
    Les morts ne servent plus.

À nos ambitions, à nos plaisirs futiles,
O cadavres poudreux vous êtes inutiles!   50
    Nous vous donnons l'oubli.
Que nous importe à nous ce monde de souffrance
Qui gémit au-delà du mur lugubre, immense
    Par la mort établi?

On dit que souffrant trop de notre ingratitude,   55
Vous quittez quelquefois la froide solitude,
    Où nous vous délaissons;
Et que vous paraissez au milieu des ténèbres
En laissant échapper de vos bouches funèbres
    De lamentables sons.   60

    Tristes, pleurantes ombres,
    Qui dans les forêts sombres,
    Montrez vos blancs manteaux,

---

1. Plomb: Sommeil de plomb = sommeil lourd et profond.

Et jetez cette plainte
Qu'on écoute avec crainte   65
Gémir dans les roseaux;

O lumières errantes!
Flammes étincelantes,
Qu'on aperçoit la nuit
Dans la vallée humide,   70
Où la brise rapide
Vous promène sans bruit;

Voix lentes et plaintives,
Qu'on entend sur les rives
Quand les ombres du soir   75
Épaississant leur voile
Font briller chaque étoile
Comme un riche ostensoir;

Clameur mystérieuse,
Que la mer furieuse   80
Nous jette avec le vent,
Et dont l'écho sonore
Va retentir encore
Dans le sable mouvant:

Clameur, ombres et flammes,   85
Êtes-vous donc les âmes
De ceux que le tombeau,
Comme un gardien fidèle,
Pour la nuit éternelle
Retient dans son réseau?   90

En quittant votre bière,
Cherchez-vous sur la terre
Le pardon d'un mortel?
Demandez-vous la voie
Où la prière envoie   95
Tous ceux qu'attend le ciel?

Quand le doux rossignol a quitté les bocages,
Quand le ciel gris d'automne, amassant ses nuages,
Prépare le linceul que l'hiver doit jeter
Sur les champs refroidis, il est un jour austère,   100
Où nos cœurs, oubliant les vains soins de la terre,
Sur ceux qui ne sont plus aiment à méditer.

C'est le jour où les morts abandonnant leurs tombes,
Comme on voit s'envoler de joyeuses colombes,
S'échappent un instant de leurs froides prisons ;　　　　105
En nous apparaissant, ils n'ont rien qui repousse ;
Leur aspect est rêveur et leur figure est douce,
Et leur œil fixe et creux n'a pas de trahisons.

Quand ils viennent ainsi, quand leur regard contemple
La foule qui pour eux implore dans le temple　　　　110
La clémence du ciel, un éclair de bonheur,
Pareil au pur rayon qui brille sur l'opale,
Vient errer un instant sur leur front calme et pâle
Et dans leur cœur glacé verse un peu de chaleur.

Tous les élus du ciel, toutes les âmes saintes,　　　　115
Qui portent leur fardeau sans murmure et sans plaintes
Et marchent tout le jour sous le regard de Dieu,
Dorment toute la nuit sous la garde des anges,
Sans que leur œil troublé de visions étranges
Aperçoive en rêvant des abîmes de feu ;　　　　120

Tous ceux dont le cœur pur n'écoute sur la terre
Que les échos du ciel, qui rendent moins amère
La douloureuse voie où l'homme doit marcher,
Et, des biens d'ici-bas reconnaissant le vide,
Déroulent leur vertu comme un tapis splendide,　　　　125
Et marchent sur le mal sans jamais le toucher ;

Quand les hôtes plaintifs de la cité pleurante,
Qu'en un rêve sublime entrevit le vieux Dante,
Paraissent parmi nous en ce jour solennel,
Ce n'est que pour ceux-là. Seuls ils peuvent entendre　　　　130
Les secrets de la tombe. Eux seuls savent comprendre
Ces pâles mendiants qui demandent le ciel.

Les cantiques sacrés du barde de Solyme[2],
Accompagnant de Job[3] la tristesse sublime,
Au fond du sanctuaire éclatent en sanglots ;　　　　135
Et le son de l'airain, plein de sombres alarmes,
Jette son glas funèbre et demande des larmes
Pour les spectres errants, nombreux comme les flots.

Donnez donc en ce jour, où l'église pleurante,
Fait entendre pour eux une plainte touchante,　　　　140

---

2. Solyme (ou Solesmes): Célèbre abbaye bénédictine, foyer du plain-chant grégorien.
3. Job: Personnage biblique, célèbre par sa résignation devant les épreuves de la vie.

Pour calmer vos regrets, peut-être vos remords,
Donnez, du souvenir ressuscitant la flamme,
Une fleur à la tombe, une prière à l'âme,
Ces deux parfums du ciel qui consolent les morts.

Priez pour vos amis, priez pour votre mère,   145
Qui vous fit d'heureux jours dans cette vie amère,
Pour les parts de vos cœurs dormant dans les tombeaux.
Hélas! tous ces objets de vos jeunes tendresses
Dans leur étroit cercueil n'ont plus d'autres caresses
Que les baisers du ver qui dévore leurs os.   150

Priez surtout pour l'âme à votre amour ravie,
Qui courant avec vous les hasards de la vie,
Pour vous de l'éternel répudia la loi.
Priez, pour que jamais son ombre vengeresse
Ne vienne crier de sa voix en détresse: 155
Pourquoi ne pas prier quand je souffre pour toi?

Priez pour l'exilé[4], qui, loin de sa patrie,
Expira sans entendre une parole amie;
Isolé dans sa vie, isolé dans sa mort,
Personne ne viendra donner une prière,   160
L'aumône d'une larme à la tombe étrangère!
Qui pense à l'inconnu qui sous la terre dort?

Priez encor pour ceux dont les âmes blessées,
Ici-bas n'ont connu que les sombres pensées
Qui font les jours sans joie et les nuits sans sommeil;   165
Pour ceux qui, chaque soir, bénissant l'existence,
N'ont trouvé, le matin, au lieu de l'espérance,
À leurs rêves dorés qu'un horrible réveil.

Ah! pour ces parias de la famille humaine,
Qui, lourdement chargés de leur fardeau de peine,   170
Ont monté jusqu'au bout l'échelle de douleur,
Que votre cœur touché vienne donner l'obole
D'un pieux souvenir, d'une sainte parole,
Qui découvre à leurs yeux la face du Seigneur.

Apportez ce tribut de prière et de larmes,   175
Afin qu'en ce moment terrible et plein d'alarmes,
Où de vos jours le terme enfin sera venu,
Votre nom, répété par la reconnaissance,

---

4. L'exilé: Obscure intuition de son avenir; rappel aussi d'un thème qui hantait la poésie
au cours des années 1840.

De ceux dont vous aurez abrégé la souffrance,
En arrivant là haut, ne soit pas inconnu.   180

Et prenant ce tribut, un ange aux blanches ailes,
Avant de le porter aux sphères éternelles,
Le dépose un instant sur les tombeaux amis;
Et les mourantes fleurs du sombre cimetière,
Se ranimant soudain au vent de la prière,   185
Versent tous leurs parfums sur les morts endormis.

Québec, 2 novembre, 1856.

Le Drapeau de Carillon (1858)

Souvent considéré comme le plus beau poème de Crémazie,
cette œuvre valut à son auteur le titre de «poète national». Re-
prenant un thème qu'il avait déjà touché dans «Le Vieux Soldat
canadien», en 1856, le poète évoque l'aventure d'un ancien com-
battant qui décide de plaider lui-même à Versailles la cause de
ses compatriotes auprès du roi Louis XV. Évincé, le héros de la
grande victoire française à Carillon, en 1758, — victoire sans lende-
main — revient mourir au lieu même où il a connu la gloire.
Avant d'expirer, il jette à l'écho sonore le cri de son âme éplorée.
Ces quatre strophes (vers 185-216) ont été mises en musique par
Sabatier et furent chantées par plusieurs générations de Canadiens.
Le poète en exil juge sévèrement ces vers, «ce qui a fait la fortune
de ce petit poème, c'est l'idée seule, car, pour la forme, il ne vaut
pas cher.» Pourtant, il manie l'alexandrin avec souplesse, passant
du ton épique au ton lyrique avec une certaine aisance.

Pensez-vous quelquefois à ces temps glorieux
Où seuls, abandonnés par la France, leur mère,
Nos aïeux défendaient son nom victorieux
Et voyaient devant eux fuir l'armée étrangère?
Regrettez-vous encor ces jours de Carillon[1],   5
Où, sur le drapeau blanc[2] attachant la victoire,
Nos pères se couvraient d'un immortel renom,
Et traçaient de leur glaive une héroïque histoire?

---

1. Carillon: Le fort Carillon était situé entre le lac George et le lac Champlain. Les
   troupes de Montcalm y gagnèrent une victoire éclatante sur celles d'Abercromby, le 8
   juillet 1758.
2. Drapeau blanc: Le drapeau blanc, portant trois fleurs de lis d'or.

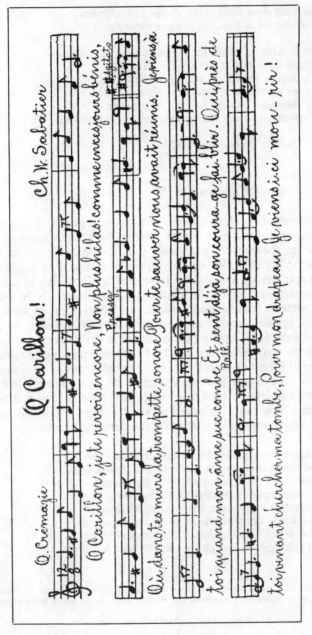

FIG. 23 — La musique de « O Carillon ».

Regrettez-vous ces jours où lâchement vendus
Par le faible Bourbon[3], qui régnait sur la France,   10
Les héros canadiens, trahis, mais non vaincus,
Contre un joug ennemi se trouvaient sans défense?
D'une grande épopée ô triste et dernier chant!
Où la voix de Lévis[4] retentissait sonore,
Plein de hautes leçons ton souvenir touchant   15
Dans nos cœurs oublieux sait-il régner encore?

Montcalm[5] était tombé comme tombe un héros,
Enveloppant sa mort dans un rayon de gloire,
Au lieu même où le chef des conquérants nouveaux,
Wolfe[6], avait rencontré la mort et la victoire.   20
Dans un effort suprême[7] en vain nos vieux soldats
Cueillaient sous nos remparts des lauriers inutiles;
Car un roi sans honneur avait livré leurs bras,
Sans donner un regret à leurs plaintes stériles.

De nos bords s'élevaient de longs gémissements,   25
Comme ceux d'un enfant qu'on arrache à sa mère;
Et le peuple attendait plein de frémissements,
En implorant le ciel dans sa douleur amère,
Le jour où pour la France et son nom triomphant,
Il donnerait encore et son sang et sa vie;   30
Car privé des rayons de ce soleil ardent,
Il était exilé dans sa propre patrie.

Comme au doux souvenir de la sainte Sion,
Israël en exil avait brisé sa lyre,
Et du maître étranger souffrant l'oppression,   35
Jetait au ciel le cri d'un impuissant délire,
Tous nos fiers paysans de leurs joyeuses voix
N'éveillaient plus l'écho qui dormait sur nos rives;
Regrettant et pleurant les beaux jours d'autrefois,
Leurs chants ne trouvaient plus que des notes plaintives.   40

L'intrépide guerrier que l'on vit des lys d'or
Porter à Carillon l'éclatante bannière,
Vivait au milieu d'eux. Il conservait encor

---

3. Bourbon = Louis XV (1710-1774), roi de France à partir de 1715.
4. Le duc de Lévis (1720-1784), maréchal de France, assurait le commandement des troupes françaises depuis la mort de Montcalm.
5. Le marquis de Montcalm (1712-1759), commandant en chef des forces françaises en Amérique, mort le lendemain de la bataille des Plaines d'Abraham, soit le 14 septembre 1759.
6. James Wolfe (1727-1759), commandant de l'armée britannique, tué le 13 septembre 1759 devant Québec.
8. Allusion à la deuxième bataille devant Québec, celle de Sainte-Foy, en avril 1760.

Ce fier drapeau qu'aux jours de la lutte dernière,
On voyait dans sa main briller au premier rang.   45
Ce glorieux témoin de ses nombreux faits d'armes,
Qu'il avait tant de fois arrosé de son sang,
Il venait chaque soir l'arroser de ses larmes.

Et le dimanche, après qu'aux voûtes du saint lieu
Avaient cessé les chants et l'ardente prière   50
Que les vieux Canadiens faisaient monter vers Dieu,
On les voyait se rendre à la pauvre chaumière
Où fidèle gardien, l'héroïque soldat
Cachait comme un trésor cette relique sainte.
Là, des héros tombés dans le dernier combat   55
On pouvait un instant s'entretenir sans crainte.

De Lévis, de Montcalm on disait les exploits,
On répétait encor leur dernière parole ;
Et quand l'émotion, faisant taire les voix,
Posait sur chaque front une douce auréole,   60
Le soldat déployait à leurs yeux attendris,
L'éclatante blancheur du drapeau de la France ;
Puis chacun retournait à son humble logis,
Emportant dans son cœur la joie et l'espérance.

Un soir que réunis autour de ce foyer,   65
Ces hôtes assidus écoutaient en silence
Les longs récits empreints de cet esprit guerrier
Qui seul adoucissait leur amère souffrance ;
Ces récits qui semblaient à leurs cœurs désolés
Plus purs que l'aloès, plus doux que la cinname,   70
Le soldat rappelant les beaux jours envolés
Découvrit le projet que nourrissait son âme.

« O mes vieux compagnons de gloire et de malheur,
« Vous qu'un même désir autour de moi rassemble,
« Ma bouche, répondant au vœu de votre cœur,   75
« Vous dit, comme autrefois, nous saurons vaincre ensemble.
« À ce grand roi pour qui nous avons combattu,
« Racontant les douleurs de notre sacrifice,
« J'oserai demander le secours attendu
« Qu'à ses fils malheureux doit sa main protectrice.   80

« Emportant avec moi ce drapeau glorieux
« J'irai, pauvre soldat, jusqu'au pied de son trône,
« Et lui montrant ici ce joyau radieux
« Qu'il a laissé tomber de sa noble couronne,
« Ces enfants qui vers Dieu se tournant chaque soir,   85

« Mêlent toujours son nom à leur prière ardente,
« Je trouverai peut-être un cri de désespoir
« Pour toucher son grand cœur et combler votre attente. »

À quelque temps de là, se confiant aux flots,
Le soldat s'éloignait des rives du grand fleuve,   90
Et dans son cœur bercé des rêves les plus beaux,
Chantait l'illusion dont tout espoir s'abreuve.
De Saint-Malo bientôt il saluait les tours
Que cherche le marin au milieu de l'orage,
Et retrouvant l'ardeur de ses premiers beaux jours,   95
De la vieille patrie il touchait le rivagè.

Comme aux jours du Grand Roi, la France n'était plus
Du monde européen la reine et la maîtresse,
Et du vieux sang Bourbon les héritiers déchus,
L'abaissaient chaque jour par leur lâche faiblesse.   100
Louis Quinze cherchant des voluptés nouvelles,
N'avait pas entendu dans sa torpeur étrange,
Deux voix qui s'élevaient plaintives, solennelles,
L'une du Canada, l'autre des bords du Gange[8].

Sous ce ciel toujours pur où fleurit le lotus,   105
Où s'élèvent les murs de la riche Golconde[9],
Dupleix[10], portant son nom jusqu'aux bords de l'Indus,
À l'étendard français avait conquis un monde.
Le roi n'avait pas d'or pour aider ce héros,
Quand il en trouvait tant pour ses honteuses fêtes.   110
Abandonné, Dupleix, aux mains de ses rivaux
Vit tomber en un jour le fruit de ses conquêtes.

De tout ce que le cœur regarde comme cher,
Des vertus dont le ciel fit le parfum de l'âme,
Voltaire alors riait de son rire d'enfer ;   115
Et d'un feu destructeur semant partout la flamme,
Menaçant à la fois et le trône et l'autel,
Il ébranlait le monde en son délire impie ;
Et la cour avec lui, riant de l'Éternel,
N'avait plus d'autre Dieu que le dieu de l'orgie.   120

---

8. Gange: Fleuve de l'Inde.
9. Golconde: Capitale de l'ancien royaume de l'Inde où les sultans avaient accumulé d'innombrables pierres précieuses.
10. Joseph-François Dupleix (1697-1763), gouverneur général de la Compagnie des Indes à partir de 1742 ; il doit revenir en France en 1753 et assiste impuissant à l'abandon de l'Inde aux Anglais.

Quand le pauvre soldat avec son vieux drapeau
Essaya de franchir les portes de Versailles,
Les lâches courtisans à cet hôte nouveau
Qui parlait de *nos gens*, de gloire, de batailles,
D'enfants abandonnés, des nobles sentiments   125
Que notre cœur bénit et que le ciel protège,
Demandaient, en riant de ses tristes accents,
Ce qu'importaient au roi *quelques arpents de neige?*

Qu'importaient, en effet, à ce prince avili,
Ces neiges où pleuraient, sur les plages lointaines,   130
Ces fidèles enfants qu'il vouait à l'oubli!...
La Dubarry[11] règnait. De ses honteuses chaînes
Le vieux roi subissait l'ineffaçable affront;
Lui livrant les secrets de son âme indécise,
Il voyait, sans rougir, rejaillir sur son front   135
Les éclats de la boue où sa main l'avait prise.

Après de vains efforts, ne pouvant voir son roi,
Le pauvre Canadien perdit toute espérance.
Seuls, quelques vieux soldats des jours de Fontenoi[12],
En pleurant avec lui consolaient sa souffrance.   140
Ayant bu jusqu'au fond la coupe de douleur,
Enfin il s'éloigna de la France adorée.
Trompé dans son espoir, brisé par le malheur,
Qui dira les tourments de son âme navrée?

Du soldat poursuivi par un destin fatal,   145
Le navire sombrait dans la mer en furie,
Au moment où ses yeux voyaient le ciel natal.
Mais, comme à Carillon, risquant encor sa vie,
Il arrachait aux flots son drapeau vénéré,
Et bientôt retournant à sa demeure agreste,   150
Pleurant, il déposait cet étendard sacré,
De son espoir déçu, touchant et dernier reste.

À ses vieux compagnons cachant son désespoir,
Refoulant les sanglots dont son âme était pleine,
Il disait que bientôt leurs yeux allaient revoir   155
Les soldats des Bourbons mettre un terme à leur peine.
De sa propre douleur il voulut souffrir seul;
Pour conserver intact le culte de la France,
Jamais sa main n'osa soulever le linceul
Où dormait pour toujours sa dernière espérance.   160

---

11. Madame du Barry, maîtresse de Louis XV à partir de 1768.
12. Fontenoi (ou Fontenoy): Commune en Belgique où eut lieu la grande victoire fran-
     çaise, en 1745.

Pendant que ses amis ranimés par sa voix,
Pour ce jour préparaient leurs armes en silence
Et retrouvaient encor la valeur d'autrefois,
Dans leurs cœurs altérés de gloire et de vengeance,
Disant à son foyer un éternel adieu,   165
Le soldat disparut emportant sa bannière;
Et vers lui, revenant au sortir du saint lieu,
Ils frappèrent en vain au seuil de sa chaumière.

Sur les champs refroidis, jetant son manteau blanc,
Décembre était venu. Voyageur solitaire,   170
Un homme s'avançait d'un pas faible et tremblant
Aux bords du Lac Champlain. Sur sa figure austère,
Une immense douleur avait posé sa main.
Gravissant lentement la route qui s'incline,
De Carillon bientôt il prenait le chemin,   175
Puis enfin s'arrêtait sur la haute colline.

Là dans le sol glacé, fixant un étendard,
Il déroulait au vent les couleurs de la France.
Planant sur l'horizon, son triste et long regard
Semblait trouver des lieux chéris de son enfance.   180
Sombre et silencieux il pleura bien longtemps,
Comme on pleure au tombeau d'une mère adorée,
Puis à l'écho sonore envoyant ses accents,
Sa voix jeta le cri de son âme éplorée:

« O Carillon, je te revois encore,   185
Non plus hélas! comme en ces jours bénis
Où dans tes murs la trompette sonore
Pour te sauver nous avait réunis.
Je viens à toi, quand mon âme succombe
Et sent déjà son courage faiblir.   190
Oui, près de toi, venant chercher ma tombe,
Pour mon drapeau je viens ici mourir.

« Mes compagnons, d'une vaine espérance,
Berçant encor leurs cœurs toujours français,
Les yeux tournés du côté de la France,   195
Diront souvent: reviendront-ils jamais?
L'illusion consolera leur vie;
Moi, sans espoir, quand mes jours vont finir,
Et sans entendre une parole amie,
Pour mon drapeau je viens ici mourir.   200

« Cet étendard qu'au grand jour des batailles,
Noble Montcalm, tu plaças dans ma main,

Cet étendard qu'aux portes de Versailles,
Naguère, hélas! je déployais en vain,
Je le remets aux champs où de ta gloire   205
Vivra toujours l'immortel souvenir,
Et dans ma tombe emportant ta mémoire,
Pour mon drapeau je viens ici mourir.

« Qu'ils sont heureux ceux qui dans la mêlée
Prés de Lévis moururent en soldats!   210
En expirant, leur âme consolée,
Voyait la gloire adoucir leur trépas.
Vous qui dormez dans votre froide bière,
Vous que j'implore à mon dernier soupir,
Réveillez-vous! Apportant ma bannière,   215
Sur vos tombeaux, je viens ici mourir. »

À quelques jours de là, passant sur la colline,
À l'heure où le soleil à l'horizon s'incline,
Des paysans trouvaient un cadavre glacé,
Couvert d'un drapeau blanc. Dans sa dernière étreinte   220
Il pressait sur son cœur cette relique sainte,
Qui nous redit encore la gloire du passé.

O noble et vieux drapeau, dans ce grand jour de fête,
Où, marchant avec toi, tout un peuple s'apprête
À célébrer la France, à nos cœurs attendris   225
Quand tu viens raconter la valeur de nos pères,
Nos regards savent lire en brillants caractères,
L'héroïque poème enfermé dans tes plis.

Quand tu passes ainsi comme un rayon de flamme,
Ton aspect vénéré fait briller, dans notre âme,   230
Tout ce monde de gloire où vivaient nos aïeux.
Leurs grands jours de combats, leurs immortels faits d'armes,
Leurs efforts surhumains, leurs malheurs et leurs larmes,
Dans un rêve entrevus, passent devant nos yeux.

O radieux débris d'une grande épopée!   235
Héroïque bannière au naufrage échappée!
Tu restes sur nos bords comme un témoin vivant
Des glorieux exploits d'une race guerrière;
Et sur les jours passés répandant la lumière,
Tu viens rendre à son nom un hommage éclatant.   240

Ah! bientôt puissions-nous, ô drapeau de nos pères!
Voir tous les Canadiens unis, comme des frères,
Comme au jour du combat se serrer près de toi!

> Puisse des souvenirs la tradition sainte
> En régnant dans leur cœur, garder de toute atteinte,   245
>   Et leur langue et leur foi!

1ᵉʳ janvier, 1858.

Le Canada (1858)

L'amour du pays, si évident dans ces trois quatrains, inspire plusieurs compositeurs au tournant du siècle, notamment Alfred Laliberté (dans *Le Passe-Temps* du 26 avril 1902).

> Il est sous le soleil une terre bénie [1],
> Où le ciel a versé ses dons les plus brillants,
> Où, répondant ses biens la nature agrandie
> A ses vastes forêts mêle ses lacs géants.

> Sur ces bords enchantés, notre mère, la France,   5
> A laissé de sa gloire un immortel sillon,
> Précipitant ses flots vers l'océan immense,
> Le noble Saint-Laurent redit encor son nom.

> Heureux qui la connaît, plus heureux qui l'habite,
> Et, ne quittant jamais pour chercher d'autres cieux   10
> Les rives du grand fleuve où le bonheur l'invite,
> Sait vivre et sait mourir où dorment ses aïeux.

Québec, 12 janvier, 1858.

Les Mille-Îles (1860)

Les voyages imaginaires aux pays exotiques inspirent les rêveries des poètes romantiques. Dans «Les Mille-Îles», Crémazie se permet de décrire tous les endroits qu'il n'a pas pu visiter: l'Italie, l'Espagne, la Grèce, l'Afrique et l'Orient. Mais à la fin, le poète jette son regard sur son pays et chante son émerveillement devant le faste de la nature canadienne.

---

1. Louis-Honoré Fréchette, accusé de plagiat parce qu'il a repris ce vers dans *La Voix d'un exilé*, n'a pas hésité à changer le texte de Crémazie lors de la préparation de l'édition des œuvres complètes en 1882; le vers se lisait alors: «Il est sous le soleil un sol unique au monde.»

FIG. 24 — Paysage au monument Wolfe, par J. Légaré (*ca* 1840), Musée du Québec.

(...)
Au retour de mon long voyage,
Saluant le ciel canadien,   130
Je viendrais là, dans le feuillage,
Bâtir mon nid aérien.

La douce voix de la patrie
Chantant au milieu des sapins,
Bercerait mon âme attendrie   135
Au bruit de ses accords divins.

J'écouterais, quand du rivage
Mille voix s'élèvent en chœur,
Ce que la fleur dit au nuage,
Ce que le flot dit à la fleur,   140

Ce que dit la rose embaumée,
Quand, aux premiers rayons du jour,
La brise fraîche et parfumée
Vient tout bas lui parler d'amour.

Mille-Îles[1]! collier magnifique   145
De diamant et de saphir,
Qu'eût préféré le monde antique
À l'or le plus brillant d'Ophir[2];

O belle et sublime couronne
Que pose sur son large front   150
Le Saint-Laurent, quand sur le trône
Que ses lacs immenses lui font,

Il vient, en montrant à la terre
Son arc-en-ciel éblouissant,
Faire retentir le tonnerre   155
Du Niagara bondissant.

Mille-Îles! riante merveille,
Oasis sur les flots dormant,
Que l'on prendrait pour la corbeille
Qu'apporte la main d'un amant,   160

Dans vos pittoresques asiles,
Trouvant la paix et le bonheur,
Je coulerais des jours tranquilles
En chantant au fond de mon cœur:

---

1. Mille-Îles: les îles du Saint-Laurent situées à la sortie du lac Ontario.
2. Ophir: Pays fabuleux où le roi Salomon envoyait chercher de l'or.

Ni l'orgueilleuse Andalousie[3],   165
Ni les rivages de Cadix[4],
Ni le royaume de Murcie[5]
Étincelant comme un rubis;

Ni cette rive poétique
Où brillent Florence et Milan,   170
Ni Rome et sa splendeur antique,
Ni Naples avec son volcan;

Ni cette mer enchanteresse
Où Stamboul[6] élève ses tours:
Ni ces vallons pleins de tristesse   175
Où passent les fiers Giaours[7];

Ni l'Inde et sa riche nature
Où resplendit Para-Brahma[8],
Ni ces océans de verdure
Que célébrait Kâlidasa[9];   180

Ni la terre des pyramides,
Ni tous les trésors de Memphis[10],
Ni le Nil et ses flots rapides
Où vient se mirer Osiris[11],

Ne sauraient jamais me redire   185
Ce que me disent vos échos,
Ce que soupire cette lyre
Qui chante au milieu des roseaux.

O patrie! ô rive natale
Pleine d'harmonieuses voix!   190
Chants étranges que la rafale
Nous apporte du fond des bois!

O souvenirs de la jeunesse,
Frais comme un rayon du printemps!
O fleuve, témoin de l'ivresse   195
De nos jeunes cœurs de vingt ans!

---

3. Andalousie: Région du sud de l'Espagne.
4. Cadix: Ville portuaire en Andalousie.
5. Murcie: Ancien royaume d'Espagne.
6. Stamboul (ou Istanbul): Ville en Turquie.
7. Giaour = troubadour.
8. Para-Brahma: Dieu suprême des Hindous.
9. Kâlidasa: Poète indien du 1er siècle avant J.-C.
10. Memphis: Ville de l'ancienne Égypte sur le Nil.
11. Osiris: Dieu des Égyptiens, protecteur des morts.

FIG. 25 — Les cageux, (*ca* 1875).

O vieilles forêts ondoyantes
Teintes du sang de nos aïeux!
O lacs! ô plaines odorantes
Dont le parfum s'élève aux cieux!   200

Bords, où les tombeaux de nos pères
Nous racontent le temps ancien,
Vous seuls possédez ces voix chères
Qui font battre un cœur canadien!

    Québec, mai 1860.

Le Chant des voyageurs (1862)

La partition de cette chanson a été publiée en janvier 1862, la musique étant l'œuvre de Dessane. Inspiré en partie par la «Chanson de Pirates» de Hugo, Crémazie évoque les émotions de la vie libre des voyageurs canadiens — la joie de la camaraderie et les plaisirs du retour au foyer. L'homme du pays devient le héros dont le poète chante l'existence aventureuse.

À nous les bois et leurs mystères,
Qui pour nous n'ont plus de secrets!
À nous le fleuve aux ondes claires
Où se reflète la forêt,
À nous l'existence sauvage   5
Pleine d'attraits et de douleurs!
À nous les sapins dont l'ombrage,
Nous rafraîchit dans nos labeurs.
    Dans la forêt et sur la cage[1]
    Nous sommes trente voyageurs.   10

Bravant la foudre et les tempêtes
Avec leur aspect solennel,
Qu'ils sont beaux ces pins dont les têtes
Semblent les colonnes du ciel!
Lorsque privés de leur feuillage   15
Ils tombent sous nos coups vainqueurs,
On dirait que dans le nuage
L'esprit des bois verse des pleurs.
    Dans la forêt et sur la cage
    Nous sommes trente voyageurs.   20

---

1. Cage: Un immense radeau de billots de bois qu'on flottait dans le fleuve depuis l'Outaouais jusqu'à Québec.

Quand la nuit de ses voiles sombres
Couvre nos cabanes de bois,
Nous regardons passer les ombres
Des Algonquins, des Iroquois.
Ils viennent ces rois d'un autre âge, 25
Conter leurs antiques grandeurs
À ces vieux chênes que l'orage
N'a pu briser dans ses fureurs.
  Dans la forêt et sur la cage
  Nous sommes trente voyageurs. 30

Puis sur la cage qui s'avance
Avec les flots du Saint-Laurent,
Nous rappelons de notre enfance
Le souvenir doux et charmant.
La blonde laissée au village, 35
Nos mères et nos jeunes sœurs,
Qui nous attendent au rivage,
Tour à tour font battre nos cœurs.
  Dans la forêt et sur la cage
  Nous sommes trente voyageurs. 40

Quand viendra la triste vieillesse
Affaiblir nos bras et nos voix,
Nous conterons à la jeunesse
Nos aventures d'autrefois.
Quand enfin pour ce grand voyage, 45
Où tous les hommes sont rameurs,
La mort viendra nous crier : Nage !
Nous dirons bravant ses terreurs :
  Dans la forêt et sur la cage
  Nous étions trente voyageurs. 50

  Québec, janvier, 1862.

Promenade des trois morts (1862)

Ce poème, le plus original qu'ait conçu Crémazie, devait compter trois parties. Seule la première partie, comptant 638 vers, parut, à peine quelques jours avant sa fuite. Si la « Promenade des trois morts » révèle l'angoisse profonde qui l'accable à la veille de la faillite, déjà en 1856 le poète avait livré dans « Les Morts » une première méditation sur ce thème macabre. L'inspiration de l'œuvre de 1862 demeure avant tout d'ordre littéraire. C'est dans les œuvres de Shakespeare, de Dante, de Byron, de Goëthe et de Théophile Gautier que Crémazie puise son inspiration.

FANTAISIE[1].

I

LE VER.

Le soir est triste et froid. La lune solitaire
Donne comme à regret ses rayons à la terre;
Le vent de la forêt jette un cri déchirant;
Le flot du Saint-Laurent semble une voix qui pleure,
Et la cloche d'airain fait vibrer d'heure en heure   5
Dans le ciel nuageux son glas retentissant.

C'est le premier novembre[2]. Au fond du cimetière
On entend chaque mort remuer dans sa bière;
Le travail du ver semble un instant arrêté.
Ramenant leur linceul sur leur poitrine nue,   10
Les morts, en soupirant une plainte inconnue,
Se lèvent dans leur morne et sombre majesté.

Drapés comme des rois dans leurs manteaux funèbres,
Ils marchent en silence au milieu des ténèbres,
Et foulent les tombeaux qu'ils viennent de briser.   15
Heureux de se revoir, trois compagnons de vie
Se donnent, en pressant leur main roide et flétrie,
De leur bouche sans lèvre un horrible baiser.

Silencieux ils vont; seuls quelques vieux squelettes
Gémissent en sentant de leurs chairs violettes   20
Les restes s'attacher aux branches des buissons.
Quand ils passent la fleur se fane sur sa tige,
Le chien fuit en hurlant comme pris de vertige,
Le passant effaré sent d'étranges frissons.

Ils marchent en formant une blanche colonne;   25
Leurs linceuls agités par la brise d'automne
Laissent voir aux regards leurs membres décharnés.
Trois d'entre eux cependant vont d'un pas moins rapide;
Leurs os sont presque intacts, leur face est moins livide;
Ils semblent de la mort être les nouveaux nés.   30

L'un avait déjà vu sur sa tête blanchie
Neiger soixante hivers quand, arrêtant sa vie,

---

1. Fantaisie: Crémazie la définit ainsi: «C'est un prétexte pour remuer des idées, sans avoir les bras liés par les règles ordinaires de la poétique... (La fantaisie donne) une forme à des êtres dont l'existence est certaine, mais dont la manière d'être nous est inconnue.» (Lettre du 29 janvier 1867.)
2. Premier novembre = jour des morts.

La mort vint l'enivrer de son breuvage amer.
Un fils, un fils unique, orgueil de sa vieillesse,
Avait, tout rayonnant des feux de la jeunesse,   35
Des fleurs de son printemps couronné son hiver.

Comme au souffle du nord la rose épanouie
Avant la fin du jour voit sa beauté flétrie,
Le second avait vu la mort à son chevet,
Quand, jeune encor, l'amour charmait son existence ;   40
Sa femme avait voulu, modèle de constance,
S'enfermer avec lui dans le tombeau muet.

Le troisième, à sa mère arraché par la tombe,
Avait quitté la vie ainsi qu'une colombe
Qui s'envole en chantant un hymne de bonheur.   45
Vingt printemps n'avaient pas encor paré sa tête ;
La mort, pour son bouquet la trouvant toute prête,
À ces fruits déjà murs ajouta cette fleur.

Nés sous le même ciel, morts dans la même année,
Tous trois avait connu la chaîne fortunée   50
Qu'ici bas sur la terre on nomme l'amitié.
Maintenant, réunis dans la cité pleurante,
Comme ces mendiants que chantait le vieux Dante[3],
Des vivants ils s'en vont implorer la pitié.

(...)

*Après ce long prologue, les trois morts viennent sur terre implorer la
pitié des êtres chers qu'ils ont quittés. Chemin faisant, le jeune
demande au vieux «pourquoi tous les tombeaux ne sont-ils pas
ouverts dans ce jour d'espérance ?» Le vieux lui rapporte un dia-
logue macabre entre un mort, son voisin, et le ver. Le mort se
plaint de la morsure précoce du ver ; ce n'est qu'hier qu'il quittait
la vie !*

LE VER.

«Ils ne t'entendront pas. Les vivants n'ont d'oreilles
    «Que pour ce qui peut les servir.
«Ils leur faut des honneurs, des fêtes pour leurs veilles,   155
    «O mort! peux-tu leur en fournir?

LE MORT.

«Hélas! je n'ai plus rien, rien que mon blanc suaire,
«Rien que mon corps flétri, rien que ma froide bière
    «Où le jour ne paraît jamais !
«Si je n'ai plus ces biens que leur folie adore,   160

---

3.   Dante Alighieri (1265-1321), célèbre poète italien, auteur de *La Divine comédie.*

« Ah! pour penser à moi mes amis ont encore
« Le souvenir de mes bienfaits.

LE VER.

« Quand la main qui donnait est pour toujours fermée
« Qui donc garde son souvenir?
« Et qui songe au parfum de la rose embaumée   165
« Quand on ne peut plus la cueillir?

« Car l'homme veut toujours que sa reconnaissance
« Lui rapporte quelques profits;
« Il ne se souvient plus quand tombe la puissance
« Dont il pouvait tirer des fruits.   170

« O mort! tu n'as plus rien, car je fais de ta bière
« Mon sombre empire sépulcral.
« Ton linceul est à moi, car dans ce blanc suaire
« Je taille mon manteau royal.

« Ton cadavre pour moi c'est la source de vie   175
« Où je m'abreuve chaque jour;
« C'est le riche banquet où la faim me convie
« Où je m'assieds avec amour.

« Tout est à moi, ton corps, ta bière et ton suaire,
« Tes douleurs seules sont à toi.   180
« Moi seul puis dire ici d'une voix haute et fière,
« Je suis le Ver, je suis le Roi!.

« Comme ces conquérants qui passent sur le monde
« Frémissant sous leurs pas vainqueurs,
« Pour graver de leur nom une trace profonde,   185
« Laissent un sillon de douleurs;

« Je laisserai tes os dans cette fosse impure
« Où ton désespoir s'exhala,
« Pour qu'on dise en voyant ce qui fut ma pâture:
« Le Roi, le Ver a passé là!»   190

LE MORT.

« Ta voix est comme un glas, ô Ver! et ta parole
« De son souffle maudit veut flétrir l'auréole
« De la pure et douce amitié!
« Mais qui donc te l'a dit, toi qui parles en maître,
« Que les hommes ont vu tomber et disparaître   195
« Le culte saint de la pitié?

« Il est encor là-haut plus d'une âme pieuse
« Qui s'en vient chaque soir, triste et silencieuse,
   « Pour nous implorer le Seigneur.
« Il est encor là-haut plus d'une âme bénie   200
« Qui pense aux pauvres morts et qui fait de sa vie
   « Un holocauste à leur douleur.

« Il est... Mais qu'est-ce donc qui tombe sur ma tête ?
« O Ver ! est-ce un convive invité pour la fête
   Que tu vas donner sur mon corps ?   205
« Pour dévorer ma chair te faut-il donc un aide ?
« Ne peux-tu prendre seul ce peu que l'on possède
   « Dans l'avare cité des morts ?

« On dirait une larme, une larme brûlante,
« Qui tombe sur mon front. Une voix gémissante   210
   « Descend de là haut comme un chant.
« Ah ! ma mère, c'est toi, dont la tendresse sainte
« Vient répandre à la fois tes larmes et ta plainte
   « Sur le tombeau de ton enfant.

     « O larme de ma mère,   215
     « Petite goutte d'eau,
     « Qui tombes sur ma bière
     « Comme sur mon berceau ;

     « O fleur épanouie
     « De l'amour maternel,   220
     « Par un ange cueillie
     « Dans les jardins du ciel ;

     « Larme sainte et pieuse,
     « Fille du souvenir,
     « Perle plus précieuse   225
     « Que les trésors d'Ophir ;

     « Écho divin de l'âme,
     « Baume consolateur,
     « Versant comme un dictame
     « Tous les parfums du cœur ;   230

     « O source de délices
     « Qui tombe avec le soir,
     « Entr'ouvrant les calices
     « Des fleurs où naît l'espoir ;

« Larme douce et bénie,   235
« Toi, que ma mère en deuil,
« Des hauteurs de la vie
« Verse sur mon cercueil;

« Ah! coule, coule encore
« Sur mon front pâle et nu: 240
« Reste jusqu'à l'aurore,
« Bonheur inattendu!
(...)

Après ce long dialogue, la première partie se termine au moment où les trois morts vont «...frapper encore au seuil de ces demeures où coulèrent, hélas! nos plus charmantes heures, et nous saurons bientôt si le Ver a menti.»
Dans sa lettre du 29 janvier 1867 à l'abbé Casgrain, le poète explique la manière dont il concevait la fin du poème. Les trois âmes vont frapper, le père à la porte de son fils, l'époux à celle de sa femme, le fils à celle de sa mère. Seul le fils trouve sa mère priant Dieu pour son âme.

Épigraphe pour les Anciens Canadiens (1862)

Publié pour la première fois en 1863, dans le roman de Philippe Aubert de Gaspé, *Les Anciens Canadiens*, ce poème aurait été écrit avant le départ de Crémazie, en novembre 1862. Déjà, François-Xavier Garneau, dans «Le Dernier Huron», et Lenoir, dans «Le Chant de mort d'un Huron», avaient fait revivre l'angoisse de l'Indien qui voit la disparition de son peuple. À son tour, Crémazie se sent attiré par ce thème. En 1860, il rappelle le sort tragique des tribus indiennes dans «Les Potowatomis». L'«Épigraphe pour les Anciens Canadiens», en 1862, met en scène l'Iroquois qui, dirigeant sa pirogue sur le fleuve devant Québec, ne peut s'empêcher d'observer les symboles du triomphe de la civilisation européenne, la cathédrale et le château fort.

Perché comme un aiglon sur le haut promontoire,
Baignant ses pieds de roc dans le fleuve géant,
Québec voit ondoyer, symbole de sa gloire,
L'éclatante splendeur de son vieux drapeau blanc.

Et, près du château fort, la jeune cathédrale   5
Fait monter vers le ciel son clocher radieux,
Et l'angélus du soir, porté par la rafale
Aux échos de Beaupré, jette ses sons joyeux.

FIG. 26 — Québec vu de la rive sud, par H. Chester (*ca* 1850), Collection particulière.

Pensif dans son canot, que la vague balance,
L'Iroquois vers Québec lance un regard de feu ;   10
Toujours rêveur et sombre, il contemple en silence
L'étendard de la France et la croix du vrai Dieu.

Pierre-Gabriel Huot
(1828-1913)

Né à Québec, dans la paroisse de Saint-Roch, Huot fait ses études au Séminaires de Québec. Devenu notaire, il participe activement à la vie politique pendant la période de l'Union : il est député, de 1854 à 1857, et, de 1860 à 1870, et fondateur du journal libéral *Le National* (1855-1859). Après quelques années comme directeur des postes à Québec, fonction qu'il occupa à partir de 1870, il se retire à New York où il meurt en septembre 1913. Huot a pris une part très active à la vie littéraire et culturelle de Québec, entre 1845 et 1855. Il publie plusieurs poèmes dont ces stances adressées *Au Peuple*, à l'occasion de la fête de Saint-Jean-Baptiste, en 1851.

L.-M. Darveau, *Nos Hommes de lettres*, Montréal, A. A. Stevenson, 1873, p. 102-123.

Au Peuple [1] (1851)

Nous reconnaissons l'influence de Lamartine dans ces stances, si bien inspirées et si bien rendues. La vision d'un avenir rayonnant et rempli d'espoir préfigure les vastes fresques de Louis-Honoré Fréchette. (Voir *La Légende d'un peuple*, surtout le poème «l'Amérique».)

> Salut, ô jour qui luis ! qu'importe que les cieux
> Se brisent en lambeaux dans un vaste tonnerre,
> Ou que de purs rayons s'y glissent tout joyeux ;
> O jour, que tu sois sombre ou brillant à la terre,
> Salut ! car n'es-tu pas l'aube du souvenir ;
> La grande et noble page où rayonne une histoire,
> Où le peuple se lève et fixe l'avenir,
> Et déroule au soleil ses trois siècles de gloire ?

5

---

1. Poème paru dans *Le Canadien* du 4 juillet 1851.

Le peuple a pris ce jour dans sa raison profonde,
Pour montrer qu'il est fort, pour qu'il soit respecté;   10
Que son drapeau frémisse au vent du Nouveau-Monde,
Ce vent sonore et plein de chants de liberté!
Pour saluer du cœur tous ceux qu'à notre plage
Jette le flot des mers, ou mornes ou joyeux;
Pour bénir ce qui fut; pour rendre un triple hommage   15
Aux labeurs, au génie, à la foi des aïeux!...

Entendez-vous?... des chants, suave mélodie,
Ont rempli les saints lieux, des chants consolateurs;
Et de l'orgue s'élance un torrent d'harmonie
Sur des fronts inclinés, des flots de travailleurs;   20
C'est le peuple qui pense à cette âme féconde,
À ce verbe d'amour, douce et touchante voix,
Au martyr[2] qui, pour mieux resplendir sur le monde,
          Mourut, élevé sur la croix!

Le temple s'est fermé sur toutes les prières,   25
Et le peuple, debout comme un triomphateur,
A formé sa colonne et levé ses bannières;
Place aux grands souvenirs qui planent sur le cœur,
Et qui disent beaucoup plus que toute parole,
À celui-là surtout, drapeau de Carillon[3],   30
Que la poudre et le fer ont criblé, vieux tronçon,
          Que l'on porte comme un symbole!...

Oh! sur ce sol ta place est belle et grande à voir,
Car ton cœur et tes bras l'ont noblement marquée;
Peuple, tu vins pourtant, tout faible et sans espoir,   35
Graver les premiers mots de ta forte épopée.
Oui; gloire à tes douleurs, à tes travaux passés!
Gloire!... car il n'est pas, pauvre peuple qu'on blâme,
De cités, de hameaux qui se soient élevés
Sans un peu de tes sueurs, de ton sang, de ton âme!   40

Non! tu n'as pas besoin pour briller sous nos cieux
De tendre à ton berceau, ce foyer du génie,
À ses pages de gloire, à ses bronzes tout vieux,
À la superbe France une main qui mendie!
O peuple, ton passé qui compte un jour fatal[4],   45
À ses sublimes noms qui rendent l'âme émue,

---

2. Martyr = Jésus-Christ.
3. Drapeau de Carillon: Le drapeau de Carillon, sauvé de l'incendie de l'église des Récollets à Québec en 1796, fut porté en triomphe lors des processions de la Saint-Jean Baptiste, pendant les années 1850.
4. Jour fatal = la Conquête de la Nouvelle-France par la Grande-Bretagne.

Carillon, Chateauguay, Lacolle!... piédestal
Prêt à recevoir la statue!

Et de ce monument, ô peuple, sois l'auteur;
L'avenir, c'est le bloc encor brut et sans ordre   50
Où ta statue existe, où ton ciseau doit mordre!
Fais le buste puissant, le corps d'un travailleur,
Mets à son front le feu du penseur et du sage;
Pétris-la de vertus, d'amour, de charité;
Oh! fais-la grande enfin, — tailles-la cette image   55
Au moule de la liberté!

Alfred Garneau
(1836-1904)

Le fils aîné de François-Xavier Garneau est né à la Canardière, près de Québec. Élève au Séminaire de Québec de 1847 à 1853, il s'essaie occasionnellement à la poésie et publie son premier poème «Mon Songe» dans *L'Abeille*, journal des étudiants (le 14 juillet 1852). En 1856, il s'inscrit à la Faculté de droit de l'Université Laval et est reçu au Barreau, le 5 décembre 1860. Traducteur surnuméraire pour la session du Parlement en mars 1861, il devient traducteur adjoint un an après. Après la mort de son père, en 1866, et le déménagement du Parlement à Ottawa, il ira habiter la capitale fédérale où il sera chef des traducteurs au sénat. Ami intime de Louis-Joseph Papineau, lié d'amitié avec Henri-Raymond Casgrain et Louis-Honoré Fréchette, Alfred Garneau participe activement à la vie culturelle de son époque. C'est lui aussi qui veille sur la fortune de l'œuvre de son père, préparant la quatrième édition de l'*Histoire* qui paraît en 1882. Très malade dans ses dernières années, il se retire presque complètement de la vie sociale. Foudroyé par une crise cardiaque, il meurt le 3 mars 1904.

De son vivant, Alfred Garneau ne publie que très peu. Aux yeux même du poète, ses vers sont bien loin de constituer une œuvre poétique. Comme il écrit en 1890 à son ami Fréchette, «je n'avais peut-être pas reçu le talent de produire. Ma vie aura été pure rêverie, le songe d'une ombre.» Garneau, d'ailleurs, ne chante guère que ces choses infiniment délicates qui forment le cadre de notre vie, ou qui tiennent à notre humanité par toutes les fibres de l'âme. Poète de la vie, il laisse errer son regard sur la nature qui étale autour de lui ses spectacles. Il s'attache de tout son cœur à la vie dans l'homme où, sous les formes de jeunesse et d'amitié, elle enchante l'existence. Garneau a dessiné quelques petits tableaux, des morceaux d'anthologie qui sont des chefs-d'œuvre de grâce et de simplicité. C'est une poésie calme, sereine, quelquefois intense, qui échappe comme à son insu d'un cœur qui déborde. Lamartine et Hugo se profilent dans les poèmes d'inspiration romantique du poète, quoique Musset demeure à jamais son préféré. Parnassien dans l'âme, Garneau est à la recherche de la beauté dans la nature; il s'ingénie à la rendre en poésie avec toute sa splendeur. Ciselant sans cesse ses vers, Alfred Garneau se situe parmi les meilleurs poètes de sa génération.

L'œuvre poétique

De son vivant, Alfred Garneau ne publie que dix-huit poèmes. Deux ans après sa mort, son fils fait paraître quarante-huit pièces sous le titre *Poésies*. Pourtant, Alfred Garneau ne laisse pas moins de soixante-dix poèmes. Voir Suzanne Prince, « Alfred Garneau, édition critique de son œuvre poétique », thèse de doctorat, Université d'Ottawa, 1974, 730 pp.

Poésies, Montréal, Beauchemin, 1906, 220 p.

Camille Roy, *Fleurs d'outre-tombe*, dans *Essais sur la littérature canadienne*, Montréal, Beauchemin, 1913, p. 183-196.

La Jeune Baigneuse (1863)

Ces strophes composent un tableau plein de lumière, de couleurs et d'onde ruisselante. La scène se situe au pied du cap Percé en Gaspésie et c'est le matin, au soleil levant, que la jeune baigneuse vient se plonger dans l'eau lilas. Le poète, aurait-il emprunté le sujet à « Sara la Baigneuse » de Victor Hugo?

L'aube sur la baie éclatante
    Se joue encor,
Et sème au loin l'eau palpitante
    D'écailles d'or.

Déjà le cap Percé rayonne: 5
    Sur ses pieds bleus
Le flux rejaillant résonne
    Harmonieux.

O beau rocher! tes blanches lignes
    Courent dans l'air,   10
Puis s'enfoncent comme des cygnes
    Dans le flot clair!

En longues flammes frissonneuses,
    Sous ton arceau
Pendant des mousses lumineuses   15
    Au fil de l'eau.

Silence!... Une baigneuse blonde,
    Seule en ce lieu,
Rit et se fait des plis de l'onde
    Un voile bleu.   20

Voici qu'une vague s'avance
    En folâtrant;
Conque humide, elle se balance
    Dans le courant.

La joueuse qu'elle a frôlée   25
    Rit aux éclats,
Et roule, bruyante et perlée,
    Dans l'eau lilas.

O fraîcheur divine! ô délices!...
    Ses doigts joyeux   30
Ouvrent frileusement les lisses
    De ses cheveux.

Ainsi, quand les pleurs de l'aurore
    Baignent son sein,
Frémit l'iris qui se colore   35
    Sur le bassin.

Dans l'écume une écaille rose
    Pend au rocher...
Elle vole, s'écrie et n'ose
    La détacher;   40

Car, au long de la pierre humide,
    Effroi soudain!
Une lame a sauté rapide
    Jusqu'à sa main.

Qu'elle a de plaisir!... Enfantine!   45
    Elle est debout,
Plus vermeille qu'une églantine
    De la fin d'août.

Sa chevelure que l'air roule,
    — Voile ingénu —   50

Fléchit sur son col, puis se moule
   À son flanc nu,

Et bat l'eau. Par l'arceau de roche,
   L'astre naissant
Dans ces plis longs et frais décoche   55
   Un trait perçant.

Couvrant d'une main qui ruisselle
   Son œil châtain,
Ah!... la baigneuse au vent chancelle
   Et sort du bain!   60

Près d'elle, une abeille sauvage,
   Fille du ciel,
S'abat, laissant sur son passage
   L'odeur du miel.

L'enfant la voit... « L'abeille est lasse   65
   De voltiger!»
Dit-elle, et, comme un souffle, passe
   D'un pied léger.

À peine, sur la marge étroite
   De galets bruns,   70
Effleure-t-elle le jonc moite,
   Plein de parfums...

Au loin, d'une aile soleilleuse,
   Un goéland
Rase au bord la grève écailleuse   75
   En s'envolant.

Sonnets. À Messieurs l'abbé R. Casgain et Louis-H. Fréchette (1865)

Alfred Garneau est l'un des premiers à exploiter cette forme poétique au Québec, forme pratiquement inconnue à l'époque. À l'automne de 1865, il envoie ses deux premiers sonnets au *Foyer Canadien*. Cependant, l'abbé Henri-Raymond Casgrain hésite à les laisser paraître. Le jeune poète respecte les appréhensions de son mentor. En 1877, Fréchette les publie dans son recueil *Pêle-Mêle*, en même temps que sa réponse. Dans l'édition des *Poésies* (1906), ces deux sonnets seront intitulés « Sonnet X » et « Sonnet XI ».

Ces esquisses en vers révèlent l'âme d'un artiste, capable de surprendre autour de soi les plus discrètes et les plus délicates manifestations du beau. Le poète court aux champs, cherchant quelque fleur rare, lorsqu'il rencontre un petit ruisseau qui coule en cascade murmurante.

I

Je cherchais, à l'aurore, une fleur peu connue,
Pâle fille des bois et de secrets ruisseaux,
Des sources de cristal aux murmurantes eaux,
Enchaînèrent mes pas et surprirent ma vue.

O fraîche cascatelle[1]! En légers écheveaux,   5
Son onde s'effilait, blanche, à la roche nue,
Puis, sous un rayon d'or un moment retenue,
Elle riait au ciel entre ses bruns roseaux!

Et comme j'inclinais quelques tiges mutines,
Sans bruit, l'oreille ouverte aux rumeurs argentines,   10
Pareilles aux soupirs d'un luth mystérieux,

Soudain, glissant vers moi sur son aile inquiète
À travers les rameaux, doux et penchant sa tête,
Un rossignol vint boire au flot harmonieux.
                Novembre 1865.

II

Le rêveur, comme moi sous la forêt profonde,
Marche seul dans la foule en l'ouvrant de la main.
Que cherche-t-il dans l'ombre éparse en son chemin?
Est-ce un rêve inconnu, fleur solitaire et blonde?

Une autre illusion plus douce au cœur humain?   5
Est-ce un baume nouveau dont le parfum l'inonde?
Ce vulnéraire[1] sûr, cet idéal qu'au monde
Les âmes vont cherchant, hélas! toujours en vain?

Vous êtes ce rêveur à la tête naïve,
Maître!... Mais tout chante pur ou toute voix plaintive   10
Captive votre cœur et ramène vos pas...

---

1. Cascatelle = petite cascade.
1. Vulnéraire = plante à fleurs jaune utilisée contre les blessures. (Ce mot est ordinairement féminin de nos jours.)

Et toi, comme l'oiseau de la source cachée,
T'enivres-tu dans l'ombre à quelque âme épanchée,
O barde, ô mon ami, que tu ne chantes pas?
Novembre 1865.

Devant la grille du cimetière (1871)

Dans son journal intime, Alfred Garneau rappelle avec émo-
tion sa visite au cimetière de Terrebonne, en 1866, l'année où
meurt son père: «Au couchant est un petit cimetière où le
fossoyeur n'entre plus guère, sa bêche sur l'épaule, parce que les
monuments funéraires s'y joignent de tous côtés comme des sapins
dans la solitude de la colline.» Le symbolisme de cette pièce fait
croire à certains qu'elle serait postérieure à Verlaine. Mais ne
suffit-il pas d'être un peu artiste pour devancer ses contemporains?

La tristesse des lieux sourit, l'heure est exquise.
Le couchant s'est chargé des dernières couleurs,
Et devant les tombeaux, que l'ombre idéalise,
Un grand souffle mourant soulève encor les fleurs.

Salut, vallon sacré, notre terre promise!...   5
Les chemins sous les ifs, que peuplent les pâleurs
Des marbres, sont muets; dans le fond, une église
Monte son dôme sombre au milieu des rougeurs.

La lumière au-dessus plane longtemps vermeille...
Sa bêche sur l'épaule, entre les arbres noirs,   10
Le fossoyeur repasse, il voit la croix qui veille,

Et de loin, comme il fait sans doute tous les soirs,
Cet homme la salue avec un geste immense...
Un chant très doux d'oiseau vole dans le silence.

Poète fol (?1890)

C'est, par les airs, un entassement sombre
De nuages. Horrible mont!
L'étang joncheux, miroir d'un val profond,
S'est éteint dans un reflet d'ombre.

Comme vite au jour pâle vont,   5
Là-haut, ces vols d'ailes noires sans nombre!
Un éclair heurte une nuée, et sombre!
Et tout le ciel en eau se fond...

Mais le poète a doux martel en tête.
Ses yeux rêveurs ne voient pas la tempête   10
Ruisseler aux sentiers couverts,

Ni les vents tordre en un chaos les branches.
Enveloppé de foudre aux flammes blanches,
Il cisèle, impassible, un vers.

Wright's Grove (1898)

Cette suite compte cinq poèmes: «La Rivière», «La Maison», «Clair de lune», «Le Bois» et «Le Mort». Au mois de juin 1898, Alfred Garneau se retire pour quelques semaines à Wright's Grove, comme s'appelle l'ancienne propriété de Thomas Wright sur la rivière Rideau, quelques milles au sud-est de la ville d'Ottawa. C'est là que le poète laisse errer ses rêveries dans une campagne perdue sur les bords très verts de la rivière. Dans une lettre à sa sœur, Garneau parle des arbres, de la rivière, de sa petite embarcation, du jardin, de la maisonnette. L'exquise sensibilité du poète s'y révèle toute imprégnée des plus délicates réalités.

LA RIVIÈRE

C'est une forte berge, au large flanc de glaise,
Abruptement taillée ainsi qu'une falaise!
Le Rideau passe au bas, riant sous son flot noir.
D'ici, le long des eaux je puis apercevoir
Les roseaux alignés comme une palissade,   5
Où crie, à pointe d'aube, un grand héron maussade.
Étroite, la rivière a du moins son attrait
D'onde mouvante, avec, entrant sous la forêt,
Tous ses enfoncements, pareils à des alcôves,
Qu'achèvent de fleurir, au bord, les glaïeuls mauves.   10

L'on a pour horizon des blés, point de lointain
Que le ciel, et dans l'eau son mirage incertain.

LA MAISON

Jolie est la maison au grand clair de l'aurore.
Quelques arbres trapus mais que leur fruit décore

Caressent de leur ombre un seuil hospitalier.
Ici l'oiseau, malgré son nid, est familier.
Un chantait tout à l'heure à ma fenêtre ouverte,   5
Comme un futur ami venant en découverte.
Des vols de papillon m'ont conduit au jardin :
Fleurs du plus riche ivoire, ou lavé de carmin !

À côté maintenant de mon Musset[1] repose
Dans un verre limpide une pivoine rose.   10
Plus pâle, tu parais plus belle, ô noble fleur.
Comme toi, ce poète est beau dans la douleur...

CLAIR DE LUNE

Une barquette[1] hier, par la lune argentée,
Promena dans la nuit une plainte chantée.
Une plainte d'amour, je suppose. La voix
Fraîche et jeune agitait l'écho sourd dans le bois.
O ce soupir humain qui voulait à la grève !   5
O nef fuyant en un paysage de rêve !

LE BOIS

La maison touche au bois. Je respire à ma porte
Un air ayant gardé le goût de feuille morte.
Or, telle est sa fraîcheur, que j'ai senti souvent,
Quand là-haut le ciel flambe en un long jour sans vent,
Et que quelque nuée au loin lourdement tonne,   5
Voltiger sur ma chair comme un frisson d'automne.

Je sais les blancs bouleaux, je sais les pins moussus ;
Mais qui pourra compter les nids entr'aperçus,
Et les volantes voix que les arbres enchantent ?
C'est ici le bois où toutes les feuilles chantent.   10

Bois d'ombre le midi, plein de flammes le soir,
À peine est-il d'abord devenu presque noir
Qu'entre ses fûts, grillant l'astre de son crépuscule,
L'on voit étinceler des ors de renoncule[1].
Au-dessus, jusqu'en haut de l'énorme couvent,   15
Les transparences rient dans tous les tons du vent,

---

1. Musset : Le poète favori d'Alfred Garneau.
1. Barquette = petite barque.
1. Renoncule : Plante à fleurs jaunes (boutons d'or).

O fête des yeux!... Tel, à l'heure vespérale,
Un vitrail flamboyant d'antique cathédrale.
Quel lumineux matin vaut ces soleils couchants!
Toujours, lorsque ces feux sont éteints dans les champs,   20
Là-bas, parmi les blés, les herbes odorantes,
Qui doivent avant peu faire au maître des rentes,
Un vent se lève; il vient, ainsi que sur les eaux
Accourent les frissons soufflés par les roseaux.
Il vient, il se soulève, il pousse les ramures.   25
Et feuillée à l'instant de s'emplir de murmures,
Et vent de s'irriter, et branches de crier...
Air mielleux de la plaine, ô suave ouvrier
De tempêtes pour rire, accours, tourmente, affole
Là-haut, d'un délectable émoi, la foule molle   30
Des feuilles! ...Que l'on boive un souffle plus amer!
Et qu'on pense écouter les vagues dans la mer!...

LA MORT

Je foule d'un pied las l'herbe dans la prairie,
Car tu m'as entraîné vers les champs, Rêverie,
Fille du soir, aimant les fronts blancs des vieillards.
L'air ardent s'assombrit; les nocturnes brouillards,
Horizontalement tendus comme des toiles,   5
Couvrent tous les lointains. Au-dessus, les étoiles...

Enfin, je me retrouve, et vais, bâton en main,
En faisant pesamment sonner sur le chemin
Le dur brin de noyer dont ma fatigue s'aide.
Voilà la nuit tombée et le vent qui succède   10
Aux longs souffles très doux venus du fond des champs!
Quels soupirs il me jette, humains presque, et touchants!
C'est vous qui repassez, ô voix de ma jeunesse,
Pourquoi, si vous voulez que je vous reconnaisse,
Pourquoi vous rendez-vous plaintives à ce point?   15
Vous n'étiez que chanson — vous en souvient-il point?
Et rires résonnants entre les lèvres roses.
Si je vécus alors quelques matins moroses,
Je l'ai depuis longtemps, comme un songe, oublié...
Et je marchais à pas plus vifs, le corps plié,   20
Quand un tremblotement d'ombres et de feux ternes
A dansé devant moi: balançant des lanternes
Des couples s'envolaient sans bruit d'une maison.
Quoi! la campagne fête, à peine en fenaison!
Mais non, pas un fredon, pas un éclat de rire,   25
Non, rien que le silence, ou le vent qui soupire.

J'ai vu déjà ces clos: ce toit, je le connais.
Une blanche fleurette égayait ces vieux airs
Un soir que je passai — c'était l'autre semaine —
Au pas de mon cheval, devant l'humble domaine.   30
Et, m'étant retourné pour revoir la maison
Aux pans tout réveillés de pâle liseron[1],
Un grand vieillard, debout dans le noir de la porte,
M'avait crié: «Que l'œil du Seigneur vous escorte!»
Cet homme, je devine, est donc mort aujourd'hui.   35
Est-ce au bruit de mes pas qu'une lumière a lui?...
Il est là, dévoilé, je le vois de la route.
L'œil fait un grand trou d'ombre au bas du front jauni;
Mais l'âme vivante, elle, a sondé l'infini.
L'infini!... Tout se tait, même le chien de garde,   40
Et la lampe à travers la vitre qui regarde...
J'ai relevé ma tête. Ah! que le ciel est pur!
J'enfonce ma pensée en ce gouffre d'azur...

---

1. Liseron: Plante à fleurs blanches.

Léon-Pamphile Le May

(1837-1918)

Né à Lotbinière, Pamphile Le May fait son cours primaire à Trois-Rivières avant d'entrer au Séminaire de Québec, en 1852. En 1858, il entreprend des études théologiques à Ottawa qu'il abandonne, par suite de maladie, après deux ans. Il revient à Québec alors pour y étudier le droit. Se liant d'amitié avec Louis-Honoré Fréchette, il participe à la joyeuse vie de bohème à la « mansarde du Palais » de celui-ci. Déjà épris de poésie, Le May publie des poèmes dans les journaux et revues de Québec, vers qu'il recueille, en 1865, sous le titre d'*Essais Poétiques*. Lors du concours de poésie inauguré par l'Université Laval sous le thème de « la découverte du Canada », il devient le premier lauréat, en 1867. Deux ans plus tard, il remporte de nouveau la médaille d'or avec un « Hymne pour la fête nationale des Canadiens français ».

Conservateur de la Bibliothèque de l'Assemblée législative de Québec, à partir de 1867, il peut consacrer ses loisirs à l'écriture. En effet, Le May s'essaie dans tous les genres littéraires. Il écrit un mélodrame, *Les Vengeances,* en 1876, de même que *Le Pèlerin de Sainte-Anne* (1877), *Picounoc le Maudit* (1878) et *L'Affaire Sougraine* (1884), romans-feuilletons aujourd'hui tombés dans l'oubli. Il publie par la suite *Les Contes Vrais* (1899), la meilleure part de sa prose. Fixé définitivement à la campagne à partir de 1892, il se consacre à la création poétique au sein de la nature qu'il aime, s'éteignant doucement le 11 juin 1918, à Saint-Jean-Deschaillons.

Poète prolifique, Le May ne publie pas moins de dix-sept volumes de poésies, si l'on tient compte des rééditions « corrigées et augmentées » de certains recueils. Jugée dans son ensemble, l'œuvre de Le May est de tendance intimiste : il adore la nature et aime passionnément sa petite patrie. Il se distingue de la plupart

de ses contemporains par la recherche de la forme artistique, par
le désir de la perfection; jusqu'à sa mort, Le May relit et modifie
ses anciens poèmes. Si au début de sa carrière, il se montre
disciple de Lamartine et de Hugo, dans la dernière décennie du
XIXᵉ siècle, il devient parnassien et même quelquefois symboliste.
Par les nombreux changements apportés à ses œuvres de jeunesse,
il est possible de suivre l'évolution littéraire de ce styliste. Le
souci grandissant de la perfection esthétique se manifeste avec
éclat lors de la publication des *Gouttelettes*, en 1904. Écrits pour
la plupart lorsque le poète avait déjà atteint la soixantaine, les
175 sonnets de ce recueil marquent une coupure nette avec son
écriture poétique jusqu'à cette date. Peu de poètes ont su se
renouveler aussi tardivement. Sans avoir l'envergure de Fréchette
comme «homme de lettres», Pamphile Le May laisse une œuvre
poétique toute remplie d'un lyrisme du cœur. Il survivra comme
le plus sympathique des écrivains de la génération de 1860.

L'œuvre poétique

En 1863, Le May commence la traduction d'«Évangéline»,
l'œuvre célèbre de Longfellow. Publiés en 1865, dans ses *Essais
Poétiques,* les quelques deux mille vers occupent cent sept pages
du recueil. Remettant son œuvre inlassablement sur le métier,
Le May ne publiera pas moins de trois autres versions, en 1870,
en 1883 et enfin en 1912. En 1867, il compose son long poème
en vingt et un chants, «La Découverte du Canada», œuvre pré-
sentée au concours de poésie de l'Université Laval. Réduit à
dix-neuf chants, le poème sera reproduit dans *Reflets d'Antan,*
en 1916. Rêvant d'un poème héroïque, voire épique, il écrit
Les Vengances dont la première édition date de 1875. Une
autre édition, soigneusement corrigée, sera publiée, en 1888,
sous le titre de *Tonkourou.* Puis, en 1930, une nouvelle version
paraîtra, selon le manuscrit laissé par le poète à sa mort.
Dans ses autres recueils, Le May publie cent quarante
poèmes différents, parmi lesquels on peut compter au moins
vingt-six pièces reproduites avec des modifications. Attiré par les
fables, Le May en fait paraître cent cinq, en 1882. Ces œuvres
aussi subiront des modifications au cours des éditions subséquen-
tes, en 1891, en 1903 et en 1925. *Les Gouttelettes,* publiées en
1904, contiennent cent soixante-quinze sonnets. À sa mort, Le
May laisse un manuscrit corrigé qui sera reproduit en 1937.
Cette édition compte dix nouveaux sonnets.

Essais poétiques, Québec, G.-E. Desbarats, 1865, xi, 310 et 320 pp.

Évangéline, Québec, P.-G. Delisle, 1870, 192 pp.

Deux poèmes couronnés par l'Université Laval, Québec, P.-G. Delisle, 1870, 250 pp.

Les Vengeances, Québec, C. Darveau, 1875, 323 p., 2ᵉ éd. *Tonkourou*, Québec, J.-O. Filteau & frère, 1888, 295 pp.; 3ᵉ éd. *Les Vengeances*, Montréal, Granger frères, 1930, 286 pp.

Une Gerbe, Québec, C. Darveau, 1879, 232 pp.

Fables canadiennes, Québec, C. Darveau, 1882, 351 pp.; 2ᵉ éd. 1891, 292 pp.; 3ᵉ éd. Montréal, Granger, 1903, 168 pp.; 4ᵉ éd. 1925, 151 pp.

Petits Poèmes, Québec, C. Darveau, 1883, 265 pp.

Les Gouttelettes, Montréal, Librairie Beauchemin, 1904, 232 pp.; 2ᵉ éd. Québec, l'Action catholique, 1937, xii, 237 pp.

Évangéline et autres poèmes de Longfellow, Montréal, J.-Alfred Guay, 1912, 209 pp.

Les Épis, Montréal, J.-Alfred Guay, 1914, 257 pp.

Reflets d'Antan, Montréal, Granger frères, 1916, 217 pp.

* * *

Camille Roy, *Léon-Pamphile Le May*, dans *À l'ombre des érables*, Québec, l'Action sociale, 1924, p. 9-62.

Maurice Hébert, *L'Oeuvre poétique de Pamphile Le May*, dans *Le Canada français*, vol. 24, 1937, p. 487-507.

Romain Legaré, *L'Évolution littéraire de Pamphile Le May*, dans *Le Mouvement littéraire de Québec 1860*, Ottawa, EUO, 1961, p. 259-283. «Archives les lettres canadiennes» 1.

IDEM., *Pamphile Le May*, Montréal, Fides, 1969, 95 pp. «Classiques canadiens».

ESSAIS POÉTIQUES (1865)

Sous l'emprise des Romantiques, Le May se lance à la conquête de la littérature. Voici qu'en 1865, à l'âge de 28 ans, il livre les fruits de ses premiers efforts poétiques. Les *Essais Poétiques* contiennent 55 poésies et la traduction de l'«Évangéline» de Longfellow. Ce volume existe en deux formats ayant deux paginations distinctes (310 et 320 pages) quoique la matière ne diffère point. Dans un mot aux lecteurs, le poète avoue: «...est-ce bien ma faute, à moi, si je suis sous l'emprise du dieu ou du démon de la poésie? (...) Puis-je imposer silence à cette voix impérieuse et ravissante qui s'élève dans mon âme, et qui me dicte des paroles que je ne puis saisir qu'à demi, et dont, hélas! je ne puis rendre qu'imparfaitement la douceur et la mélodie?» Malgré leur médiocrité du point de vue littéraire, les *Essais Poétiques* témoignent de l'engouement d'une certaine jeunesse pour les œuvres des Romantiques français; n'y reconnaît-on pas aussi les thèmes que le poète exploitera par la suite: l'amour de la nature, de la religion, de la patrie et des traditions?

Chant du Matin

Célébrant Dieu dans la nature, le poète montre, non pas une inspiration originale, mais une certaine recherche de la douceur des mots. L'influence de Lamartine paraît déterminante dans ces vers vaporeux. Nous reproduisons ici un texte tiré des *Essais Poétiques,* indiquant les changements qui furent apportés lors de la publication des *Petits Poèmes*, en 1883.

> Les vapeurs du matin, légères et limpides,
> Ondulent mollement le long des Laurentides,
>   Comme des nuages d'encens.
> Au murmure des flots caressant le rivage,
> Les oiseaux matineux, cachés dans le feuillage,   5
>   Mêlent de suaves accents.
>
> La nature, au réveil, chante une hymne plaintive,
> Dont les accords touchants font retentir la rive
>   Du Saint-Laurent aux vagues d'or;
> Glissant, comme une feuille au souffle de l'automne,   10
> Sur le flot qui module un refrain monotone.
>   Une barque prend son essor.
>
>   Vogue! vogue! faible nacelle!
>   Devant toi la mer étincelle
>   Des premiers feux du jour nouveau!   15
>   Berce! berce ta voile blanche
>   Qui se relève et qui se penche,
>   Comme pour se mirer dans l'eau:

Tandis que je reste au rivage,
Au pied du vieux chêne sauvage   20
Où je viens rêver si souvent!
Où, quand le monde me rejette,
L'écho fidèle, au moins, répète
Mes notes qu'emporte le vent.

Et que m'importe la louange   25
Des hommes dont l'amitié change
Comme le feuillage des bois!
S'il faut chanter, ma lyre est prête:
Vers mon Dieu, si je suis poète,
J'élèverai ma faible voix.   30

C'est lui qui fait naître l'aurore!
C'est lui que la nature adore
Dans son sublime chant d'amour!
Il nous sourit, et l'humble hommage
Que lui présente le jeune âge,   35
Est toujours payé de retour.

C'est lui qui recueille nos larmes!
C'est lui qui dispense les charmes
Dont se revêtent les saisons!
C'est lui qui dit aux fleurs de naître,   40
Au brillant soleil de paraître,
Pour venir dorer nos moissons!

C'est lui qui donne aux nuits leurs voiles
Ornés de brillantes étoiles
Qui tremblent dans les flots luisants;   45
Qui verse les molles ondées
Dans nos campagnes fécondées
Par les sueurs des paysans!

Il parle, et le monde s'agite,
Le soleil se lève plus vite,   50
Et tout adore sa splendeur!
Il parle, et tout l'univers tremble,
Et les astres volent ensemble,
En se racontant sa grandeur!

Dans ma misère il me visite,   55
Quand tour à tour chacun m'évite,
M'abandonnant seul à l'ennui.
Quand m'échappe une plainte amère,

Il me dit: «Pauvre enfant, espère,
C'est moi qui serai ton appui.»   60

Quand l'amertume nous inonde,
Qu'il n'est plus d'amis en ce monde,
Seul il ne se retire pas.
Quand nous chancelons dans la voie,
Du haut du ciel il nous envoie   65
Un ange qui soutient nos pas.

Variantes:
v. 7: (...) chante un hymne de joie;
v. 8: L'ombre de la nuit, comme une tente qu'on ploie,
v. 9: Se replie à l'horizon d'or;
v. 44: À l'espace ses flots d'étoiles,
v. 45: Et des bornes à l'océan:

LES VENGEANCES (1875)

Rêvant d'un poème héroïque où s'enfermerait toute la vie de
la campagne qu'il affectionne tant, Le May écrit *Les Vengeances*,
un roman en vers, qu'il publie en 1875. La fable compliquée
qu'imagine l'auteur raconte les aventures survenues à une famille
de Lotbinière au début du XIXᵉ siècle. Nous y voyons des enfants
perdus et retrouvés, des naufrages, le combat de Saint-Eustache,
un voyage à la Baie d'Hudson, etc. En effet, l'intrigue ressemble
à celles de ses autres romans-feuilletons. Le poème *Les Vengeances* attirait les lecteurs d'autrefois surtout à cause des pages pittoresques où sont racontées les mœurs et les coutumes de la campagne québécoise (Voir Camille Roy, *À l'ombre des érables*, p. 45-53.) Publié une deuxième fois sous le titre de *Tonkourou* en 1888,
ce long poème sera considérablement remanié par Le May avant
sa mort et réédité en 1930. Nous reproduisons le premier «chapitre» tiré de la dernière édition.

L'Orme de Lotbinière

Que j'aime à vous revoir, forêts de Lotbinière,
Lorsque vous déployez, ainsi qu'une bannière,
Aux vents légers des soirs, aux rayons des matins,
Votre feuillage épais sur les coteaux lointains!
Que j'aime à vous revoir quand le printemps se lève,   5
Et qu'en vos troncs puissants coule une ardente sève!

FIG. 27 — Ave Maria, par H. Walker (*ca* 1880),
Galerie d'art, Hamilton.

Quand aux chants des oiseaux, de nouveau réunis,
Vos rameaux odorants bercent les petits nids !
Quand vous faites monter de vos superbes dômes,
Comme un encens à Dieu, vos sylvestres arômes !   10

Entre toutes je t'aime, ô forêt des Hurons !
Tu t'éveilles encore aux cris des bûcherons,
Aux chants des charroyeurs qui mènent à la file,
Par les chemins ouverts dans la neige mobile,
Leurs grands traîneaux de frêne.   15
       En des temps moins heureux,
Quand le soleil de juin desséchait, de ses feux,
Le sable de la route et l'herbe des prairies,
Je suis venu chercher sur les mousses fleuries,
Sous les voiles épais de tes discrets rameaux,   20
Le repos bienfaisant et l'oubli de mes maux.

Du Sauvage et du faune où sont les noires caches ?
L'écho redit encore le chant rythmé des haches.
Le colon est venu. Jamais tes sapins verts,
Recourbés humblement sous le vent des hivers,   25
Ne sauraient raconter à qui ne t'a connue,
Que tu portais jadis ton front jusqu'à la nue ;
Mais celui qui lira mes humbles vers, demain,
Pourra voir ton feuillage ombrager le chemin.

Quand la bise à nos bois enlevait leur couronne,   30
Que les feuilles tombaient sous les frimas d'automne,
Que la neige éclatante étendait son manteau,
Sur le chaume jauni du fertile coteau,
Les Indiens partaient pour les pays de chasse.
Ils allaient quelquefois jusqu'aux terres de glace ;   35
Quelquefois ils allaient, montant le cours des flots,
Jusqu'aux lacs de l'Ouest, dans leurs légers canots.

Lorsqu'il ne chassait pas, loin de tout importun,
Le Huron paresseux fumait l'âcre petun[1].
À la brise livrant ses longs cheveux d'ébène,   40
La jeune squaw tressait des corbeilles de frêne,
Et près d'elle, l'enfant que l'oiseau caressait,
Dans sa nagane[2] souple aux rameaux se berçait.

Quand l'été renaissait, que les chaudes haleines
Se chargeaient de parfum en effleurant les plaines,   45

---

1. Petun = tabac.
2. Nagane = berceau.

Quelques Hurons chrétiens, au milieu de ce bois,
Pour vivre en leurs wigwams[3] revenaient autrefois.
De là le fauve nom que le temps lui conserve.
Le nom reste; ils ont fui leur antique réserve.

* * *

Salut, fier rejeton de nos bois poétiques,   50
Orme, dont les rameaux, remplis de bruits mystiques,
Se dessinent de loin, comme un nuage noir,
Dans les lueurs de l'aube ou les pâleurs du soir !
Géant resté debout sous le fouet des orages,
Séculaire ornement de nos heureux parages,   55
O toi que respecta la hache du colon,
Orme de Lotbinière, orgueil de mon canton,
Je te salue ! Au loin, le marin intrépide,
Qui va du Richelieu[4] traverser le rapide,
Aperçoit au dessus des tilleuls fastueux,   60
Comme un dôme éternel, ton front majestueux !
Combien de gais oiseaux sur tes branches altières
Sont venus à leur Dieu moduler leurs prières !
Sous tes rameaux pliés comme de grands arceaux,
Combien de jeunes gens, vers le soir des jours chauds,   65
Sont venus échanger des regards lourds d'ivresse,
Des baisers innocents et de douces promesses !
Mais tu n'as jamais vu de couples plus charmants
Que Louise et Léon, ces deux jeunes amants
Dont je vais essayer de chanter sur ma lyre   70
L'amour et les douleurs ! Tu n'as pas vu reluire
Un œil aussi brillant sous ses longs cils de jais[5]
Que l'œil de cette vierge ! Et ton feuillage épais
Jamais n'entendit voix plus pure, plus sonore
Que la voix de Léon qui chantait, dès l'aurore,   75
Avec les rossignols cachés dans les fourrés
Et les flots déferlant sur les sables dorés !

Naguère s'élevait, à l'ombre de cet orme
Dont on admire encor chez nous le tronc énorme,
À quelques deux cents pas de ses rameaux mouvants,   80
Une austère maison. Ses deux larges auvents,
Ses pignons élevés lui donnaient l'air sévère.
La porte avait vitrail. Les fenêtres de verre
Scintillaient tour à tour aux rayons de soleil.
Le fleuve, vers le nord, roulait un flot vermeil.   85

---

3. Wigwam = hutte.
4. Richelieu: la rivière Richelieu se jette dans le Saint-Laurent à Sorel.
5. Jais = de couleur noire.

Du côté du midi, c'était la vaste grange,
Avec son toit de chaume et son concert étrange
De murmures, de chants, de plaintes et de cris.
Et plus loin, la forêt tendait son rideau gris
Au bout des clos de grains, par delà les pacages.   90
Sur la falaise, au nord, fleurissaient les bocages.

C'était de Jean Lozet la paisible maison.
Lozet, un homme franc et qui parlait raison,
Traversait fièrement le doux âge du rêve.
Dans le champ du travail il combattait sans trève.   95
Il aimait le devoir, mais aussi les écus,
Et se montrait parfois un peu dur aux vaincus.

Il avait pour compagne, en sa demeure agreste,
Une femme charmante. Il le savait au reste,
Et bénissait le ciel d'un bonheur aussi doux.   100
Un gracieux enfant jouait sur ses genoux.
D'une heureuse union c'était le premier gage.
Il charmait, par son rire et son naïf langage,
Un père trop souvent rempli d'anxiété,
Et faisait sous le toit voltiger la gaieté.   105

UNE GERBE (1879) — LES ÉPIS (1914)

Son recueil intitulé *Une Gerbe* et publié en 1879, présente ses œuvres poétiques composées depuis 1865, à l'exclusion de ses longs poèmes: «La Découverte du Canada», en 1867, l'«Hymne national», en 1869 et *Les Vengeances*, en 1875. Déjà se manifeste la transition qui se poursuit d'une œuvre à l'autre. En 1883, Le May réédite vingt-deux de ses meilleurs poèmes déjà parus, dont l'«Évangéline» sous le titre de *Petits Poèmes*, y apportant des modifications parfois substantielles. Quelques années seulement avant sa mort, Le May publie ses *Épis*. La recherche de la forme artistique devient impérieuse chez lui. À la suite du critique Maurice Hébert, peut-on parler d'une «seconde manière» chez le poète de Lotbinière? *Les Épis* contient cinquante-deux pièces dont deux reprises des *Essais Poétiques* et huit d'*Une Gerbe*.

Réminiscences

Une longue méditation poétique toute remplie de mélancolie. Nous publions la première version, celle d'*Une Gerbe*.

Passez devant mes yeux, souvenirs que j'adore!
Comme ces flots d'azur qu'illumine l'aurore,
    Passez! passez devant mes yeux!
Comme au milieu des nuits ces brillants météores
Qui glissent dans le ciel avec des bruits sonores,   5
    Passez, souvenirs radieux!

O jours de liberté! jours d'amour et d'ivresse
Où rien ne captivait ma sauvage jeunesse,
    Je vous revois encor souvent,
Comme, de temps en temps, sur la vague en écume   10
Le nocher[1] voit reluire, au milieu de la brume,
    Les rayons du soleil levant!

Je te pleure toujours, toit bâti par mes pères,
Foyer religieux où tant d'amours sincères
    Comblaient le cœur du troubadour!   15
Et toujours je te pleure, ô chambre solitaire
D'où mon regard pensif sur le ciel et la terre
    Flottait doucement tour à tour!

Ah! que de fois tout seul j'ai marché sur la rive,
Regardant à mes pieds chaque vague plaintive,   20
    Écoutant le gai matelot!
Que de fois en secret j'ai tracé sur le sable
Un adorable nom que le flot implacable
    Venait effacer aussitôt!

Je regardais au ciel, dans les longs soirs d'automne,   25
Ces aspects merveilleux qu'un soleil couchant donne
    Aux œuvres sublimes de Dieu.
Je regardais la nue avec sa longue frange
Flotter, comme un navire à la structure étrange,
    Dans un vaste océan de feu.   30

Je regardais jaunir nos riches pâturages;
Je regardais nos bois, sans feuilles, sans ramages,
    Partout s'endormir pour longtemps.
Mais l'arbre reverdit que le soleil caresse!
Et pour l'homme qui touche au seuil de la vieillesse   35
    Il n'est plus jamais de printemps!

Cascades qui sonnez comme des cors de cuivre,
Vieux pins qui tout l'hiver vous drapez dans le givre
    Comme, dans l'hermine, un grand roi,

---

1. Nocher = celui qui conduit une barque.

Solitaires sentiers, bosquets pleins de mystères,   40
Fontaines qui courez sous les fraîches fougères,
    Vous souvient-il encor de moi?

Tu glissais dans les airs, ô vive luciole,
Tu glissais, chaque soir, avec ton auréole
    Comme une étoile qui soudain   45
De la voûte des cieux se serait détachée;
Souvent dans le gazon tu te croyais cachée
    Mais ton éclat guidait ma main.

Fauvettes, laissez-vous de minute en minute,
Vos notes onduler comme un doux son de flûte   50
    Dans le silence de la nuit?
Vous, gentils écureuils, avez-vous peur encore
D'une feuille qui tombe au pied du sycomore
    Pendant que vous rongez un fruit?

Berce-toi, papillon, sur ton aile de gaze,   55
La rose ouvre pour toi sa coupe de topaze,
    Pour toi les prés sont veloutés!
Ah! je voudrais aussi parmi les fleurs sauvages
Voltiger, au hasard, sur mes heureux rivages,
    Loin du tumulte des cités!...   60

O vous dont le berceau fut en nos champs tranquilles,
Pouvez-vous respirer l'air empesté des villes
    Sans regretter vos prés en fleurs?
Mes yeux de toutes parts n'aperçoivent que l'homme:
Dieu semble se cacher; c'est en vain qu'on le nomme,   65
    On ne voit pas bien ses splendeurs!

Je cherche un horizon baigné dans la lumière,
Et mes tristes regards se heurtent à la pierre
    D'un mur qui tombe inachevé!
Je demande aux zéphirs mes arômes champêtres,   70
Et la brise du soir n'apporte à mes fenêtres
    Que la poussière du pavé[2]!

Ah! comment voulez-vous que mon âme s'élève,
Dans un transport d'amour, vers ce Dieu qu'elle rêve
    Et que le désert lui montrait!   75
Du livre où je lisais la page s'est fermée!
Et jamais je ne vois qu'à travers la fumée
    Le ciel d'azur qui m'inspirait!

---

2. Voir « Le Retour aux champs ».

Hélas! qui me rendra mon rustique village?
Qui me rendra mes bois avec leur vert feuillage   80
    Et ma nacelle aux durs tolets[1]?
Qui me rendra mes prés couronnés de verdure
Et le ruisseau qui suit avec un doux murmure
    Son lit parsemé de galets?

Qui me rendra le toit où ma paisible enfance,   85
Comme un rêve qu'on aime, a vu, dans l'innocence,
    Si vite s'écouler ses jours?
Qui me rendra, Seigneur, la pelouse fleurie
Et les sentiers fanés de la vaste prairie
    Où je rêvais à mes amours?   90

Et mes amours, c'était la vagabonde voile!
C'était le flot profond! c'était la vive étoile
    Qui brille sous les pieds de Dieu!
C'étaient l'arbre feuillu que fouette la tempête,
Et l'humble lis des champs qui relevait sa tête   95
    Quand le soleil luisait un peu!

C'étaient le geai d'azur, la grive à la voix douce,
Le chardonneret d'or qui recueillait la mousse
    Pour construire son petit nid!
C'était le ciel de plomb d'où la foudre s'élance!   100
C'étaient ces lieux déserts où règne le silence,
    Où l'écho du monde finit!

C'étaient les aboiements des lointaines cascades,
Les peupliers plantés comme des colonnades
    Autour des rustiques maisons!   105
C'étaient près d'une source, au bord d'une futaie,
Le bruit sec, éclatant, cadencé de la braie,
    Et les gais refrains des chansons!

C'étaient, quand le fermier liait ses blondes gerbes,
Les grillons éveillés qui sautaient dans les herbes   110
    Et les bœufs qui rentraient au pas!
C'était l'airain bénit dont la voix solennelle
M'appelait, le dimanche, à la sainte chapelle
    Où la foule priait tout bas!

Passez devant mes yeux, souvenirs que j'adore!   115
Comme ces flots d'azur qu'illumine l'aurore,
    Passez! passez devant mes yeux!
Comme au milieu des nuits ces brillants météores

---

1. Tolets = tolets d'aviron.

Qui glissent dans le ciel avec des bruits sonores,
    Passez, souvenirs radieux!   120

Variantes: *Petits Poèmes*
v. 19-24: (supprimés)
v. 25   : Je regardais souvent, (...)
v. 43-54: (supprimés)
v.79-120: (supprimés)

Le Retour aux champs

Le poète chante le joyeux retour à sa paroisse natale. Dans
cette poésie Le May atteint l'apogée de son art par le choix
d'images et par l'harmonie des vers. Nous reproduisons la der-
nière version, la meilleure, celle publiée dans *Les Épis*. Ce poème
fut publié pour la première fois dans *Une Gerbe* et repris dans
Petits Poèmes. Nous indiquons toutes les variantes entre la der-
nière version et la première afin de permettre aux lecteurs de se
rendre compte du travail de correction du poète.

Enfin j'ai secoué la poussière des villes;
    J'habite les champs parfumés.
Je me sens vivre ici, dans ces cantons tranquilles,
    Sur ces bords que j'ai tant aimés.

L'ennui me consumait dans tes vieilles murailles,   5
    O noble cité de Champlain!
Je ne suis pas, vois-tu, l'enfant de tes entrailles,
    Je ne suis pas né châtelain.

Je suis né dans les champs; je suis fils de la brise
    Qui passe en caressant les fleurs;   10
Je souris à la digue où le torrent se brise
    Avec d'impuissantes clameurs.

Mes premières amours, douces fleurs des vallées,
    N'ont-elles pas été pour vous?
Pour vous, rocs au front nu, forêts échevelées,   15
    Vagues des fleuves en courroux?

Pour vous, petits oiseaux qui semez, à l'aurore,
    Les doux accords de votre voix?
Et pour vous, diamants qu'égrène un vent sonore,
    Après l'orage, sous les bois?   20

Je souffrais dans ces murs où s'entasse la foule,
    Où l'herbe ne reverdit pas,
Où la fleur s'étiole, où la poussière roule
    Comme pour effacer nos pas.

J'avais bien assez vu comme le fort repousse   25
    Le faible à son boulet rivé,
Comme de son orgueil la sottise éclabousse
    L'esprit qui monte du pavé.

Nul vent harmonieux ne passait sur ma lyre,
    Et mes chants étaient suspendus.   30
Je ne retrouvais point le souffle qui m'inspire,
    Et je pleurais les jours perdus.

Il me fallait revoir, au milieu de la plaine,
    Ou sur le penchant du coteau,
Le laboureur qui rêve à la moisson prochaine   35
    En ouvrant un sillon nouveau.

Il me fallait l'odeur du foin qui se dessèche
    Sur le sol où passe la faux,
L'odeur du trèfle mûr que flairent dans la crèche,
    En hennissant, les fiers chevaux.   40

Il me fallait le jour, pour voir combien de voiles
    S'ouvrent blanches sur le flot bleu;
Il me fallait la nuit, pour voir combien d'étoiles
    S'allument sous les pieds de Dieu.

Il me fallait encore entendre l'harmonie   45
    Des nids que berce le rameau,
Il me fallait entendre encor la voix bénie
    Des vieux clochers de mon hameau,

Variantes: *Une Gerbe*
v. 6: O fière cité (...)
v. 8: Et ton cœur me semble d'airain.
v. 11: Je suis fils du torrent qui mugit et se brise
v. 12: Sur le roc avec des clameurs!
(strophe omise): Je suis né du désert, du désert sans limite
                    Où règne le calme et l'effroi;
                Je suis né des forêts que la tempête agite,
                    Des cimes dont l'aigle est le roi!
v. 17: Pour vous, charmants oiseaux (...)
v. 19: Comme des diamants qu'égrène un vent sonore,
v. 24: Comme un flot sale sous nos pas!
v. 28: L'esprit qui traîne le pavé!
(strophes omises): J'avais bien assez vu la richesse hautaine
                    Écraser, de son vil dédain,

L'indigence en haillons qu'une espérance vaine
Jette au hasard sur son chemin!

Il me fallait de l'air, le parfum des prairies
Où fleurissent les blancs muguets;
Il me fallait l'espace et ces courses chéries
Le long des onduleux guérêts!

Il me fallait le calme, alors que chaque étoile
Sourit comme un regard de Dieu,
Calme que rien ne rompt si ce n'est une voile
Qui retombe sur le flot bleu!

v. 34   : Sur le penchant du vert coteau,
v. 41-48: (ces strophes n'existent pas dans la première version)
(strophes omises):   Il me fallait entendre encor la voix bénie
Du vieux clocher de mon hameau;
Cette voix qui répète, en vagues d'harmonie,
Les gaies cantiques du berceau;

Qui porte des chrétiens la prière et l'hommage
Au ciel, dans un divin accord,
Et qui fera peut-être, un jour, gémir la plage
Du glas funèbre de ma mort.

Mes Vieux Pins

Le thème de l'arbre hante l'imagination du poète. Ne chante-
t-il pas à divers moments de sa vie l'orme de Lotbinière, les
vieux pins et un vieil arbre? Devant la fuite du temps, le poète
cherche désespérément l'enracinement. Ce poème fut publié pour
la première fois dans *Les Épis*.

O vieux pins embaumés qui chantez à la brise,
Debout, sur les coteaux, comme de fiers géants,
J'aime la nudité de votre écorce grise!
O vieux pins embaumés qui chantez à la brise,
J'aime vos bras tendus vers les gouffres béants!   5
Vous étiez avant moi sur la rive où je pleure,
Et quand j'aurai quitté ce monde que j'effleure,
Vous chanterez encore avec les océans,
Avec l'homme immortel qu'un souffle pulvérise,
O vieux pins embaumés qui chantez à la brise,   10
Debout, sur les coteaux, comme de fiers géants!

Vos troncs fermes et droits résistent à l'orage,
Quand je vois autour d'eux tant d'arbres se briser.
Ils me font souvenir des hommes d'un autre âge.
Vos troncs fermes et droits résistent à l'orage,   15
Et donnent à la nue un front pur à baiser.

Versant comme une pluie, au milieu des soirs calmes,
Leurs chants joyeux, les nids se bercent sur vos palmes.
À vos cîmes l'hiver ne semble point peser ;
Le lac vous voit frémir dans son brillant mirage ;   20
Vos troncs fermes et droits résistent à l'orage,
Quand je vois autour d'eux tant d'arbres se briser.

Lorsque les feux du soir dorent vos fronts, la terre
Où votre ombre descend nous invite à rêver.
Le sentier où je passe est toujours solitaire.   25
Lorsque les feux du soir dorent vos fronts, la terre
Où ma course bientôt, hélas ! va s'achever,
Me paraît toute belle ! O l'étrange demeure !
Et pourquoi l'aimer tant, puisqu'il faut que l'on meure !
Puisque le jour fini ne peut se retrouver !...   30
J'ai soif de l'inconnu, de son profond mystère.
Lorsque les feux du soir dorent vos fronts, la terre
Où votre ombre descend nous invite à rêver.

Mon âme émue, alors, dans une vague d'ombre
Voit glisser un rayon. C'est l'espoir radieux.   35
Comme dans l'épaisseur de vos grappes sans nombre,
Mon âme émue, alors, dans une vague d'ombre
Voit quelquefois encor sourire un coin des cieux.
Comme le flot d'argent des urnes renversées,
Beaux arbres, le jour luit dans vos blanches percées,   40
Et met une auréole à mon front soucieux.
Et qu'importe après tout ce que dure un jour sombre ?
Mon âme émue, alors, dans une vague d'ombre
Voit glisser un rayon. C'est l'espoir radieux.

LES GOUTTELETTES (1904)

Sous l'emprise des Parnassiens, Pamphile Le May cisèle des sonnets traduisant sa foi inébranlable et son amour du terroir. Il est possible que Le May ait subi l'influence des *Trophées* d'Hérédia. Mais ce qui fait la renommée du poète de Lotbinière, c'est qu'il ait gardé une certaine originalité. Le fond de cette œuvre, publiée en 1904 sous le titre des *Gouttelettes*, est d'inspiration régionale et religieuse. Aussi indépendant qu'un Sully Prudhomme ou qu'un François Coppée à l'égard de l'art pour l'art Le May a pris au Parnasse juste ce qu'il faut pour donner à ses vers la rutilance requise en cette fin du XIXᵉ siècle. Le poème bref sauve son œuvre de la grandiloquence et du larmoiement en vogue à cette époque. Dans ses *Gouttelettes*, vingt-deux sonnets seulement chantent le «moi» du poète. En effet, il se plaît à décrire la nature dans des fresques qui, par leur atmosphère et leur impersonnalité, nous rappellent certaines œuvres de Leconte de Lisle. La première édition des *Gouttelettes,* en 1904, présente cent soixante-quinze sonnets groupés en dix-huit sections: sonnets bibliques, sonnets évangéliques, souffle religieux, hommage, dans l'antiquité, chez les Romains, au foyer, glané dans notre histoire, grains de philosophie, sonnets rustiques, domaine politique, souffle d'amour, les astres, fantaisie, paysages, sur les eaux, sport et ultima verba. L'édition posthume de 1937 reprend l'essentiel de la première tout en apportant certains changements et modifications. Nous suivons l'édition de 1937 indiquant les variantes s'il y a lieu.

«Sonnets bibliques»: *La Mer Morte*

Le poète décrit avec force l'affreuse désolation qui entoure la mer Morte. Cette étendue d'eau se nomme «mer de sel» en hébreu et en grec «lac Asphaltite» à cause des masses bitumineuses qui flottent parfois à sa surface.

Près des monts de Judée[1], arides, sans fraîcheurs,
Et des monts de Moab[2] aux sèves fécondantes,
L'Asphaltite maudit berce ses eaux mordantes,
Où jamais ne tomba le filet des pêcheurs.

Les rocs nus sont rayés de sinistres blancheurs.   5
Serait-ce un reste froid de vos cendres ardentes,
Impudiques cités[3]? Les vagues abondantes
Ont-elles pu laver le front de vos pécheurs?

De la vie en ce monde on se croit à la borne;
Nul chant n'y réjouit la solitude morne;   10
À ne fleurir jamais ces bords sont condamnés.

Dors en ton gouffre amer, sur ton lit de bitume;
Ta coupe est décevante et pleine d'amertume...
N'es-tu pas faite, ô mer! des pleurs de tes damnés?

Variante:
v. 9: La vie a-t-elle là placé l'ultime borne?

---

1. Judée: L'ancienne Palestine, à l'ouest de la mer Morte.
2. Moab: La partie de l'Arabie à l'est de la mer Morte.
3. Impudiques cités: Sodome et Gomorrhe, deux villes près de la mer Morte, détruites par le feu du ciel en raison de leur dépravation.

«Dans l'antiquité»: *Le Mirage*

Ce sonnet reflète l'exotisme de Leconte de Lisle, chef de l'école parnassienne.

C'est le désert lugubre après l'âpre savane,
Le ciel de feu, le sable épais, l'air étouffant.
D'une terreur étrange à peine on se défend.
Seul, en ces lieux maudits, l'Arabe se pavane.

Là des sources sans eaux, un palmier qui se fane;   5
Là des crânes ouverts par un cheik triomphant.
Mais voici que le ciel à l'horizon se fend,
Et des frissons d'espoir poussent la caravane.

Devant elle, là-bas, dans les sables houleux,
Elle a vu tout à coup resplendir des flots bleus.   10
Sa soif brûlante enfin sera donc assouvie.

Haletante, elle court secouant sa torpeur,
Vers l'horizon de flamme où luit ce lac trompeur...
Et c'est ainsi, mon Dieu! qu'on traverse la vie!

«Souffle religieux»: *La Lampe du sanctuaire*

Dans le temple pompeux ou la chapelle nue
Elle brûle. Elle brûle à l'aurore, à la nuit,
Quand tout s'anime et chante et lorsque meurt tout bruit.
Bénis les soins pieux qui l'ont entretenue!

Comme une étoile d'or qui percerait la nue,   5
Dans l'encens de l'autel doucement elle luit.
Comme un souvenir pur, quand une amitié fuit,
Elle illumine l'âme où la nuit est venue.

Elle donne à l'arceau de nouvelles ampleurs.
Elle sourit au juste; elle compte les pleurs   10
Que les pécheurs vaincus répandent goutte à goutte.

Souvent à sa lueur, dans la paix, j'ai prié.
Serait-elle un rayon de l'hostie, oublié
Avec l'écho des chants, sous l'adorable voûte?

Variantes:
v. 3: Lorsque tout prie et chante (...)
v. 12: Souvent sous sa lueur mon genou s'est plié

«Glané dans notre histoire» : *Les Échos*

Oeuvre d'inspiration, la poésie de Le May veut atteindre les profondeurs de l'âme nationale. La nature et tout ce qui nous entoure rappelle par ses échos l'existence de ceux qui nous ont précédés.

Le sifflet d'un navire, un tintement de cloche,
L'appel de la trompette ou le bruit des canons,
Réveillent des échos dont nous nous étonnons,
Quand l'air est immobile ou que l'orage est proche.

Comme sur une eau calme une pierre ricoche,   5
Ils s'en vont, ces échos. Ils redisent des noms
Qui firent tressaillir le roc où nous planons,
Et qui sont une gloire... et peut-être un reproche.

Car nous parlons encor, pauvres agonisants,
Des braves d'autrefois, soldats ou paysans,   10
Qui rêvaient follement de voir la délivrance.

Mais quand à l'artimon[1] de quelques fiers vaisseaux,
Tout à coup bat au vent le pavillon de France,
C'est du fond de nos cœurs que montent les échos.

«Hommage» : *À un Poète malade. Albert Lozeau*

Albert Lozeau, poète cloué au lit par une maladie d'enfance, s'est révélé au public en 1907 par la publication de *L'Ame solitaire*. Déjà, par une obscure intuition, Le May sent chez ce jeune disciple, une «âme-frère» dans la lutte pour arracher une signification au chaos existentiel.

L'aile atteinte en son vol n'aura plus, désormais,
Ces frissons de plaisir qui troublaient la ramure ;
La moisson parfois souffre avant que d'être mûre ;
L'arbre un jour abattu ne refleurit jamais.

---

1. Artimon = le mât arrière d'un voilier.

Et te voilà gisant comme l'arbre mort. Mais   5
Sur ta lèvre pâlie il court un doux murmure.
Tu portes la douleur comme on porte une armure,
Et ton aile brisée effleure des sommets.

Nul cri de révolté n'est sorti de ta bouche,
Et la Muse attendrie effeuille, sur ta couche,   10
Des fleurs dont le parfum a la chaleur du vin.

Des chants inattendus traversent les bruines,
Et des nimbes sacrés couronnent nos ruines,
Quand descend un rayon du grand foyer divin.

Variante:
Titre: A ALBERT LOZEAU

« Souffle d'amour » : *Crépuscule*

Aux vallons endormis la nuit glisse en silence.
Mes vieux pins sont drapés dans leurs sombres manteaux.
On n'entend plus monter le rythme des marteaux,
On ne voit plus la nef que la vague balance.

Une fauve lueur, comme un éclair de lance,   5
Embrase un coin du ciel, au-dessus des coteaux.
Les cimes ont de l'or dans leurs noirs chapiteaux.
Vers ces derniers rayons le vol des cœurs s'élance.

Et c'est le soir pour moi! Loin mon joyeux matin,
Loin le midi de flamme où mon cœur libertin,   10
Martelé par l'amour, sonnait comme une enclume!

Mais au fond de mon âme où le soleil a lui,
Crépuscule nouveau qu'un souvenir allume,
Je vois un doux reflet de mon bonheur enfui.

« Sonnets rustiques »

Le May voulait être une force qui édifie. Il écrit pour inspirer aux siens plus de fidélité à leurs traditions, à leurs coutumes religieuses et nationales. «Nous devons par nos œuvres, inspirer

l'amour du travail», écrit-il en 1880. Les «sonnets rustiques»
demeurent donc du meilleur Le May, la partie de son œuvre où il
chante sa «terre-Québec».

Les Colons

Entendez-vous chanter les bois où nous allons?
Sur les pins droits et hauts comme des colonnades,
Les oiseaux amoureux donnent des sérénades,
Que troubleront, demain, les vigoureux colons.

Entendez-vous gémir les bois? Dans ces vallons   5
Qui nous offraient, hier, leurs calmes promenades,
Les coups de hache, drus comme des canonnades,
Renversent bien des nids avec les arbres longs.

Mais dans les défrichés où tombe la lumière,
L'été fera mûrir, autour d'une chaumière,   10
Le blé de la famille et le foin du troupeau.

L'âme de la forêt fait place à l'âme humaine,
Et l'humble défricheur taille ici son domaine,
Comme dans une étoffe on taille un fier drapeau.

Le Réveil

Laissons l'âtre mourir; courons à l'aventure.
Le brouillard qui s'élève est largement troué;
La fontaine reprend son murmure enjoué;
La clématite[1] grimpe à chaque devanture.

Le ciel fait ondoyer les plis de sa tenture;   5
Une tiède vapeur monte du sol houé;
L'air doux est plein de bruits; les bois ont renoué,
Dans les effluves[2] chauds, leur discrète ceinture.

L'aile gaîment s'envole à l'arbre où pend le nid;
L'enfant rit; le vieillard n'a plus de tons acerbes;   10
Les insectes émus s'appellent sous les herbes.

---

1. Clématite = plante grimpante.
2. Effluves = émanations.

O le joyeux réveil! Tout chante, aime et bénit!
Un élan pousse à Dieu la nature féconde,
Et le rire du ciel s'égrène sur le monde.

À un vieil arbre

Le parallèle entre un vieil arbre oublié et le poète arrivé à la vieillesse se déroule dans un chant harmonieux où se révèle toute la maîtrise technique de Le May.

Tu réveilles en moi des souvenirs confus.
Je t'ai vu, n'est-ce pas? moins triste et moins modeste.
Ta tête sous l'orage avait un noble geste,
Et l'amour se cachait dans tes rameaux touffus.

D'autres, autour de toi, comme de riches fûts,   5
Poussaient leurs troncs noueux vers la voûte céleste.
Ils sont tombés, et rien de leur beauté ne reste;
Et toi-même, aujourd'hui, sait-on ce que tu fus?

O vieil arbre tremblant dans ton écorce grise!
Sens-tu couler encore une sève qui grise?   10
Les oiseaux chantent-ils sur tes rameaux gercés?

Moi, je suis un vieil arbre oublié dans la plaine,
Et, pour tromper l'ennui dont ma pauvre âme est pleine,
J'aime à me souvenir des nids que j'ai bercés.

«Au foyer»: *La Maison paternelle*

Considéré par certains comme le chef-d'œuvre du poète, ce sonnet exprime une émotion profonde et personnelle.

Depuis que mes cheveux sont blancs, que je suis vieux,
Une fois j'ai revu notre maison rustique,
Et le peuplier long comme un clocher gothique,
Et le petit jardin tout entouré de pieux.

Une part de mon âme est restée en ces lieux   5
Où ma calme jeunesse a chanté son cantique.
J'ai remué la cendre au fond de l'âtre antique,
Et des souvenirs morts ont jailli radieux.

FIG. 28 — Une vieille maison, par G. Delfosse (*ca* 1900), Galerie nationale, Ottawa.

Mon sans gêne inconnu paraissait malhonnête,
Et les enfants riaient. Nul ne leur avait dit   10
Que leur humble demeure avait été mon nid.

Et quand je m'éloignai, tournant souvent la tête,
Ils parlèrent très haut, et j'entendis ceci:
— Ce vieux-là, pourquoi donc vient-il pleurer ici?

Variante:
Titre: UN SOUVENIR.

« Fantaisie » : *Les Yeux*

Il est un œil si doux et si plein de candeur
Qu'on dirait une étoile en la nuit presque éteinte.
La mer au fond d'un autre a mis sa fauve teinte.
Un troisième est fait d'ombre. Et tous ont leur splendeur.

Sous leurs cils veloutés il n'est pas de froideur   5
Quand le cœur aime. Et nul ne peut fuir leur atteinte.
L'âme vibre bientôt comme un métal qui tinte,
Quand ils plongent brûlants jusqu'en sa profondeur.

L'œil d'azur est rempli de promesses suaves;
L'œil noir semble parfois foudroyer ses esclaves;   10
Comme la mer, l'œil gris a d'étonnants réveils.

Et ces yeux, si divers par l'éclat et le charme,
Seront plus beaux encore et deviendront pareils
Quand ils regarderont à travers une larme.

Ultima Verba

Mon rêve a ployé l'aile. En l'ombre qui s'étend,
Il est comme un oiseau que le lacet captive.
Malgré des jours nombreux ma fin semble hâtive;
Je dis l'adieu suprême à tout ce qui m'entend.

Je suis content de vivre et je mourrai content.   5
La mort n'est-elle pas une peine fictive?
J'ai mieux aimé chanter que jeter l'invective.
J'ai souffert, je pardonne, et le pardon m'attend.

Que le souffle d'hiver emporte, avec la feuille,
Mes chants et mes sanglots d'un jour! Je me recueille   10
Et je ferme mon cœur aux voix qui l'ont ravi.

Ai-je accompli le bien que toute vie impose?
Je ne sais. Mais l'espoir en mon âme repose,
Car je sais les bontés du Dieu que j'ai servi.

Louis-Honoré Fréchette
(1839-1908)

Né à Lévis, Fréchette fait ses études primaires chez les Frères des Écoles chrétiennes, ses études classiques au Séminaire de Québec, au Collège de Sainte-Anne-de-la-Pocatière et au Séminaire de Nicolet. Le 9 avril 1859, *L'Abeille* imprime « À un jeune poète », vraisemblablement son premier poème publié. À l'automne de 1860, il commence son cours de droit à l'Université Laval. Attaché un moment au *Journal de Québec* (1861-1862), Fréchette devient traducteur au Parlement, en 1862. La même année, il écrit deux pièces de théâtre. Il participe aussi aux *Soirées canadiennes* et au *Foyer canadien*. Son premier recueil de poésies intitulé *Mes Loisirs* voit le jour en février 1863. Au cours de cette période, il mène une vie de bohème dans sa mansarde du palais. Gagné depuis 1863 à la cause libérale, il participe aux campagnes contre la Confédération. Reçu avocat en 1864, il ouvre un bureau à Lévis et fonde *Le Drapeau de Lévis*, suivi de *La Tribune de Lévis*, deux journaux éphémères. Découragé par son insuccès autant que par le peu d'intérêt témoigné à l'égard de sa poésie, Fréchette quitte Québec en juillet 1866, à destination des États-Unis. Fait paradoxal, ses cinq années d'« exil » à Chicago font connaître Fréchette au Québec, grâce surtout à son poème *La Voix d'un exilé*.

De retour à Québec en 1871, il se lance en politique et est élu député du Comté de Lévis au Parlement fédéral, en 1874. En 1876, il épouse Emma Beaudry, fille d'un homme riche de Montréal. Son deuxième recueil de poésie, *Pêle-Mêle*, est publié en 1877. Défait aux élections de 1878, Fréchette s'installe à Montréal, se consacrant à la littérature et au journalisme. L'année 1880 demeure pour lui à jamais mémorable : en juin, on joue ses deux pièces, *Le Retour de l'exilé* et *Papineau* ; le 5 août, il reçoit le prix Montyon de l'Académie française qui couronne son recueil, *Les Fleurs boréales*. En 1887, lors de son deuxième voyage, il fait

paraître à Paris, *La Légende d'un peuple*, épopée saluée avec
enthousiasme par Honoré Mercier, premier ministre de la pro-
vince, qui nomme Fréchette greffier au Conseil législatif du Qué-
bec en 1889. Il s'essaie avec succès à la prose: ses contes
ainsi que ses *Mémoires intimes* demeurent aujourd'hui la partie la
plus intéressante de son œuvre. Polémiste né, Fréchette suscite
bien des jalousies dans le petit monde des lettres au Québec.
William Chapman, dépité et poussé par la jalousie, publie deux
ouvrages en 1894 afin de démontrer que Fréchette affectionne le
plagiat! Président de la Société royale en 1900-1901, Fréchette par-
ticipe aussi à l'École littéraire de Montréal comme président
d'honneur. À la fin de sa vie, il prépare l'édition définitive de son
œuvre, mais seulement les trois tomes consacrés à la poésie ont
paru avant sa mort survenue le 31 mai 1908. Pendant le dernier
quart du XIXᵉ siècle, Louis-Honoré Fréchette a été l'homme de
lettres le plus en vue du Québec.

Porté tout naturellement vers l'épopée, Fréchette choisit
d'instinct les sujets où il peut donner libre cours à son talent
oratoire. Dans tous les recueils, on pourrait ainsi retrouver cette
préoccupation constante de dramatiser, de raconter avec fracas,
d'amplifier, de haranguer. *La Voix d'un exilé* et *La Légende d'un
peuple* durent naître de ce besoin d'émotions violentes: elles nous
furent livrées comme les produits d'un esprit qu'avait séduit et
enflammé la rhétorique. Le poète se plaît aussi à exposer une
philosophie, à développer des idées générales, à juger l'œuvre de
l'histoire. Comme un leitmotiv, Fréchette revient continuellement
à une idée maîtresse, le bienfait de la «liberté». La vie du
peuple canadien n'est-elle pas un long, un patient effort vers la
liberté? La découverte de l'Amérique n'est-elle pas, pour le
monde, une promesse de liberté? La France ne cautionne-t-elle
pas l'impulsion de l'homme occidental vers la liberté?

Fréchette demeure avant tout poète lyrique. Doué d'une âme
que des passions tumultueuses et fugitives habitent, il éprouve à
un degré plus ou moins profond de la sensibilité, des émotions
que le poète traduit en strophes. Son inspiration est surtout faite
de sentiments. Louis Fréchette se place au centre de la généra-
tion d'écrivains qui se manifestent entre 1860 et 1890. Plus grand
que la plupart de ses contemporains par cet art du rythme, par
cette imagination fertile, par cette sensibilité éloquente qui sont ses
meilleures qualités, il les surpasse tous, à certains moments d'exal-
tation ou d'enthousiasme. Possédant un réel talent poétique, Fré-

chette le gaspille pourtant souvent en pastichant ses modèles. À côté de Hugo, qui trône en maître, se rangent Lamartine, Leconte de Lisle, Josephin Soulary, Théophile Gautier et Heredia. Comme Pamphile Le May, Fréchette suit la mode. Il passe du romantisme au Parnasse pour paraître plus contemporain. Toute sa vie, il sera disciple avant d'être lui-même.

Dès ses premières œuvres, Fréchette fait preuve d'une grande maîtrise de la langue et d'une profonde connaissance de l'art poétique. Quoiqu'il essaie presque toutes les formes à la mode, la régularité strophique témoigne de son sens musical et de la souplesse de son talent. Disciple de Victor Hugo, il abuse parfois de l'épithète, de la digression et de l'allégorie pathétique. Comme tout disciple, il s'est quelquefois trop souvenu de ses lectures: à certaines occasions, il a composé avec sa mémoire plus qu'avec son imagination; et cela diminue d'autant la valeur personnelle de son œuvre. Soucieux du reste de ne laisser après lui que les pièces les meilleures qu'il avait composées, Fréchette a préparé une dernière édition de ses poésies; il en a éliminé les morceaux «médiocres», groupant sous le titre d'*Épaves* celles-là de ses premières pièces qu'il croyait pouvoir échapper encore quelque temps au naufrage de l'oubli.

L'œuvre poétique

Le premier poème publié de Fréchette date du mois d'avril 1859; entre cette date et sa mort, cinquante ans plus tard, le poète compose plus de quatre cents pièces de vers, publiées pour la plupart dans les journaux et revues avant d'être reprises dans les recueils. Entre 1863 et 1891, il publie au moins neuf recueils, sans compter des dizaines de plaquettes de quelques pages. En 1863, il groupe ses premiers écrits sous le titre de *Mes Loisirs,* recueil contenant quarante-cinq poésies. Quinze ans plus tard, devenu député au Parlement fédéral, il publie ses œuvres composées depuis 1863 ainsi que plusieurs pièces tirées de *Mes Loisirs,* sous le titre de *Pêle-Mêle* (1877). Il en fait aussi un tirage spécial reprenant, en plus des soixante-quatre poèmes de l'édition ordinaire, son long poème «La Voix d'un exilé». En effet, il avait publié ce poème aux États-Unis en trois parties, en 1866, en 1868 et en 1869. En 1879, Fréchette publie trois recueils: d'abord, *Poésies choisies* qui reprennent quarante-deux pièces déjà parues; ensuite, *Les Oiseaux de neige* qui présentent cinquante-deux sonnets; enfin, voulant concourir à un prix de l'Académie française, il regroupe soixante-dix-neuf pièces des deux recueils précédents sous le titre *Les Fleurs boréales*. *Les Oiseaux de neige,* dans une édition spéciale à trente exemplaires. En 1887, paraît à Paris, son œuvre maîtresse, *La Légende d'un peuple,* ouvrage contenant quarante-sept poèmes. Enfin, en 1890 et 1891, il publie dans des tirages successifs, ses *Feuilles volantes,* groupant une trentaine de poèmes, inédits pour la plupart, quoiqu'il avait déjà fait paraître en plaquette son long poème « Jean-Baptiste-de-la-Salle », en 1889. En 1896, il écrit une tragédie en vers sous le titre de *Veronica.* Des difficultés survenues entre lui et un nommé Pradel, sur la propriété littéraire du texte, empêchent Fréchette de publier sa pièce avant sa mort. En 1908, on publie en trois volumes, les poésies qu'il voulait conserver.

Mes Loisirs, Québec, L. Brousseau, 1863, 203pp.

La Voix d'un exilé, Chicago, s.é., 1866, 8 pp.; 2ᵉ éd. 1868, 18 pp.; 3ᵉ éd. Chicago, Imprimerie de l'Amérique, 1869, 46 pp.; 4ᵉ éd. dans *Pêle-Mêle*, Montréal, Lovell, 1877, p. 277-327, (tirage limité à une centaine d'exemplaires).

Pêle-Mêle, Montréal, Lovell, 1877, 274 pp. et 332 pp.

Poésies choisies, Québec, C. Darveau, 1879, 182 pp.

Les Oiseaux de neige, Québec, C. Darveau, 1879, 120 pp.

Les Fleurs boréales. Les Oiseaux de neige, Québec, C. Darveau, 1879, 268 pp.; 2ᵉ éd. Paris, E. Rouveyre, 1881, 264 pp.; 3ᵉ éd. Montréal, C. O. Beauchemin & fils, 1886, 278 pp.

La Légende d'un peuple, Paris, À la librairie illustrée, 1887, vii, 347 pp.; 2ᵉ éd. Québec, C. Darveau, 1890, 365 pp.; 3ᵉ éd. 1897; 4ᵉ éd. Montréal, Librairie Beauchemin, 1908, 370 pp.; 5ᵉ éd. 1941, 234 pp.

Jean-Baptiste de la Salle, Montréal, s. é., 1889, (deux tirages) 53 pp. et 59 pp.

Feuilles volantes, Québec, C. Darveau, 1890, 228 pp.; 2ᵉ éd. Montréal, Granger frères, 1891, 208 pp.; 3ᵉ éd. 1891, 221 pp.

Poésies choisies: tome 1, *La Légende d'un peuple;* tome 2, *Feuilles volantes. Oiseaux de neige* ; tome 3, *Épaves poétiques. Veronica*, Montréal, Beauchemin, 1908.

* * *

Camille Roy, *Louis Fréchette*, dans *Nouveaux Essais de littérature cana-dienne*, Québec, L'Action sociale, 1914, p. 135-215.

Michel Dassonville, *Fréchette*, Montréal, Fides, 1959, 95 pp. «Classiques canadiens».

MES LOISIRS (1863)

Groupant quarante-cinq poèmes écrits entre le mois de mai 1858 et le mois de février 1863, ce premier recueil présente des œuvres d'une étonnante variété de formes strophiques et de thè-mes. Nous y remarquons douze types de quatrains, trois types de quintains, onze types de sixains, deux types de septains, neuf types de huitains et un dixain. Il célèbre l'actualité, chante les exploits des héros canadiens, rêve de toutes les jeunes filles qu'il aime et rime même des légendes populaires. Son ambition en publiant *Mes Loisirs* était de donner ce qu'il croyait être «la première publication de ce genre dans notre jeune pays.» En 1848, cepen-dant, Louis-Thomas Groulx (1819-1870), greffier à Joliette, avait publié quelques-unes de ses poésies sous le titre de *Mes Loisirs* (Montréal, P. Gendron, 1848, 48 pp.).

La Poésie. À M. Octave Crémazie

Fréchette avait voulu écrire lui-même la première page du premier numéro des *Soirées canadiennes*, paru en mars 1861, re-vue où se concentraient alors tous les rayons de la «Pléiade» de Québec. C'est à la «poésie» qu'il consacre ces couplets et, comme pour préciser et révéler sans mystère l'influence qu'il avait subie, il les dédie à Crémazie. Et il termine son envoi par le mot du poète Reboul à Lamartine: «Mes chants naquirent de tes chants.»

Fée aux voiles de soies,
Qui, rêveuse, déploies
Ta chevelure d'or,
Et, d'une aile éperdue,
T'élances vers la nue   5
Pour suivre le Condor[1]!

Divine poésie,
O coupe d'ambroisie,

---

1. Condor: Grand vautour des Andes.

De nectar et de miel!
Voix pleine de mystère,   10
N'es-tu pas sur la terre
L'écho des chants du ciel?

N'es-tu pas, sous tes voiles,
O fille des étoiles,
Le cadeau précieux   15
Qu'une bonté profonde
Daigna donner au monde
En souvenir des cieux?

Quand ta voix solennelle
Résonne, et que ton aile   20
Vient toucher au front,
L'homme devient un ange,
Et dans son vol étrange,
Il s'élance plus prompt

Que l'éclair qui serpente   25
Et gronde sur la pente
De l'antique Sina[2];
Tandis que son délire
Prête une âme à la lyre
Que ta main lui donna.   30

Les accents du poète
Dominent la tempête,
Fille des fiers Autans[3],
Et son audace achève
Le plus sublime rêve   35
Des orgueilleux Titans[4].

Mais, loin des lieux immondes,
Sur les routes des mondes
Que l'Éternel traça,
Quand il franchit l'espace   40
Jamais sa main n'entasse
Pélion sur Ossa[5].

Sa course solennelle,
D'un seul coup de son aile,

---

2. Sina: S'agit-il de la Sinaï?
3. Autans = les vents.
4. Titans: Les fils d'Uranus qui, tentant d'escalader le ciel, furent foudroyés par Zeus.
5. Pélion et Ossa: Lorsque les Titans voulurent escalader le ciel, ils entassèrent le mont Pélion sur le mont Ossa.

Le porte aux cieux ravis;   45
Son luth divin résonne,
Et sa voix d'ange étonne
Les célestes parvis.

Dans des flots de lumière,
Secouant la poussière   50
De ce monde pervers,
Il plane sur la foule,
Et sous lui se déroule
Un nouvel univers.

Et là-haut son génie   55
Dérobe l'harmonie
Aux chœurs de Gabriel[6],
Et, nouveau Prométhée[7],
Sous la voûte enchantée,
Ravit le feu du ciel.   60

ENVOI.

O poète, j'aimais, aux jours de mon enfance,
Enfant aux blonds cheveux, au cœur plein d'espérance,
À lire tes récits ou navrants ou joyeux;
Quand ton génie épris de notre jeune histoire,
Par ses mâles accents, d'un frais bandeau de gloire   65
    Ceignait le front de nos aïeux!

Avec toi je pleurai sur le champ de bataille
Où le vieux Canadien[8] qu'épargna la mitraille
Mourait enveloppé de son vieux drapeau blanc;
Avec toi je rêvai sous le vert sycomore   70
    Où le farouche Sagamore[9]
    Scalpait son ennemi sanglant!

Avec toi j'admirai les bords sacrés du Gange,
Et les riants pays où se cueille l'orange;
Puis, quittant l'ancien monde et ses coupoles d'or,   75
Je revins avec toi sur nos plages fertiles,
    Écouter ce que dit aux roses des Mille-Îles
    Le flot palpitant qui s'endort!

---

6. Gabriel: Archange qui annonça à la Vierge qu'elle serait mère du Sauveur.
7. Prométhée: Dieu ou génie du Feu.
8. Vieux Canadien: Voir «Le Drapeau de Carillon» de Crémazie.
9. Sagamore: Voir «Le 200ᵉ anniversaire de l'arrivée de Mgr de Montmorency-Laval».

Je te suivis partout, des rives du Bosphore[10],
Où ta muse suivait le drapeau tricolore,
Jusqu'aux sables brûlants de l'île de Java[11];   80
Puis je vis dans ta strophe harmonieuse et fière,
    Derrière le trône de Pierre,
    Briller le front de Jéhova[12]!

Et je voulus aussi, cédant à mon délire,   85
Animer sous mes doigts les cordes d'une lyre,
Et, quoique faible encor, ma muse de vingt ans
Peut te dire aujourd'hui de sa voix enfantine,
Comme autrefois Reboul[13] au divin Lamartine:
    «Mes chants naquirent de tes chants!»   90

La Nymphe de la fontaine

Baigne mes pieds du cristal de tes ondes,
O ma fontaine! et sur ton frais miroir,
Laisse tomber mes longues tresses blondes
Flottant au gré de la brise du soir!

Nymphe des bois, sur ton bassin penchée,   5
J'aime à rêver à l'ombre des roseaux,
Quand une feuille à sa tige arrachée,
Ride en tombant la nappe de tes eaux.

J'aime à plonger ma taille gracieuse
Dans tes flots noirs chantant sous les glaïeuls,   10
Quand de la nuit l'ombre silencieuse
Étend son aile au-dessus des tilleuls.

Oh! j'aime à voir tes vagues miroitantes
Multiplier les flambeaux de la nuit!
Oh! j'aime à voir, sous tes algues flottantes,   15
Le voile bleu d'une ondine qui fuit!

Tombe toujours en cascade légère!
Roule toujours en bouillons écumeux!
Baise en passant les touffes de fougère
Et porte au loin tes flots harmonieux.   20

---

10.   Bosphore: Voir «La Guerre d'Orient».
11.   Java: Voir «Le Retour de l'abeille».
12.   Jéhova: Voir «La Guerre d'Italie».
13.   Reboul: Jean Reboul (1796-1864).

Pour t'écouter, la nuit calme et sereine
Semble endormir les derniers bruits du jour...
Coule toujours, enivrante fontaine!
Coule toujours, fontaine, mon amour!

Chant de la Huronne

Ce poème, mis en musique par Ernest Gagnon, montre le
sens de la musicalité du vers de Fréchette.

Glisse, mon canot, glisse
Sur le fleuve d'azur!
Qu'un Manitou propice
À la fille des bois donne un ciel toujours pur!

Le guerrier blanc regagne sa chaumine;   5
Le vent du soir agite le roseau,
Et mon canot, sur la vague argentine.
Bondit léger comme l'oiseau.

Glisse, mon canot, glisse
Sur le fleuve d'azur   10
Qu'un Manitou propice
À la fille des bois donne un ciel toujours pur!

De la forêt la brise au frais murmure
Fait soupirer le feuillage mouvant;
L'écho se tait et de ma chevelure   15
L'ébène flotte au gré du vent!

Glisse, mon canot, glisse
Sur le fleuve d'azur!
Qu'un Manitou propice
À la fille des bois donne un ciel toujours pur!   20

J'entends les pas de la biche timide...
Silence!... vite! un arc et mon carquois!
Volez! volez! ô ma flèche rapide!
Abattez la reine des bois!

Glisse, mon canot, glisse   25
Sur le fleuve d'azur!
Qu'un Manitou propice
À la fille des bois donne un ciel toujours pur!

Minuit

Dans ce poème, Fréchette fait appel au romantisme fantastique; ne voit-on pas l'influence des *Odes et Ballades* de Victor Hugo? La sylphide, la péri, la fée, comme les farfadets et les gnomes, sont des êtres imaginaires qu'on retrouve dans l'œuvre de Hugo et de Charles Nodier.

La pâle nuit d'automne
De ténèbres couronne
Le front gris du manoir;
Morne et silencieuse,
L'ombre s'assied, rêveuse,   5
Sous le vieux sapin noir.

Au firmament ses voiles
Sont parsemés d'étoiles
Dont le regard changeant,
Sur la nappe des ondes,   10
Répand en gerbes blondes
Ses paillettes d'argent.

Dans le ciel en silence
La lune se balance
Ainsi qu'un ballon d'or,   15
Et sa lumière pâle,
D'une teinte d'opale,
Baigne le flot qui dort.

Au bois rien ne roucoule
Que le ruisseau qui coule   20
En perles de saphir;
Et nul cygne sauvage
N'ouvre sur le rivage
Sa blanche aile au zéphir.

Une ondoyante voile,   25
Comme aux cieux une étoile,
Brille au loin sur les eaux,
Et la chouette grise
De son vol pesant frise
La pointe des roseaux.   30

La bécassine noire
Au col zébré de moire
Dort parmi les ajoncs
Qui fourmillent sans nombre
Sur le rivage sombre,   35
Au pied des noirs donjons.

Sous la roche pendante,
La grenouille stridente
Dit sa rauque chanson,
Et des algues couverte   40
Toute la troupe verte
Coasse à l'unisson.

Dans l'onde qui miroite,
L'ondine toute moite
Écartant les roseaux,   45
Sèche sa blanche épaule
À l'ombre du vieux saule
Qui pleure au bord des eaux.

Rêveuse elle se mire
Et, coquette, s'admire   50
Dans le miroir mouvant,
Et de ses tresses blondes,
Sur le cristal des ondes,
Tombent des pleurs d'argent.

La Sylphide amoureuse,   55
La Péri vaporeuse,
Fée au col de satin,
Dans leur ronde légère,
Effleurent la fougère
D'un petit pied mutin.   60

Les farfadets, les gnomes,
Les nocturnes fantômes,
Traînant leurs linceuls gris,
Dansent, spectres difformes,
Autour des troncs énormes   65
Des vieux pins rabougris.

Le serpent rampe et glisse,
Et son écaille lisse
D'un rayon fauve luit;
Les bêtes carnassières   70
Sortent de leurs tannières…
Dormons: il est minuit!

LA VOIX D'UN EXILÉ (1866-1869)

La Voix d'un exilé, mince plaquette de huit pages imprimée
à Chicago au cours de l'hiver 1866-1867, produit un effet inouï sur

ses compatriotes. Du jour au lendemain, le poète en exil devient célèbre. Brûlant ses ponts, Fréchette crache un véritable flot d'invectives et d'injures contre les conservateurs et leur projet de confédération. Flagellant les ministres, les chercheurs de places sans scrupules, il frappe d'estoc et de taille. La bouche pleine de fiel et de sarcasmes, Fréchette vomit son mépris sur les «politiciens-scélérats» du Canada. Reprenant son texte, il publie une «seconde année», en 1868, et une troisième, en 1869. Après son retour au Canada, en 1871, il essaye de faire oublier ce «péché» de jeunesse, tout en publiant une version définitive, en 1877, dans une édition à tirage limité. C'est ainsi que ce poème, un des plus importants de la période, écarté des œuvres complètes, n'est guère connu même des spécialistes.

Dès son arrivée à Chicago, l'exilé volontaire secoue sa torpeur devant la vigueur et l'idéal de ce pays neuf. «Je me trouvai transporté au milieu d'un monde tout à fait étrange, «écrit-il en 1870, ajoutant que «l'esprit de libéralisme, de tolérance et de progrès matériel et moral, que je remarquai dans ce pays contrastait si vivement avec tout ce à quoi j'avais été habitué.» Tout, là-bas, lui réussit et Fréchette devient vite «presque l'idole de la population française» (*Le Pays*, le 20 avril 1867). Or, comment oublier ses amis et sa patrie? En octobre 1866, il termine un poème en vingt-cinq sizains, intitulé «La Voix d'un exilé. Adressée à mes amis libéraux du Canada». *Le Pays*, journal libéral de Montréal, apprenant que le projet de la Confédération a reçu sa troisième lecture, publie le poème de Fréchette dans sa livraison du 27 mars 1867 avec une longue analyse. «Oui poète, nous avons confiance que ton sublime appel sera entendu», écrit-on. Adulé par les adversaires de la Confédération et exécré par les conservateurs, Fréchette et son poème sont bientôt connus partout dans la province.

À la suite de l'assassinat de D'Arcy McGee, le 7 avril 1868 à Ottawa, que le poète qualifie de «premier coup de foudre» contre les traîtres qui dilapident le pays, Fréchette compose, au mois de mai, une deuxième partie ou «année» de son poème. «Le Premier Coup de foudre. Mort de Thomas D'Arcy McGee», imprimé en épilogue à la deuxième année, en 1868, sera retranché de l'édition de 1869. En 1877, Fréchette reprend ces strophes sous le titre de «Postscriptum», les plaçant après la troisième partie.

Qu'il ait été influencé par Victor Hugo, Fréchette l'admet spontanément, mais il ajoute, dans la préface de l'édition de

1869 que, *La Voix d'un exilé* est autant une imitation des *Châtiments* que «d'autre chose». L'idée de son poème n'est pas plus originale chez Fréchette que celle des *Châtiments* ne l'est chez Hugo; car, le sentiment de rage se rencontre dans les lamentations des poètes forcés de s'éloigner de leur patrie. Comparant les deux œuvres, nous ne retrouvons guère chez Fréchette de construction progressive, de crescendo, comme chez Hugo. Le poète québécois jette pêle-mêle ses sentiments d'amour pour la patrie, de haine pour l'oppresseur avec son désir de justice et ses souffrances d'exilé.

La première partie (ou année) du poème de Fréchette commence par une lamentation (vers 1-6). Par la suite, il s'attaque à la «bande sordide» d'hommes politiques qui ont imposé la Confédération à la population canadienne (vers 7-54). Afin de faire saisir le contraste entre les chefs de son temps et les grands d'autrefois, il rappelle les exploits des Patriotes de 1837-1838 (vers 55-78). Après quelques strophes sur les malheurs de l'exil (vers 79-90), le poète chante sa nouvelle patrie, les États-Unis (vers 91-112). Mais comment pourrait-il oublier l'ancienne patrie, le Québec (vers 112-132)? Enfin, il supplie ses anciens compatriotes de continuer la «lutte» (vers 133-156). Nous reproduisons le texte de l'édition critique que nous avons établie, utilisant la version publiée à Chicago en 1869 comme texte de base.

LA VOIX D'UN EXILÉ
PREMIÈRE PARTIE.
ADIEUX.

> Ceux qui, aujourd'hui, s'exilent en si grand nombre, parce que le dégoût pour les hommes et les mesures actuels les pousse à aller respirer un air plus pur, disent à l'étranger quels sont les stigmates que le colon porte au front..............................
> Ils donneront de plus en plus des consolations et des espérances aux opprimés: ils avancent l'heure des rétributions, l'heure des nobles vengeances, où le bien sera fait même à ceux qui ont pratiqué le mal.
>
> L'Hon. L. J. Papineau.

I

Terre de mes aïeux! O ma douce patrie!
Toi que mon cœur aimait avec idolâtrie,
Me faudra-t-il mourir sans pouvoir te venger!
Hélas! oui; pour l'exil, je pars, l'âme souffrante,

Et, pâle voyageur, je vais planter ma tente   5
Sous le soleil de l'étranger.

Quand, du haut du vaisseau qui m'emportait loin d'elles,
J'ai jeté mes regards sur tes rives si belles,
O mon beau Saint-Laurent, qu'ai-je aperçu, grand Dieu !
Toi, ma patrie, aux mains d'une bande sordide[1],   10
Haletante d'effroi, vierge pure et candide
Qu'on traîne dans un mauvais lieu.

J'ai vu ton vieux drapeau, sainte et noble oriflamme,
Déchiré par la balle et noirci par la flamme,
Encor tout imprégné du sang de nos héros,   15
Couvert des monceaux d'or qu'un ennemi leur compte,
Servir de tapis vert à des bandits sans honte,
Sur la table de leurs tripots.

Je les ai vus, ces gueux, monstres à face humaine !
L'œil plein d'hypocrisie et le cœur plein de haine,   20
Le parjure à la bouche et le verre à la main,
Érigeant l'infamie et le vol en science,
Troquer en ricanant, patrie et conscience
Contre un ignoble parchemin (a).

II

Mandat, serment, devoir, honneur, vertu civique,   25
Rien n'est sacré pour eux ; dans leur rage cynique,
Ils baillonnent la loi pour mieux la violer... (b)
Puis, à table, voleurs ! Ici, truffe et champagne !...
Grisez-vous bien, ô vous que le boulet du bagne[2]
Devrait faire seul chanceler !   30

Ne laissez pas monter le rouge à votre joue :
La pudeur ne vaut rien ; dans la fange et la boue
Risquez-vous hardiment, fronts hauts, sans sourciller !
Accouplez-vous bien vite aux hontes de la rue...
Allons ! depuis quand donc cette clique repue   35
A-t-elle peur de se souiller ?

Les traîtres ! s'ils gardaient pour eux seuls leurs souillures !
Mais ils ont souffleté nos gloires les plus pures ;
Ils ont éclaboussé tous nos fronts immortels ;
Aux croyances du peuple ils ont tendu des pièges,   40

---

1. Bande sordide: Le ministère conservateur de Cartier et de Macdonald.
2. Boulet de bagne: Boule qu'on attachait aux pieds des condamnés.

Et dressé leurs tréteaux, histrions[3] sacrilèges,
    Jusques à l'ombre des autels.

Mais il manque à l'orgie un nouveau camarade :
Il faut à ces roués un roi de mascarade,
Un roi de la bamboche, un roi de carnaval !...   45
Oui, je l'avoue, il manque une chose à la fête :
Le stigmate, il est vrai, décore bien la tête :
    Mais pas comme un bandeau royal (c).

Eh bien ! puisqu'il le faut, — pardonne, ô ma patrie ! —
Dans les sales bourbiers de la truanderie   50
Plongez-vous pour trouver un roi digne de vous ;
Un roi digne de vous, s'il s'appelle Cartouche[4],
S'il a le vice au cœur et le fiel à la bouche,
    Et surtout s'il sort des égoûts !

III

O Papineau, Viger, patriotes sublimes !   55
Lorimier, Cardinal, Chénier[5], nobles victimes !
Qu'êtes-vous devenus, héros cent fois bénis ?
Vous qui, sur l'échafaud, portiez vos fronts sans tache ?
Vous qui teigniez de sang les murs de Saint-Eustache[6] ?
    Vous qui mouriez à Saint-Denis[7] ? (d)   60

Que ces jours étaient beaux ! Phalanges héroïques,
Ces soldats nés d'hier, ces orateurs stoïques,
Comme ils le portaient haut, l'étendard canadien !
Ceux-ci, puissants tribuns, faisaient les patriotes ;
Ceux-là marchaient joyeux au devant des despotes,   65
    Et mouraient en disant : C'est bien !

O toi qui survis seul à ces temps d'épopée,
Que ta grande âme encor si fortement trempée
Doit souffrir en voyant cet âge d'apostats ! (e)
Et tous ces cœurs d'acier qui dorment dans la tombe,   70

---

3. Histrion = mauvais acteur.
4. Cartouche : Chef d'une bande de voleurs, né à Paris (1693-1721).
5. Louis-Joseph Papineau (1786-1871), chef du parti patriote ; Denis-Benjamin Viger (1774-1861) ; Chevalier de Lorimier (1805-1839), chef patriote, condamné à mort et exécuté le 15 février 1839 ; Joseph-Narcisse Cardinal (1808-1838), chef patriote, condamné à mort et exécuté le 21 décembre 1838 ; Olivier Chénier (1806-1837), chef des insurgés à Saint-Eustache, tué par les soldats britanniques lors de la bataille.
6. Saint-Eustache : Village au nord de l'île de Montréal où eut lieu une bataille, le 14 décembre 1837.
7. Saint-Denis : Village sur la rivière Richelieu où les Patriotes remportèrent une victoire, le 23 novembre 1837.

S'ils pouvaient voir aussi leur grande œuvre qui tombe,
　　Comme ils vous maudiraient, ingrats !

Ils ne se vendaient pas, ceux-là ! Leur âme sainte,
Fidèle à tout devoir, insensible à la crainte,
N'écoutait que la voix de nos droits outragés ;　　　　　　　　75
Flagellant sans pitié les tyrans et les traîtres,
Ils ne baisaient pas, eux, les souliers de nos maîtres...
　　Mon Dieu, que les temps sont changés !

Oui, les temps sont changés... Chaque chose a son heure.
Maintenant du passé la grande ombre qui pleure　　　　　　　80
Jette un regard amer vers le sombre avenir...
Avec elle, pleurons la gloire qui se voile,
Ou plutôt de l'exil allons suivre l'étoile :
　　Partons pour ne plus revenir !

Trop faible pour dompter ce servilisme immonde,　　　　　　85
Fuyons-en le contact ; allons de par le monde
Chercher un coin de terre où l'honneur soit resté.
Il faut l'air à mon vol, l'espace à ma pensée,
De nouveaux horizons à mon âme oppressée :
　　À moi la sainte liberté !　　　　　　　　　　　　　　　90

IV

Moderne Chanaan, ou nouvelle Ausonie[8],
Il est sous le soleil une terre bénie[9]
Où, fatigué, vaincu par la vague ou l'écueil,
Le naufragé revoit des rives parfumées,
Où cœurs endoloris, nations opprimées　　　　　　　　　　95
　　Trouvent un fraternel accueil.

Là, prenant pour guidon la bannière étoilée,
Et suivant dans son vol la république ailée,
Tous les peuples unis vont se donnant la main ;
Là Washington[10] jeta la semence féconde　　　　　　　　　100
Qui, principe puissant, fera du Nouveau-Monde,
　　Le vrai berceau du genre humain.

Là, point de rois ventrus ! point de noblesses nées !
Par le mérite seul les têtes couronnées
Vers le progrès divin marchent à pas géants ;　　　　　　　105
Là, libre comme l'air ou le pied des gazelles,

8.　Ausonie: Ancien nom d'une partie de l'Italie.
9.　Terre bénie: les États-Unis.
10.　George Washington (1732-1799), premier président des États-Unis (1789-1797).

La fière indépendance étend ses grandes ailes
    Au centre des deux océans.

O bords hospitaliers, ouvrez-moi votre asile!
Ah! pour trouver l'oubli de tout ce qui m'exile,   110
Que ne puis-je aussi boire aux ondes du Lethé[11]!
Oublier!... mais comment oublier la patrie?
Comment ne pas pleurer notre splendeur flétrie,
    Notre avenir au vent jeté?

Adieu, vallons ombreux, mes campagnes fleuries,   115
Mes montagnes d'azur et mes blondes prairies,
Mon fleuve harmonieux, mon beau ciel embaumé!
Dans les grandes cités, dans les bois, sur les grèves,
Ton image toujours flottera dans mes rêves,
    O mon Canada bien-aimé!   120

Je n'écouterai plus, dans nos forêts profondes,
Dans nos prés verdoyants et sur nos grandes ondes,
Toutes ces voix sans nom qui font battre le cœur;
Mais je n'entendrai pas non plus, dans ma retraite,
Les accents avinés de la troupe en goguette[12]   125
    Qui se marchande notre honneur.

Et quand je dormirai sous la terre étrangère,
Jamais, je le sens bien, jamais une voix chère
Ne viendra, vers le soir, prier sur mon tombeau;
Mais je n'aurai pas vu, pour combler la mesure,   130
Du dernier de nos droits, cette race parjure
    S'arracher le dernier lambeau!

V

Amis, suivant la route où le destin m'entraîne,
Gladiateur vaincu, j'ai déserté l'arène,
L'arène des martyrs, l'arène où vous luttez;   135
Avant la fin du jour, j'ai quitté la bataille;
Troubadour indolent, je n'étais pas de taille
    À tenir ferme à vos côtés.

Mais vous qui restez seuls sur la brèche fumante,
N'allez pas, comme moi, céder à la tourmente,   140
Découragés, brisés, vaincus par les revers!
Leurs soldats sont nombreux: ne comptez pas les vôtres!

---

11. Léthé: Un des fleuves de l'enfer, dont le nom signifie l'oubli.
12. En goguette = un peu ivre.

Songez que Jésus-Christ n'avait que douze apôtres,
    Et qu'ils ont conquis l'Univers!

Oui, voilà ce que peut l'idée ardente et forte.   145
Elle n'a pas besoin de puissante cohorte,
De puissants monitors ou de canons rayés.
Protecteurs de nos droits, guerriers de la pensée,
Oh! n'allez pas courber votre tête lassée
    Devant ces renégats payés!   150

Le but est noble et grand: le combat sera rude;
Mais bientôt, vous là-bas, moi dans ma solitude,
Nous verrons se lever le grand jour du réveil.
La voix des opprimés s'élève grandissante...
Demain les nations, ô liberté puissante!   155
En pliant le genou, salueront ton soleil!

              Octobre 1866.

NOTES DE L'AUTEUR

(a) Ceci fut écrit en 1866. Les événements ont justifié les prévisions
     de l'auteur: deux ans plus tard, G.-E. Cartier et Hector L.
     Langevin étaient faits, le premier, commandeur, et le second,
     chevalier de l'ordre du Bain.
     Cette strophe fait aussi allusion aux orgies qui ont signalé
     l'enfance du projet de Confédération canadienne: orgies d'où,
     plus d'une fois, Sir John A. Macdonald, le chef du Cabinet
     actuel, et son acolyte, Darcy McGee, entre autres, ont dû
     être ramenés ivres-morts à leur résidence, quand ils ne passaient
     pas la nuit sous la table du festin.
(b) On connaît l'enlèvement de Lamirande, et surtout l'affaire
     Daoust, lequel, deux fois trouvé coupable du crime de faux par
     un jury et par la Cour d'Appel, n'en continue pas moins à
     représenter le comté des Deux-Montagnes, à la Chambre des
     Communes, sans s'occuper de la sentence des tribunaux qui,
     depuis plus de six ans, est suspendue au-dessus de sa tête
     sans pouvoir l'atteindre, protégé qu'il est par le gouvernement.
(c) On parlait alors d'établir une vice-royauté au Canada.
(d) Chevalier de Lorimier et Joseph Cardinal, — ce dernier député
     au Parlement, — furent exécutés avec dix autres, pour avoir
     pris part à l'insurrection de 1838.
     Chénier fut tué à Saint-Eustache où il commandait les insurgés;
     il ne succomba qu'après des prodiges de bravoure.
(e) Louis-Joseph Papineau, le plus grand orateur qu'ait produit
     l'Amérique; maintenant âgé de 84 ans. Comme Siméon, il
     semble attendre le sauveur d'Israël avant d'entonner son
     «Nunc dimittis».

LE PREMIER COUP DE FOUDRE.
MORT DE THOMAS D'ARCY McGEE[1].

L'un d'eux vient de tomber, seul, au coin d'une borne;
Sa cervelle a jailli de son crâne sanglant;
Ses complices émus, œil trouble et face morne,
    Se sont regardés en tremblant.

Son front gardait toujours un lambeau d'auréole;   5
Il fut longtemps chéri, car il éblouissait;
Même en sa trahison, son ardente parole
    Désarmait ceux qu'il trahissait.

Cet homme était choisi pour planer sur la foule;
Son torse était sculpté pour les grands piédestaux...   10
Que n'a-t-il oublié que le Pactole[2] coule
    Sur le seuil des palais royaux!

De son peuple il n'eût pas vendu la cause sainte;
Il fût resté fidèle à ceux qu'il a trahis;
Et vieillard respecté, sans reproche et sans crainte,   15
    Il eût vécu pour son pays!

Patriote, on le vit combattre sa patrie!
Démocrate, il en vint à courtiser les grands!
Irlandais, il fut traître à l'Irlande meurtrie!
    Canadien, il rompit nos rangs!   20

Pourtant oublions tout quand le coupable tombe...
Que dis-je? Couvrons-nous le front d'un double deuil:
Après avoir pleuré sa vertu dans la tombe,
    Pleurons sur son propre cercueil!

Tu viens donc de frapper ta première victime,   25
O peuple! et qui peut dire où tu t'arrêteras?
Le crime fait glisser sur la pente du crime
    Et le gouffre est béant au bas!

Arrête, peuple!... Et vous, vous tissez vos suaires,
Aveugles oppresseurs, que l'on paie à prix d'or!   30
Quand donc cesserez-vous, imprudents belluaires[3],
    De larder le lion qui dort?

---

1. Thomas D'Arcy McGee (1825-1868), député au Parlement fédéral du Canada, d'origine irlandaise; considéré comme un traître par d'ardents nationalistes de ce pays, il fut assassiné à Ottawa, le 7 avril 1868.
2. Pactole = source de richesses.
3. Belluaire = dompteur de bêtes féroces.

Hâtez-vous! conjurez l'orage populaire!...
Un sort terrible attend les courtisans des rois,
Quand le peuple n'a plus, dans sa juste colère,   35
    Qu'un poignard pour venger ses droits.

8 avril 1868

QUATRE RECUEILS (1877-1879)

En 1877, le poète groupe ses meilleurs poèmes sous le titre de *Pêle-Mêle*. Député fédéral, c'est en quelque sorte un adieu à la poésie. Deux grandes divisions, «Poésies diverses» et «Sonnets» où les thèmes et les genres s'enchevêtrent. Ce sont des descriptions de la nature, des fantaisies, des réminiscences sentimentales, mais aussi des pièces épiques comme «Jolliet» et «Papineau». Après son échec aux élections fédérales de 1878, Fréchette revient à la poésie et, en 1879, il publie trois recueils. Si les *Poésies choisies* et *Les Fleurs boréales* reprennent les poésies déjà publiées, *Les Oiseaux de neige* constitue un ensemble nouveau; cinquante-deux sonnets groupés en quatre parties à peu près égales: «L'Année canadienne», «Paysages», «Amitiés» et «Intimités». Les poèmes de ces recueils seront repris dans les éditions subséquentes de sa poésie, parfois avec des modifications. Toutefois, Fréchette n'a pas l'habitude de modifier ses œuvres d'une façon substantielle, comme un Pamphile Le May par exemple. Nous présentons trois pièces qui ont paru dans *Pêle-Mêle*, soit «Vieille histoire», «Jolliet» et «Réponse. À Alfred Garneau», suivies de quatre sonnets tirés des *Oiseaux de neige*: «Le Niagara», «Le Cap Éternité», «Mai» et «Octobre».

Vieille Histoire

Le poète maintes fois déçu dans ses espérances d'homme, se console souvent par des réminiscences lointaines et douces des jours où enfant, il vivait près de sa famille, de sa mère. À plusieurs reprises, il chante les enfants, les berceaux, les premières communions; cela le replonge dans le souvenir d'un bonheur qui

fut trop court, mais dont le rappel met encore quelque joie dans
ses jours tristes.

> *And with joy that is almost pain*
> *My heart goes back to wander there,*
> *And among the dreams of the days that were*
> *I find my lost youth again.*
>
> LONGFELLOW[1].

C'était un lieu charmant, une roche isolée,
Seule, perdue au loin dans la bruyère en fleur ;
La ronce y rougissait, et le merle siffleur
Y jetait les éclats de sa note perlée.

C'était un lieu charmant. Là, quand les feux du soir   5
Empourpraient l'horizon d'une lueur mourante,
En écartant du pied la luzerne odorante,
Tout rêveurs, elle et moi, nous allions nous asseoir.

Ce qui se disait là d'ineffablement tendre,
Quel langage jamais pourrait le répéter !...   10
La brise se taisait comme pour écouter ;
Des fauvettes, tout près, se penchaient pour entendre.

Propos interrompus, sourires épiés,
Ces serrements de cœur que j'éprouvais près d'elle,
Je me rappelle tout, jusqu'à mon chien fidèle   15
Dont la hanche servait de coussin pour ses pieds.

O mes vieux souvenirs ! O mes fraîches années !
Quand remonte mon cœur vers ces beaux jours passés,
Je pleure à chaque pas, car vous m'apparaissez
Comme un parquet de bal jonché de fleurs fanées.   20

Le temps sur nos amours jeta son froid linceul...
L'oubli vint ; et pourtant, — colombes éplorées, —
Vers ce doux nid, témoin de tant d'heures dorées,
Plus tard, chacun de nous revint souvent... mais seul !

Et là, du souvenir en évoquant l'ivresse,   25
Qui cherchions-nous des yeux ? qui nommions-nous tout bas ?
— L'un l'autre, direz-vous ? — Oh ! non : c'était, hélas !
Le doux fantôme blanc qui fut notre jeunesse !

---

1. Henry Wadsworth Longfellow (1807-1882), poète américain d'inspiration romantique,
    auteur du poème « Évangéline ».

Jolliet

Écrit à l'occasion du deux-centième anniversaire de la découverte du Mississipi par Louis Jolliet, le poème est daté du 17 juin 1873. Souvent considéré comme l'une de ses meilleures œuvres, il exprime l'attrait de la solitude et de la liberté, témoignant plus d'impressions vécues que de souvenirs de lectures. Le poète présente en premier lieu le continent nord-américain et le grand fleuve encore inconnu, avant l'arrivée de l'homme blanc (vers 1-36). Dans le deuxième tableau, nous voyons Jolliet prendre possession symboliquement du continent, du fleuve (vers 37-66). Par la suite, le poète remémore tous les voyageurs et les « hardis pionniers » qui se sont laissés attirer par le fleuve, l'inconnu (vers 67-96). Deux siècles sont passés depuis l'arrivée de Jolliet et « la solitude vierge n'est plus ! » (vers 97-120). Dans la dernière partie, le poète médite sur la marche de l'humanité vers le progrès et sur l'exemple de Jolliet (vers 121-138). Nous présentons la première version du poème, celle publiée dans *Pêle-Mêle*.

I

Le grand fleuve dormait couché dans la savane.
Dans les lointains brumeux passaient en caravane
De farouches troupeaux d'élans et de bisons.
Drapé dans les rayons de l'aube matinale
Le désert déployait sa splendeur virginale   5
    Sur d'insondables horizons.

Juin brillait. Sur les eaux, dans l'herbe des pelouses,
Sur les sommets, au fond des profondeurs jalouses,
L'Été fécond chantait ses sauvages amours.
Du Sud à l'Aquilon[1], du Couchant à l'Aurore,   10
Toute l'immensité semblait garder encore
    La majesté des premiers jours.

Travail mystérieux ! Les rochers aux fronts chauves,
Les pampas, les bayous, les bois, les antres fauves,
Tout semblait tressaillir sous un souffle effréné ;   15
On sentait palpiter les solitudes mornes,
Comme au jour où vibra, dans l'espace sans bornes,
    L'hymne du monde nouveau-né.

L'Inconnu trônait là dans sa grandeur première.
Splendide, et tacheté d'ombres et de lumière,   20

---

1. Aquilon = le vent du nord.

Comme un reptile immense au soleil engourdi,
Le vieux Meschacébé[2], vierge encor de servage,
Dépliait ses anneaux de rivage en rivage
    Jusques aux golfes du Midi.

Écharpe de Titan sur le globe enroulée,   25
Le grand fleuve épanchait sa nappe immaculée
Des régions de l'Ourse aux plages d'Orion[3],
Baignant la steppe aride et les bosquets d'orange,
Et mariant ainsi, dans un hymen étrange,
    L'Équateur au Septentrion[4].   30

Fier de sa liberté, fier de ses flots sans nombre,
Fier du grand pin touffu qui lui verse son ombre,
Le Roi-des-Eaux n'avait encore, en aucun lieu
Où l'avait promené sa course vagabonde,
Déposé le tribut de sa vague profonde,   35
    Que devant le soleil et Dieu !...

                    * * *

                    II

Jolliet ! Jolliet[5] ! quel spectacle féérique
Dut frapper ton regard, quand ta nef historique
Bondit sur les flots d'or du grand fleuve inconnu !
Quel sourire d'orgueil dut effleurer ta lèvre !   40
Quel éclair triomphant, à cet instant de fièvre,
    Dut resplendir sur ton front nu !

Le voyez-vous, là-bas, debout comme un prophète.
Le regard rayonnant d'audace satisfaite,
La main tendue au loin vers l'Occident bronzé,   45
Prendre possession de ce domaine immense,
Au nom du Dieu vivant, au nom du roi de France[6],
    Et du monde civilisé !

Puis, bercé par la houle, et bercé par ses rêves,
L'oreille ouverte aux bruits harmonieux des grèves,   50
Humant l'âcre parfum des grands bois odorants,

---

2. Meschacébé : Ancien nom du Mississipi.
3. Ourse : Constellation près du pôle arctique ; Orion : Constellation de la zone équatoriale.
4. Septentrion : Constellation de la Petite Ourse ; le nord.
5. Louis Jolliet (1645-1700), voyageur, né à Québec ; choisi par Talon comme chef d'expé-
   dition, il atteignit le Mississipi le 17 juin 1673 et le descendit jusqu'au delà de Saint-
   Louis.
6. Roi de France : Louis XIV, roi de France, de 1643 à 1715.

Rasant les îlots verts et les dunes d'opale,
De méandre en méandre, au fil de l'onde pâle,
    Suivre le cours des flots errants!

À son aspect, du sein des flottantes ramures   55
Montait comme un concert de chants et de murmures;
Des vols d'oiseaux marins s'élevaient des roseaux,
Et, pour montrer la route à la pirogue frêle,
S'enfuyaient en avant, traînant leur ombre grêle
    Dans le pli lumineux des eaux.   60

Et, pendant qu'il allait voguant à la dérive,
L'on aurait dit qu'au loin les arbres de la rive,
En arceaux parfumés penchés sur son chemin,
Saluaient le héros dont l'énergique audace
Venait d'inscrire encor le nom de notre race   65
    Aux fastes de l'esprit humain!

                        * * *

                         III

O grand Meschacébé! — voyageur taciturne,
Bien des fois, au rayon de l'étoile nocturne,
Sur tes bords endormis je suis venu m'asseoir;
Et là, seul et rêveur, perdu sous les grands ormes,   70
J'ai souvent, du regard, suivi d'étranges formes
    Glissant dans les brumes du soir.

Tantôt je croyais voir, sous les vertes arcades,
Du fatal De Soto[7] passer les cavalcades,
En jetant au désert un défi solennel!   75
Tantôt c'était Marquette[8] errant dans la prairie,
Impatient d'offrir un monde à sa patrie
    Et des âmes à l'Éternel.

Parfois, sous les taillis, ma prunelle trompée
Croyait voir de La Salle[9] étinceler l'épée;   80
Et parfois, groupe informe allant je ne sais où,
Devant une humble croix, — ô puissance magique! —
De farouches guerriers à l'œil sombre et tragique
    Passer en pliant le genou!

---

7. Hernando de Soto (1499-1542), navigateur espagnol.
8. Jacques Marquette (1637-1675), missionnaire jésuite, qui fit partie de l'expédition de Jolliet.
9. René Cavelier de La Salle (1643-1687), explorateur français qui, le premier, descendit le Mississipi jusqu'au Golfe, en 1682.

Et puis, berçant mon âme aux rêves des poëtes,   85
J'entrevoyais aussi de blanches silhouettes,
Doux fantômes flottant dans le vague des nuits,
Atala, Gabriel, Chactas, Évangeline[10],
Et l'ombre de René[11], debout sur la colline,
    Pleurant ses immortels ennuis.   90

Et j'endormais ainsi mes souvenirs moroses...
Mais de ces visions poétiques et roses
Celle qui plus souvent venait frapper mon œil,
C'était, passant au loin dans un reflet de gloire,
Ce hardi pionnier dont notre jeune histoire   95
    Redit le nom avec orgueil.

* * *

IV

Jolliet! Jolliet! deux siècles de conquêtes,
Deux siècles sans rivaux ont passé sur nos têtes,
Depuis l'heure sublime où, de ta propre main,
Tu jetas, d'un seul trait, sur la carte du monde   100
Ces vastes régions, zone immense et féconde,
    Futur grenier du genre humain!

Deux siècles sont passés depuis que ton génie
Nous fraya le chemin de la terre bénie
Que Dieu fit avec tant de prodigalité   105
Qu'elle garde toujours dans les plis de sa robe,
Pour les déshérités de tous les coins du globe,
    Du pain avec la liberté!

Oui, deux siècles ont fui. La solitude vierge
N'est plus là! Du progrès le flot montant submerge   110
Les vestiges derniers d'un passé qui finit.
Où le désert dormait grandit la métropole;
Ét le fleuve asservi courbe sa large épaule
    Sous l'arche aux piliers de granit!

---

10. Atala: Héroïne du roman de Chateaubriand, roman publié en 1801, Gabriel: Héros
    acadien du poème «Évangéline» de Longfellow; Chactas: Chef de tribu indienne qui
    secourut René dans le roman de Chateaubriand; Évangéline: Héroïne acadienne du
    poème de Longfellow.
11. René: Héros du roman de Chateaubriand, qui se réfugia sur les bords du Mississipi.
    Roman publié en 1802.

Plus de forêts sans fin: la vapeur les sillonne!   115
L'astre des jours nouveaux sur tous les points rayonne;
L'enfant de la nature est évangélisé;
Le soc du laboureur fertilise la plaine;
Et le surplus doré de sa gerbe trop pleine
    Nourrit le vieux monde épuisé!   120

* * *

V

Des plus purs dévoûments merveilleuse semence!
Qui de vous eût jamais rêvé cette œuvre immense,
O Jolliet et vous apôtres ingénus,
Humbles soldats de Dieu, sans reproche et sans crainte,
Qui portiez le flambeau de la vérité sainte   125
    Dans ces parages inconnus?

Des volontés du ciel exécuteurs dociles,
Vous fûtes les jalons qui rendent plus faciles
Les durs sentiers où doit marcher l'humanité...
Gloire à vous tous! du Temps franchissant les abîmes,   130
Vos noms environnés d'auréoles sublimes,
    Iront à l'immortalité!

Et toi, de ces héros généreuse patrie,
Sol canadien, que j'aime avec idolâtrie, —
Dans l'accomplissement de tous ces grands travaux,   135
Quand je pèse la part que le ciel t'a donnée, —
Les yeux sur l'avenir, terre prédestinée,
    J'ai foi dans tes destins nouveaux!

17 juin 1873.

Le Niagara

L'onde majestueuse avec lenteur s'écoule;
Puis, sortant tout à coup de ce calme trompeur,
Furieux, et frappant les échos de stupeur,
Dans l'abîme sans fond le fleuve immense croule.

C'est la Chute! son bruit de tonnerre fait peur   5
Même aux oiseaux errants, qui s'éloignent en foule

Du gouffre formidable où l'arc-en-ciel déroule
Son écharpe de feu sur un lit de vapeur.

Tout tremble; en un instant cette énorme avalanche
D'eau verte se transforme en monts d'écume blanche,   10
Farouches, éperdus, bondissant, mugissant...

Et pourtant, ô mon Dieu, ce flot que tu déchaînes,
Qui brise les rochers, pulvérise les chênes,
Respecte le fétu qu'il emporte en passant.

Le cap Éternité

Malgré une conclusion faible, la description du promontoire
sur la rivière Saguenay, frappe l'imagination du lecteur.

C'est un bloc écrasant dont la crête surplombe
Au-dessus des flots noirs, et dont le front puissant
Domine le brouillard, et défie en passant
L'aile de la tempête ou le choc de la trombe.

Énorme pan de roc, colosse menaçant   5
Dont le flanc narguerait le boulet et la bombe,
Qui monte d'un seul jet dans la nue, et retombe
Dans le gouffre insondable où sa base descend!

Quel caprice a dressé cette sombre muraille?
Caprice! qui le sait? Hardi celui qui raille   10
Ces aveugles efforts de la fécondité!

Cette masse nourrit mille plantes vivaces;
L'hirondelle des monts niche dans ses crevasses;
Et ce monstre farouche a sa paternité!

Mai — Octobre

« L'Année canadienne », douze sonnets, témoigne du goût de
Fréchette pour les choses et les gens du terroir. Il s'est essayé, et
parfois il a assez bien réussi, à caractériser dans un petit tableau
de genre, dans une aquarelle légère, chacun des mois.

FIG. 29 — Lever du soleil au Saguenay, par L. O'Brien (1880), Galerie nationale, Ottawa.

MAI

Hozanna! La forêt renaît de ses ruines;
La mousse agrafe au roc sa mante de velours;
La grive chante; au loin les grands bœufs de labours
S'enfoncent tout fumants dans les chaudes bruines;

Le soleil agrandit l'orbe de son parcours;   5
On ne sait quels frissons passent dans les ravines;
Et dans l'ombre des nids, fidèle aux lois divines,
Bientôt va commencer la saison des amours!

Aux échos d'alentour chantant à gorge pleine,
Le semeur, dont la main fertilise la plaine,   10
Jette le froment d'or dans les sillons fumés.

Sortons tous; et, groupés sur le seuil de la porte,
Aspirons à loisir le vent qui nous apporte
Comme un vague parfum de lilas embaumés!

OCTOBRE

Les feuilles des bois sont rouges et jaunes;
La forêt commence à se dégarnir;
L'on se dit déjà: l'hiver va venir,
Le morose hiver de nos froides zones.

Sous le vent du nord tout va se ternir...   5
Il ne reste plus de vert que les aulnes,
Et que les sapins dont les sombres cônes
Sous les blancs frimas semblent rajeunir.

Plus de chants joyeux! plus de fleurs nouvelles!
Aux champs moissonnés les lourdes javelles   10
Font sous leur fardeau crier les essieux.

Un brouillard dormant couvre les savanes;
Les oiseaux s'en vont, et leurs caravanes
Avec des cris sourds passent dans les cieux!

LA LÉGENDE D'UN PEUPLE (1887)

Dans cette épopée, Fréchette s'est vraiment livré tout entier:
on l'y voit tour à tour ou tout à la fois «sensible, enthousiaste,
ironique, patriote, éperdument canadien», selon Camille Roy. La

lecture de la *Légendes des Siècles* d'Hugo a sans doute contribué à cristalliser la volonté d'un poète dont le tempérament était essentiellement épique. La dédicace, «À la France», proclame l'amour de Fréchette envers la mère-patrie de ses ancêtres. Ensuite, dans le prologue, le poète salue avec piété le continent nouveau, le sol natal. C'était un monde prédestiné. Émergeant tout à coup des flots ignorés, «L'Amérique» répondait à un appel de Dieu. Dominé par une vision extraordinaire et puissante, Fréchette découpe l'histoire du peuple québécois en trois époques:

1) l'époque des découvreurs et des pionniers (dix-sept poèmes): «Notre Histoire», «Ante Lucem», «La Renaissance», «Saint-Malo», «Le Saint-Laurent», «La Forêt», «Première Messe», «Première Moisson», «Première Nuit», «Premières Saisons», «Missionnaires et Martyrs», «Le Pionnier», «Cavelier de La Salle», «À la Baie d'Hudson», «Le Frêne des Ursulines», «Daulac des Ormeaux» et «Cadieux»;

2) l'époque des grandes batailles, la guerre de la Conquête et la guerre de la Révolution américaine (onze poèmes): «À la Nage», «Apparition», «Le Dernier Drapeau blanc», «Les Plaines d'Abraham», «Dernier Coup de Dé», «L'Atalante», «Fors l'honneur», «Jean Sauriol», «Les Excommuniés», «Le Drapeau fantôme» et «Vainqueur et vaincu»;

3) l'époque moderne, celle des luttes pour les droits politiques, des Patriotes, des espoirs déçus (dix-huit poèmes): «Du Calvet», «Chateauguay», «Papineau», «Saint-Denis», «Chénier», «L'Échafaud», «Hindelang», «Le Vieux Patriote», «Spes Ultima», «La Capricieuse», «Vive la France», «Le Gibet de Riel», «Le Dernier Martyr», «L'Orangisme», «Le Drapeau Anglais», «Nos Trois Couleurs», «Sous la Statue de Voltaire».

La Légende d'un peuple, précédée d'une dédicace à la France, se termine par un envoi également à la France. Les sujets à panache vont bien à Fréchette. Et l'on admire avec lui les découvreurs qui osent, les martyrs qui s'immolent, les guerriers qui passent, les épées qui se croisent, les victimes qui tombent, les drapeaux qui s'envolent.

«Prologue»: *L'Amérique*

L'Amérique surgit dans les lointains inconnus, offrant à l'Europe la promesse d'un monde nouveau. Quel événement dans l'histoire de l'humanité! La première partie du poème (vers 1-44) présente les hésitations stériles de l'Europe avant la découverte de l'Amérique. Dans la deuxième partie (vers 45-88), le poète salue avec allégresse le continent nouveau, l'Amérique! la terre promise! La troisième partie (vers 89-118) est un appel à l'Amérique de son temps de redécouvrir sa mission «civilisatrice».

I

Quand, dans ses haltes indécises,
Le genre humain, tout effaré,
Ébranlait les vastes assises
Du monde mal équilibré;   4
(...)
Oui, l'humanité vers l'abîme   25
Marchait dans l'ombre en chancelant,
Lorsque, de ton geste sublime,
Tu l'arrêtas dans son élan.
(...)
Oui, tout une moitié du globe
Dénouant, spectacle inouï,
Les plis flamboyants de sa robe
Aux yeux du vieux monde ébloui!   40
(...)

II

Amérique! — salut à toi, beau sol natal!   45
Toi, la reine et l'orgueil du ciel occidental!
Toi qui, comme Vénus[1], montas du sein de l'onde,
Et du poids de ta conque[2] équilibras le monde!

Quand, le front couronné de tes arbres géants,
Tu sortis, vierge encor, du sein des océans,   50
Fraiche, et le sein baigné de lueurs éclatantes;
Quand, secouant leurs flots de lianes flottantes,
Tes grands bois ténébreux, tout pleins d'oiseaux chanteurs,
Imprégnèrent les vents de leurs âcres senteurs;
Quand ton mouvant réseau d'aurores boréales   55
Révéla les splendeurs de tes nuits idéales;
Quand tes fleuves sans fin, quand tes sommets neigeux,
Tes tropiques brûlants, tes pôles orageux,

---

1. Vénus: Déesse de la Beauté et de l'Amour, née dans l'océan et portée au monde à l'intérieur d'une conque. Fréchette fait appel probablement au tableau célèbre de Botticelli, «La Naissance de Vénus».
2. Conque: Grande coquille concave.

Eurent montré de loin leurs grandeurs infinies,
Niagaras grondants! blondes Californies!   60
Amérique! au contact de ta jeune beauté,
On sentit reverdir la vieille humanité!

Car ce ne fut pas tant vers des rives nouvelles
Que l'austère Colomb guida ses caravelles,
Que vers un port sublime où tout le genre humain   65
Avec fraternité pût se donner la main;
Un port où l'homme osât, sans remords et sans crainte,
Vivre libre, au soleil de la liberté sainte!

C'est ce port idéal que Colomb a trouvé.
Mais qui croira jamais que Colomb ait rêvé   70
Les bienfaits infinis dont il dotait notre ère?
Ah non! même en luttant contre le sort contraire,
Raillé par l'ignorance, en butte au préjugé,
Rebuté mille fois, jamais découragé,
Ce Génois immortel ou ce Corse sublime   75
Entrevoyait à peine une lueur infime
— Quand à San Salvador[3] il pliait les genoux —
Du radieux soleil qu'il allumait pour nous.

Le héros, qui rêvait d'enrichir un royaume,
De l'immense avenir ne vit que le fantôme.   80
Sans doute il savait bien qu'un éternel fleuron
Dans les âges futurs brillerait à son front,
Que des peuples entiers salueraient son génie;
Mais Colomb, en cherchant la moderne Ausonie[4],
Ne fut — le fier chrétien en fit souvent l'aveu —   85
Qu'un instrument passif entre les mains de Dieu;
Et, quand il ne croyait que suivre son étoile,
La grande main dans l'ombre orientait la voile!

Notre Histoire

Cette pièce, se trouve en tête de la quatrième édition de
l'*Histoire du Canada* de François-Xavier Garneau (1882). Fré-
chette salue les héros qui ont fait le pays. Il exalte l'épopée des
Français d'Amérique comme l'œuvre d'une France éternelle. Nous
citons les seize premiers vers seulement de ce long poème de
cent soixante-huit vers.

---

3. San Salvador: ville de l'Amérique centrale située à l'endroit où Colomb mit pied
   sur terre pour la première fois.
4. Ausonie: Ancien nom d'une partie de Italie; pays de l'avenir aux découvreurs grecs.

O notre Histoire! — écrin de perles ignorées! —
Je baise avec amour tes pages vénérées.

O registre immortel, poème éblouissant
Que la France écrivit du plus pur de son sang!
Drame ininterrompu, bulletins pittoresques,   5
Annales de géants, archives où l'on voit,
À chacun des feuillets qui tournent sous le doigt,
Resplendir d'un éclat sévère ou sympathique
Quelque nom de héros ou d'héroïne antique!

Où l'on voit s'embrasser et se donner la main   10
Les vaillants de la veille et ceux du lendemain;
Où le glaive et la croix, la charrue et le livre,
— Tout ce qui fonde joint à tout ce qui délivre, —
Brillent, vivant trophée où l'on croit voir s'unir
Aux gloires d'autrefois celles de l'avenir.   15
(...)

Le Saint-Laurent

« Salut d'abord à toi, Cartier, hardi marin / Qui le premier foulas de ton pas souverain / Les bords inexplorés de notre immense fleuve! » écrit le poète dans « Notre Histoire ».

Le voyage fut rude, et le péril fut grand.
Pourtant, après avoir, plus de deux mois[1] durant,
Vogué presque à tâtons sur l'immensité fauve,
La petite flottille arriva saine et sauve
Auprès de bords perdus sous d'étranges climats...   5

— Terre! cria la voix d'un mousse au haut des mâts.

C'était le Canada mystérieux et sombre,
Sol plein d'horreur tragique et de secrets sans nombre,
Avec ses bois épais et ses rochers géants,
Émergeant tout à coup du lit des océans!   10
Quels êtres inconnus, quels terribles fantômes
De ces forêts sans fin hantent les vastes dômes,
Et peuplent de ces monts les repaires ombreux?
Quel génie effrayant, quel monstre ténébreux

---

1. Jacques Cartier quitte Saint-Malo, le 19 mai 1535, et entre dans le bassin de Québec, le 14 septembre, selon une note de l'auteur.

Va, louche Adamastor[2], de ces eaux diaphanes,   15
Surgir pour en fermer l'entrée à ces profanes ?
Aux torrides rayons d'un soleil aveuglant,
Le cannibale est là peut-être, l'œil sanglant,
Comme un tigre, embusqué derrière cette roche,
Qui guette, sombre et nu, l'imprudent qui s'approche.   20
Point de guides ! Partout l'inexorable accueil !
Ici c'est un bas-fond, là-bas c'est un écueil ;
Tout semble menaçant, sinistre, formidable ;
La côte, noirs rochers, se dresse inabordable...
Les fiers navigateurs iront-ils jusqu'au bout ?   25

— En avant ! dit Cartier qui, front grave et debout,

Foule d'un pied nerveux le pont de la dunette[3],
Et, pilote prudent, promène sa lunette
De tribord à bâbord, sondant les horizons.
Alors, défiant tout, naufrage et trahisons,   30
Pavillons déployés, *Grande* et *Petite Hermine*,
Avec l'*Émérillon*, qui dans leurs eaux chemine,
Lebreton, qu'on distingue à son torse puissant,
Jalobert, le hardi caboteur d'Ouessant
Qu'on reconnaît de loin à sa taille hautaine,   35
Tous, au commandement du vaillant capitaine,
Entrent dans l'entonnoir du grand fleuve inconnu.

Sombre aspect ! De forêts un réseau continu
Se déploie aussi loin que le regard s'élance.
Nul bruit ne vient troubler le lugubre silence   40
Qui, comme un dieu jaloux, pèse de tout son poids
Sur cette immensité farouche des grands bois.

À gauche, des plateaux perdus dans les nuées ;
À droite, des hauteurs qu'on dirait remuées
Par quelque cataclysme antédiluvien[4] ;   45
En face, l'eau du fleuve énorme qui s'en vient
Rejaillir sur la proue en gerbes écumantes ;
Des îlots dénudés par l'aile des tourmentes ;
De grands caps désolés s'avançant dans les flots ;
Des brisants sous-marins, effroi des matelots ;   50
Des gorges sans issue où le mystère habite ;

---

2. Adamastor: Géant des tempêtes qui empêchait les navigateurs de franchir les abords du
   Cap de Bonne-Espérance, dans le poème épique du Portuguais Camoëns, *Les Lusiades*
   (1572).
3. Dunette: Superstructure sur le pont arrière d'un navire.
4. Antédiluvien = avant le déluge.

Partout l'austérité du désert sans limite,
La solitude morne en sa sublimité!

Pourtant, vers le couchant le cap orienté,
La flottille s'avance; et sans cesse, à mesure   55
Que les lointains brumeux que la distance azure
Se dessinent plus clairs aux yeux des voyageurs,
Rétrécissant aussi ses immenses largeurs,
Le grand fleuve revêt un aspect moins sauvage;
Son courant roule un flot plus calme; le rivage   60
Si sévère là-bas devient moins tourmenté;
Et, tout en conservant leur fière majesté,
Ces vastes régions que le colosse arrose,
Où dort la forêt vierge, et dont le regard ose
Pour la première fois sonder les profondeurs,   65
Se drapent par degrés d'éclatantes splendeurs.

Le coup d'œil constamment se transforme et varie.
Enfin, la rive, ainsi qu'un décor de féerie,
Sous le flot qui se cabre en un brusque détour,
S'entr'ouvre, et tout à coup démasque le contour   70
D'un bassin gigantesque où la Toute-Puissance
Semble avoir mis le comble à sa magnificence.

Un cirque⁵ colossal de sommets inclinés;
Un vaste amphithéâtre aux gradins couronnés
De pins majestueux et de grands bouquets d'ormes;   75
Un promontoire à pic aux assises énormes;
Au fond de l'horizon un bleuâtre rideau
Sur lequel se détache une avalanche d'eau,
Avec d'âpres clameurs croulant dans un abîme...
Partout, au nord, au sud, la nature sublime   80
Dans le cadre idéal d'un conte d'Orient!

Cartier est là debout, glorieux, souriant,
Tandis que ses Bretons, penchés sur les bordages,
Groupés sur les tillacs⁶, suspendus aux cordages,
Par un long cri de joie, immense, spontané,   85
Éveillent les échos du vieux Stadaconé⁷.

Puis, pendant qu'on évite au courant qui dévire,
Chacun tombe à genoux sur le pont du navire;

---

5. Cirque: En géographie, cirque se dit d'un amphithéâtre naturel.
6. Tillacs: Pont supérieur d'un navire.
7. Stadaconé: Nom indien du village situé sur les rives de la rivière Saint-Charles, près de la ville de Québec.

Et ces bois, ces vallons, ces longs coteaux dormants,
Qui n'ont encor vibré qu'aux fauves hurlements   90
Des fauves habitants de la forêt profonde,
Au milieu des rumeurs de la chute qui gronde,
Retentissent enfin — jour régénérateur ! —
Pour la première fois d'un hymne au Créateur.

Le lendemain matin, au front de la montagne   95
D'où Québec aujourd'hui domine la campagne,
Une bannière blanche au pli fleurdelisé,
Drapeau par la tempête et la mitraille usé,
Flottait près d'une croix, symbole d'espérance...

Le soleil souriait à la Nouvelle-France !   100
Ce jour est déjà loin ; mais gloire à toi, Cartier !
Gloire à vous, ses vaillants compagnons, groupe altier
De fiers Bretons taillés dans le bronze et le chêne !
Vous fûtes les premiers de cette longue chaîne
D'immortels découvreurs, de héros canadiens,   105
Qui, de l'honneur français inflexibles gardiens,
Sur ce vaste hémisphère où l'avenir se fonde,
Ont reculé si loin les frontières du monde !

La Forêt

Dans cette courte pièce, le poète allie harmonieusement le ton
et l'image à la rêverie lyrique.

Chênes au front pensif, grands pins mystérieux,
Vieux troncs penchés au bord des torrents furieux,
Dans votre rêverie éternelle et hautaine,
Songez-vous quelquefois à l'époque lointaine
Où le sauvage écho des déserts canadiens   5
Ne connaissait encor que la voix des Indiens,
Qui, groupés sous l'abri de vos branches compactes,
Mêlaient leur chant de guerre au bruit des cataractes ?

Sous le ciel étoilé, quand les vents assidus
Balancent dans la nuit vos longs bras éperdus,   10
Songez-vous à ces temps glorieux où nos pères
Domptaient la barbarie au fond de ses repaires ?
Quand, épris d'un seul but, le cœur plein d'un seul vœu,
Ils passaient sous votre ombre en criant : — Dieu le veut !

Défrichaient la forêt, créaient des métropoles[1],   15
Et, le soir, réunis sous vos vastes coupoles,
Toujours préoccupés de mille ardents travaux,
Soufflaient dans leurs clairons l'esprit des jours nouveaux?

Oui, sans doute; témoins vivaces d'un autre âge,
Vous avez survécu tout seuls au grand naufrage   20
Où les hommes se sont l'un sur l'autre engloutis;
Et, sans souci du temps qui brise les petits,
Votre ramure, aux coups des siècles échappée,
À tous les vents du ciel chante notre épopée!

Le Dernier Drapeau blanc

La fidélité à un idéal, malgré l'abandon par la France, revient
comme un leitmotiv dans la poésie patriotique au XIXᵉ siècle.

Combien ai-je de fois, le front mélancolique,
Baisé pieusement ta touchante relique,
O Montcalm! ce drapeau témoin de tant d'efforts,
Ce drapeau glorieux que chanta Crémazie[1],
Drapeau qui n'a jamais connu d'apostasie,   5
Et que la France, un jour, oublia sur nos bords!

Devant ces plis sacrés troués par les tempêtes
Qui tant de fois jadis ont tonné sur nos têtes,
Combien de fois, Montcalm, en rêvant du passé,
N'ai-je pas évoqué ta sereine figure,   10
Grande et majestueuse ainsi que l'envergure
De l'aigle qu'un éclat de foudre a terrassé!

Je revoyais alors cette époque tragique,
Où, malgré ton courage et la force énergique
D'un peuple dont on sait l'héroïsme viril,   15
Se déroula la sombre et cruelle épopée
Qui devait d'un seul coup, en brisant ton épée,
Te donner le martyre et nous coûter l'exil.

Je sentais frissonner cette page émouvante
Où l'on vit, l'arme au bras, calme, sans épouvante,   20
Par de vils brocanteurs vendu comme un troupeau,

---

1. Métropole: État considéré par rapport aux pays qui dépendent de lui; ville principale
   d'une région.
1. Crémazie: Voir «Le Drapeau de Carillon».

FIG. 30 — La bataille des plaines d'Abraham, par C. Huot (*ca* 1900), collection particulière.

Raillé des courtisans, trahi par des infâmes,
Un peuple tout entier, vieillards, enfants et femmes,
Lutter à qui mourra pour l'honneur du drapeau!

Qu'ils furent longs, ces jours de deuil et de souffrance!...   25
Nous t'avons pardonné ton abandon, ô France!
Mais s'il nous vient encor parfois quelques rancœurs.
C'est que, vois-tu, toujours, blessure héréditaire,
Tant que le sang gaulois battra dans notre artère,
Ces vieux souvenirs-là saigneront dans nos cœurs!   30

C'est que, toujours, vois-tu, quand on songe à ces choses,
À ces jours où, martyrs de tant de saintes causes,
Nos pères, secouant ce sublime haillon,
Si dénués de tout qu'on a peine à le croire,
Pour sauver leur patrie et défendre ta gloire,   35
Allaient, un contre cinq, illustrer Carillon;

Quand on songe à ces temps de fièvres haletantes,
Où, toujours rebutés dans leurs vaines attentes,
Nos généraux, devant cet insolent dédain,
Étaient forcés, après vingt victoires stériles,   40
De marcher à l'assaut et de prendre des villes
Pour donner de la poudre à nos soldats sans pain;

Oui, France, quand on rêve à tout ce sombre drame,
On ne peut s'empêcher d'en suivre un peu la trame,
Et de voir, à Versaille, un Bien-Aimé, dit-on,   45
Tandis que nos héros au loin criaient famine,
Sous les yeux d'une cour que le vice efféminé,
Couvrir de diamants des Phrynés[2] de haut ton!

O drapeau! vieille épave échappée au naufrage!
Toi qui vis cette gloire et qui vis cet outrage,   50
Symbole d'héroïsme et témoin accablant,
Dans tes plis qui flottaient en ces grands jours d'alarmes,
Au sang de nos aïeux nous mêlerons nos larmes...
Mais reste pour jamais le dernier drapeau blanc!

Papineau

Louis-Joseph Papineau demeure l'idole de Fréchette. Dans
La Voix d'un exilé, le poète salue le héros des luttes épiques.
En 1870, Fréchette peut rendre visite à Montebello et serrer la

---

2. Phryné: Courtisane grecque (IVᵉ siècle av. J.-C.)

main de l'illustre vieillard. À la suite de ce pèlerinage, le poète écrit un premier poème intitulé «Papineau», publié dans *Pêle-Mêle* et repris dans *La légende d'un peuple* avec quelques variantes.

Dites-moi, n'est-il pas assez étrange comme
Un peuple entier parfois s'incarne dans un homme?

Cet homme porte-voix, cet homme boulevard,
Là-bas c'est Canaris[1], ailleurs c'est Bolivar[2],
Ici c'est Washington écrivant sa légende,   5
Plus loin c'est O'Connell[3] en qui revit l'Irlande...

Quarante ans, transformant la tribune en créneau[4],
L'homme-type chez nous s'appela Papineau!
Quarante ans il tonna contre la tyrannie;
Quarante ans de son peuple il fut le bon génie,   10
L'inspirateur sublime et l'âpre défenseur;
Quarante ans, sans faiblir, au joug de l'oppresseur
Il opposa ce poids immense, sa parole;
Il fut tout à la fois l'égide et la boussole;
Fallait-il résister ou fallait-il férir,   15
Toujours au saint appel on le vit accourir;
Et toujours à l'affût, toujours sur le qui-vive,
Du Canada français il fut la force vive!

La persécution, lasse de le traquer,
Cède un jour à l'appât le soin de l'attaquer.   20
Alors du vieux lion l'indomptable courage
Frémit sous la piqûre et bondit sous l'outrage.
Vous savez tous, ô vous que sa verve cingla,
Ce qu'il vous fit payer pour cette insulte-là!

O les persécuteurs arrogants ou serviles,   25
Fauteurs intéressés de discordes civiles,
Comme il vous foudroyait de son verbe éclatant!
Il savait être doux et pardonner pourtant.
Plus tard, après l'orage et les luttes brûlantes,
Ni les longs jours d'exil[5], ni les haines sanglantes,   30
Ni les lazzi[6] moqueurs, ni l'oubli des ingrats,

---

1. Canaris: Constantin Canaris ou Kanaris (1790-1877), patriote grec.
2. Bolivar: Simon Bolivar (1873-1830), libérateur des colonies espagnoles en Amérique du Sud.
3. O'Connell; Daniel O'Connell (1775-1847), grand parlementaire irlandais.
4. Créneau: Ouverture pratiquée dans un mur pour tirer à l'abri des coups de l'adversaire.
5. Exil: Papineau vécut à Paris de 1838 à 1845.
6. Lazzi = plaisanterie.

— Quand l'athlète vaincu sentit vieillir son bras, —
Ne purent ébranler cette âme fière et haute.
Sans fiel devant le crime, indulgent pour la faute,
Tout entier au pays, son cœur ne put haïr   35
Même les renégats payés pour le trahir!

O Papineau! bientôt disparaîtra la trace
Des luttes qu'autrefois dut subir notre race.
Déjà, sur un monceau de préjugés détruits,
De tes combats d'antan nous recueillons les fruits.   40
Mais, quel que soit le sort que l'avenir nous garde,
Ainsi qu'au temps passé, debout à l'avant-garde,
À notre tête encore, ô soldat des grands jours,
Demain comme aujourd'hui nos yeux verront toujours,
— Que l'horizon soit clair ou que le ciel soit sombre, —   45
Se dresser ton génie et planer ta grande ombre.

«Épilogue»: *France*

Cet envoi de cent quarante-cinq vers montre que la France,
loin d'être un pays étranger, demeure l'inspiratrice et la mère
nourricière.

(...)

II

France, recueille-toi! France, l'heure est sacrée!
L'humanité n'est plus la lourde barque ancrée
Où les marins, croyant leurs labeurs achevés,   35
S'endormaient au soleil ou chantaient aux étoiles:
Désormais le vaisseau navigue à pleines voiles
       Vers les grands horizons rêvés.

Timorés, faites place! en arrière les lâches!
Voici pour les vaillants le jour des fières tâches.   40
Le dix-neuvième siècle est un vaste tournant
Où, presque épouvantés des étapes franchies,
Les peuples voient, au front des aubes rafraîchies,
       Poindre l'avenir rayonnant.

Oui, tout droit devant nous l'astre promis flamboie;   45
Jusqu'au fond du chenil où la routine aboie
Vont luire ses rayons si longtemps attendus.
Mais, hélas! face à face avec d'autres problèmes,

Que d'hommes vont encor, groupes mornes et blêmes,
   S'entre-regarder éperdus !   50

Comme pour transformer il faut souvent dissoudre,
Le nouvel avatar aura des coups de foudre,
Des chocs inattendus ; et, spectacle inouï,
Peut-être verra-t-on les nations sans nombre,
Qui se heurtaient naguère en trébuchant dans l'ombre,   55
   Tâtonner le front ébloui.

Qui sera le sauveur ? quel bras puissant et libre,
De l'immense bascule assurant l'équilibre,
Saura maintenir l'ordre en ce fatal milieu ?
Quel timonier serein guidera le navire ?   60
Quelle main forcera l'Europe qui chavire
   À servir les desseins de Dieu ?

O France, c'est à toi qu'incombe ce grand rôle.
Ton nom a résonné de l'un à l'autre pôle ;
Sous tous les cieux connus tes généreux enfants,   65
Fondant et délivrant par la croix ou l'épée,
Glorieux précurseurs d'une ère émancipée,
   Se sont promenés triomphants.

Tes hauts faits ont rempli les annales humaines ;
Des sciences, des arts les plus secrets domaines   70
À tes hardis chercheurs n'ont plus rien à céler ;
Et si ton cœur palpite, et si ton front remue,
Troublée en son ennui, notre planète émue
   Croit sentir son axe osciller.

Oui, ton passé fut beau ; superbe est ton histoire ;   75
Bien des siècles verront de ton ancienne gloire
Le socle à l'horizon du monde se dresser ;
Tes fils ont éclipsé tous les héros d'Homère...
Mais tout cela n'est rien ; c'est maintenant, ô mère !
   Que ta tâche va commencer.   80

Tu seras — et c'est Dieu lui-même qui t'y pousse —
La pacificatrice irrésistible et douce.
Tu prendras par la main la pauvre humanité
Trop longtemps asservie à la haine ou la crainte,
Et tu la sauveras par la concorde sainte,   85
   Par la sainte fraternité !

Aux sentiers belliqueux tu sus battre la marche,
France ; sois maintenant la colombe de l'arche ;

Porte à tous l'olivier, c'est là ta mission;
Calme, guéris, cimente, harmonise, illumine;   90
Et par un sceau d'amour scelle l'œuvre divine
    De la civilisation!

FEUILLES VOLANTES (1890-1891)

Selon Camille Roy, «les *Feuilles Volantes*, par où le poète semble clore sa carrière, sont peut-être le recueil où il y a le moins de faiblesses profondes». Gérard Bessette, pour sa part, considère que c'est le plus faible des recueils de Fréchette. Par la forme, Camille Roy pourrait avoir raison, cependant par le fond, cet amas de pièces de circonstances fourmille de lieux communs. Quelques poèmes néanmoins se détachent comme «La Louisiana», «Le Rêve de la vie» et «Le Manoir de Montebello».

La Louisiana

Lors d'un moment de découragement pendant son séjour à Chicago, le poète fit un voyage à la Nouvelle-Orléans. Ces vers sonnent comme un lointain écho de cet événement.

Pays du soleil où la fantaisie
Sous un ciel doré tourne son fuseau,
Radieux rival de l'Andalousie,
Dont le nom charmant, plein de poésie,
Résonne à mon cœur comme un chant d'oiseau!   5

Sous tes frais bosquets qu'embaume l'orange
On sent circuler de vagues aimants;
Tes lourds bananiers, que la brise effrange,
Semblent frissonner au concert étrange
Qui flotte dans l'air de tes soirs charmants.   10

Sous tes dômes verts qu'ombre la liane
Rayonnent souvent de grands yeux hardis;
Et, l'artère en feu, jusqu'à la diane,
Plus d'un Werther[1] veille, ô Louisiane,
Au seuil parfumé de tes paradis.   15

---

1. Werther: Le héros célèbre du roman de Goethe; Werther et René demeurent des héros mélancoliques par excellence.

Et moi, fils du Nord aux hivers moroses,
— Souvenir lointain, mais toujours vainqueur —
À ces douces nuits, à ces beaux jours roses
En rêvant je sens, malgré mes névroses,
Comme une fleur d'or éclore en mon cœur!   20

Le Rêve de la vie

Déjà le poète est atteint de la neurasthénie qui allait attrister
ses dernières années.

À vingt ans, poète aux abois,
Quand revenait la saison rose,
J'allais promener sous les bois
    Mon cœur morose.

À la brise jetant, hélas!   5
Le doux nom de quelque infidèle,
Je respirais les frais lilas
    En rêvant d'elle.

Toujours friand d'illusions,
Mon cœur, que tout amour transporte,   10
Plus tard à d'autres visions
    Ouvrit sa porte.

La gloire sylphe décevant
Si prompt à fuir à tire-d'aile,
A son tour m'a surpris souvent   15
    A rêver d'elle.

Mais maintenant que j'ai vieilli,
Je ne crois plus à ces mensonges;
Mon pauvre cœur plus recueilli
    A d'autres songes.   20

Une autre vie est là pour nous,
Ouverte à toute âme fidèle:
Bien tard, hélas! à deux genoux,
    Je rêve d'elle!

Le Manoir de Montebello

En juin 1870, Fréchette, en compagnie d'Alfred Garneau, fit
un pèlerinage à Montebello, le manoir de Papineau sur les rives

FIG. 31 — Le manoir de Montebello.

de l'Outaouais. Cette visite sera racontée avec d'autres souvenirs sur Papineau dans une série d'articles intitulés « Réminiscences » dans *Le Monde illustré*, du 5 mai au 16 juin 1900.

Pittoresque château, retraite hospitalière
Où Papineau vaincu coula ses derniers jours,
J'aime ton fier aspect, ta terrasse, tes tours
Secouant au soleil leur panache de lierre.

Qui suit de tes sentiers la courbe irrégulière,   5
Perdu sous tes massifs, s'imagine toujours
Voir, dans le calme ombreux de leurs secrets détours,
Glisser du grand tribun l'image familière.

Car il vit tout entier ici — dans chaque objet ;
Il aimait ce fauteuil, cet arbre l'ombrageait :   10
Tout nous parle de lui, tout garde sa mémoire ;

Et, pour suprême attrait, sur ce seuil enchanté,
Le cœur tout grand ouvert, la Grâce et la Beauté
Ajoutent leur prestige aux souvenirs de gloire.

Adolphe-Basile Routhier
(1839-1920)

Né à Saint-Placide, comté des Deux-Montagnes, il fait ses études classiques au Séminaire de Sainte-Thérèse et son cours de droit à l'Université Laval. Voisins de chambre au pensionnat de l'Université, Routhier et Fréchette passent des soirées entières à s'extasier devant la poésie de Lamartine et de Victor Hugo. À cette époque, Routhier lisait Lamartine avec enthousiasme. «Il réveillait en moi des sentiments inconnus, de vagues et enivrantes aspirations, des désirs immodérés de bonheur impossible, des besoins indéfinis de je ne sais quel idéal,» écrit-il en 1871. (*Les Causeries du Dimanche*, p. 194.) Reçu avocat, en 1861, il s'établit à Kamouraska. Reniant ses anciens dieux littéraires, il se mue en conservateur et défenseur de l'ordre établi, de l'Église, contre le libéralisme de ses anciens amis; polémiste dans l'âme, il s'attaquera tour à tour à Fréchette, à Casgrain et au romancier Joseph Marmette. Nommé juge à la cour supérieure en 1873, il deviendra juge en chef, en 1904. Membre de la Société Royale, cet écrivain se caractérise par une pensée profondément conservatrice et catholique. En 1882, il regroupe ses poésies sous le titre *Les Échos*. Son nom se perpétue surtout grâce à son poème écrit en 1880, «O Canada», l'hymne national du Canada. Mais, au tournant du XXᵉ siècle, Routhier est connu comme l'auteur de romans «messianiques»: *Le Centurion*, en 1909 et *Paulina*, en 1918.

L'œuvre poétique

Il publie des poèmes dans *Le Foyer canadien*, *La Revue canadienne*, *Le Journal de l'Instruction publique*, *Le Canada français*, *L'Opinion publique* et les *Mémoires de la Société royale*.

Les Échos, Québec, P.-G. Delisle, 1882, 287 pp.

* * *

P.-B. Mignault, *Les Échos*, dans *La Revue canadienne*, vol. 18, 1882, p. 503-509.

Chant national

La Société Saint-Jean-Baptiste de Québec avait demandé à Routhier et à Calixa Lavallée d'écrire un chant, à l'occasion d'un congrès national, en 1880. Grâce aux sentiments exprimés et à l'harmonie de la musique, ce morceau est devenu l'hymne national des Canadiens français d'abord et du Canada ensuite.

> O Canada! terre de nos aïeux,
> Ton front est ceint de fleurons glorieux,
>   Car ton bras sait porter l'épée,
>   Il sait porter la croix.
>   Ton histoire est une épopée   5
>   Des plus brillants exploits;
>   Et ta valeur, de foi trempée,
> Protégera nos foyers et nos droits.
>
> Sous l'œil de Dieu, près du fleuve géant,
> Le Canadien grandit en espérant.   10
>   Il est né d'une race fière;
>   Béni fut son berceau.
>   Le ciel a marqué sa carrière
>   Dans ce monde nouveau:
>   Toujours guidé par sa lumière,   15
> Il gardera l'honneur de son drapeau.
>
> Amour sacré du trône et de l'autel,
> Remplis nos cœurs de ton souffle immortel.
>   Parmi les races étrangères
>   Notre guide est la loi;   20
>   Sachons être un peuple de frères
>   Sous le joug de la Loi;
>   Et répétons, comme nos pères,
> Le cri vainqueur: Pour le Christ et le Roi!

Au Colisée

Routhier, voyageur infatigable, a su livrer ses impressions dans une prose très coulante. Voici qu'il rend en vers remplis d'un ton lyrique la description du Colisée de Rome.

On dit que le boa, le grand serpent d'Afrique,
Quand il est bien repu de chair vive et de sang,
Se recourbe et s'endort d'un sommeil léthargique
En serrant les anneaux de son orbe puissant.

Quand je te vois, gisant sur ton lit de poussière,   5
Immense Colisée aux arceaux surannés,
Je me dis que sans doute, ô grand monstre de pierre,
Tu cuves les festins que César t'a donnés!

Hélas! il t'a servi tant de chair virginale,
Versé tant de sang pur pour apaiser ta faim,   10
Que tu n'as pu survivre à l'orgie infernale,
Et que ton lourd sommeil n'aura jamais de fin!

Éternel monument de haine et de luxure,
Je suis à ton aspect tenté de t'exécrer;
Mais le sang des martyrs a lavé ta souillure,   15
Et quand je viens à toi c'est pour te vénérer!

Je le baise en pleurant, ton marbre séculaire,
Et tremblant de respect, d'amour et de terreur,
Je pétrirai mon pain de ta sainte poussière,
Sûr d'y puiser un sang qui me rendrait meilleur!   20

Napoléon Legendre
(1841-1907)

Reçu avocat, en 1865, après des études chez les Jésuites à Montréal, Legendre devient, en 1876, greffier du Conseil législatif de Québec, poste qu'il occupe jusqu'à sa mort. La musique et la littérature demeurent ses plus agréables passe-temps. Après un essai infructueux dans le genre romanesque sous le titre de *Sabre et Scalpel,* publié dans *L'Album de la Minerve,* en 1872, Legendre se limite aux chroniques impressionnistes et aux petites pièces de vers. Membre de la première équipe de la Société Royale, en 1882, il fournira aux *Mémoires* de cette société quelques-unes de ses meilleures productions dont «Réalistes et Décadents», en 1890, qui est une attaque en règle contre les nouvelles tendances en littérature, contre les poètes décadents, voire symbolistes. Mais auparavant, en 1886, Legendre publie *Les Perce-Neige,* recueil de poésie, des «fleurs printanières, exquises, dont souvent on regrette qu'il suffise de quelques jours pour en épuiser le parfum», selon Camille Roy. Si Le May est le poète de l'idylle, et Fréchette, le chantre de l'épopée française en Amérique, Legendre aurait été le poète sincère de la famille et du foyer pour les lecteurs de sa génération.

L'œuvre poétique

Les poèmes de Legendre ont paru dans *L'Abeille, Le Journal de l'Instruction publique, L'Opinion publique, Les Nouvelles Soirées canadiennes, La Revue de Montréal* et *Le Canada français.*

À mes enfants, Québec, A. Côté & cie, 1875, 166 pp.

Les Perce-Neige. Premières poésies, Québec, C. Darveau, 1886, 222 pp.

Mélanges. Prose et vers, Québec, C. Darveau, 1891, 223 pp.

* * *

Adjutor Rivard, *Legendre,* dans *Mémoires de la Société royale du Canada,* 3e série, vol. 3, 1910, p. 73-86.

Camille Roy, *Napoléon Legendre,* dans *A l'ombre des érables,* Québec, L'Action sociale, 1924, p. 107-120.

Le Printemps

Ses petits poèmes sur les saisons sont peut-être les plus gracieux, et ceux aussi où l'art se soutient avec le plus de persévérance. Le poète y cherche l'harmonie et il réussit à laisser des images pleines de charme et de douceur.

> Dans les cieux que son orbe dore,
> Le soleil monte radieux;
> Sous ses rayons on voit éclore
> Tout un monde mystérieux.
> La nature s'éveille et chante   5
> Et s'emplit de tendres soupirs;
> Partout la feuille frémissante
> S'ouvre aux caresses des zéphirs.
>
> La rose se penche vermeille;
> Tout auprès du lis embaumé,   10
> Et, sur le trèfle blanc, l'abeille
> Vient puiser son miel parfumé.
> Près de la source qui murmure
> Sur son lit de cailloux brunis,
> On entend dans chaque ramure
> Les doux gazouillement des nids.   15
>
> C'est le printemps, c'est la jeunesse,
> C'est le réveil de l'univers;
> C'est la mystérieuse ivresse
> Qui frémit sous les arbres verts: 20
> Et, puisqu'ici bas s'enivre,
> Les oiseaux, les feuilles, les fleurs,
> Enfants, vous qui vous sentez vivre,
> À l'allégresse ouvrez vos cœurs.

Nuit d'Été

> Voici la nuit; tout est silence,
> Autour de nous l'ombre s'avance;

La vague expire sans effort,
Et sur son nid l'oiseau s'endort.
O douce nuit, calme et sereine,   5
Quand sur mon front ta tiède haleine
Comme un parfum passe, rêveur,
Vers l'infini je sens battre mon cœur.

À l'horizon, la lune blanche,
Solitaire, vers nous se penche,   10
Et son rayon mystérieux
Luit sur l'immensité des cieux
Astre divin, quand la nature
Partout fait taire son murmure,
Ton disque blanc veille sans bruit,   15
Comme un flambeau, dans l'ombre de la nuit.

Voici la nuit; tout est silence,
Autour de nous l'ombre s'avance;
La vague expire sans effort
Et sur son lit l'oiseau s'endort.   20

Benjamin Sulte
(1841-1923)

Né à Trois-Rivières et orphelin à dix ans, Sulte commence à gagner sa vie très jeune. Autodidacte, il fonde le cercle littéraire de Trois-Rivières, en 1861, et commence alors à écrire des poésies: chansons, ballades, odes, etc. La ferveur nationaliste sert de source d'inspiration à une trentaine de poèmes. La patrie qui est chère à Sulte et qu'il décrit le plus volontiers se concrétise dans les tableaux familiers:

« Canada! Saint-Laurent! quels beaux noms pour la gloire!
Ces deux noms dans mes vers cent fois je les inscris.
Ma muse, qui s'inspire aux pages de l'Histoire,
Redira mon amour pour mon noble pays.» (« Au Saint-Laurent»)

Nommé rédacteur du journal *Le Canada* d'Ottawa, en 1866, il devient bientôt traducteur et fonctionnaire, poste qu'il abandonne, en 1903, pour prendre sa retraite. Travailleur acharné, il est surtout connu pour ses travaux historiques. En 1870, Sulte publie quatre-vingts poésies sous le titre *Les Laurentiennes*. Il chante le Canada et ses beautés, ses droits et ses devoirs, ses douleurs et ses espérances. Il évoque le passé et en célèbre toutes les gloires. C'est un hymne qui se répète, et dont «les échos vont sur tous les sentiers réveiller le patriotisme endormi» (Routhier). Il publie un deuxième recueil, *Les Chants nouveaux*, en 1880.

L'œuvre poétique

Les vers de Sulte ont paru dans *La Revue canadienne*, *Le Journal de l'Instruction publique*, *Le Canadien*, *La Minerve*, *Le Journal des Trois-Rivières*, *Le Canada*, etc.

Les Laurentiennes, Montréal, E. Senécal, 1870, 208 pp.

Les Chants nouveaux, Ottawa, Imprimerie du Canada, 1880, 68 pp.

* * *

A.-B. Routhier, *M. Benjamin Sulte. Les Laurentiennes*, dans *Causeries du Dimanche*, Montréal, C. O. Beauchemin & Valois, 1871, p. 239-248.

E.-Z. Massicotte, *Nos hommes de lettres*, dans *Le Glaneur*, vol. 1, 1890, p. 341-352.

Jeanne d'Arc Lortie, «Benjamin Sulte», dans *La Poésie nationaliste au Canada français (1600-1867)*, Québec, P.U.L., 1975, p. 379-381.

Les Bûcherons (1864)

Le poète chante avec vigueur les travailleurs de la forêt qu'il a si bien connus dans sa jeunesse. Le vers coule avec rapidité et les images sont saisissantes.

> Frappez d'estoc! frappez de taille!
> Les troncs aux flancs retentissants!
> La forêt vous livre bataille
> Et porte en ses rameaux puissants
> Des défis toujours renaissants. 5

Pauvres gens partis de la ville
Au point du jour, par les grands froids,
Leur tâche ingrate est difficile
Durant l'hiver au fond des bois!
Mais la joyeuse insouciance 10
Ne les quitte pas un instant.
Leur devise est: Dieu! confiance!
La hache au dos, causant, marchant,
La fatigue amène le chant.

> Frappez d'estoc! frappez de taille! 15
> Les troncs aux flancs retentissants!
> La forêt vous livre bataille
> Et porte en ses rameaux puissants
> Des défis toujours renaissants.

Sous les grands pins, dans les clairières, 20
Ou sur les lacs des environs,
Par les montagnes, les rivières,
Ils sont partout, nos bûcherons.
Le cœur léger d'inquiétudes,
Ravageurs comme l'ouragan, 25
Ils parcourent les solitudes
Jusqu'aux mers du soleil couchant,
Toujours luttant, toujours cherchant.

FIG. 32 — Le travail en forêt, par M. Cullen (1896), Galerie d'art, Hamilton.

Frappez d'estoc! frappez de taille!
Les troncs aux flancs retentissants   30
La forêt vous livre bataille
Et porte en ses rameaux puissants
Des défis toujours renaissants.

Conquérante du territoire,
La phalange des travailleurs   35
Ouvre des pages à l'histoire
Au prix des plus rudes labeurs.
Les coups pleuvent drus en cadence,
Sur le pied des arbres géants
Qui, traçant une courbe immense,   40
S'affaissent en rebondissant
Dans les flots d'un tourbillon blanc.

Frappez d'estoc! frappez de taille!
Les troncs aux flancs retentissants!
La forêt vous livre bataille   45
Et porte en ses rameaux puissants
Des défis toujours renaissants.

La nuit les surprend à l'ouvrage,
Tel qu'un visiteur importun.
La tempête souffle avec rage: 50
«Gagnons le rendez-vous commun.»
À la veillée, un ancien conte
Des histoires de revenants.
Les loups-garous ont sur leur compte
Des faits merveilleux et galants   55
Dont les témoins sont tous absents.

Frappez d'estoc! frappez de taille!
Les troncs aux flancs retentissants!
La forêt vous livre bataille
Et porte en ses rameaux puissants   60
Des défis toujours renaissants.

Pour bannir les regrets d'absence,
L'amoureux chante une chanson
Que chacun écoute en silence
Comme un écho de la maison.   65
Puis, quand vient la fonte des neiges,
Quels transports! quels ravissements!
Les écoliers de vingt collèges,
Pour s'envoler, sont moins pressants
Que ne le sont nos *hivernants*.   70

Frappez d'estoc! frappez de taille!
Les troncs aux flancs retentissants!
La forêt vous livre bataille
Et porte en ses rameaux puissants
Des défis toujours renaissants.   75
Janvier 1864.

La Patineuse (1864)

Belle patineuse intrépide,
Glisse sur ton patin rapide,
Glisse, voltige et tourne encor!
La foule enthousiaste admire
Ta noble pose qui se mire   5
      Dans le cristal du port!

      De la grève,
      D'où s'élève
Un cri d'admiration,
      Tu t'élances   10
      Et balances
La plume ombrageant ton front.

      Souriante,
      Confiante,
Sur tes deux lames d'acier,   15
      Ta tournure,
      Leste et sûre,
Semble tous nous défier.
      Sur ta trace,
      Joyeux, passe   20
L'essaim de nos patineurs;
      Ton pied, vite,
      Les évite,
Et retient les promeneurs.
      Que d'adresse,   25
      De vitesse
On déploie à ce concours!
      Mais tu voles,
      Cabrioles,
Et bondis sur le parcours!   30

      Va! rieuse
      Patineuse,
Les fatigant jusqu'au soir!...

Sur mon âme,
Quelle flamme   35
Pétille dans ton œil noir!

Toujours prête,
Rien n'arrête
Tes triomphes commencés:
Sans mot dire,   40
Tu peux rire
Des amoureux distancés!

Belle patineuse intrépide,
Glisse sur ton patin rapide,
Glisse, voltige et tourne encor!   45
La foule enthousiaste admire
Ta noble pose qui se mire
Dans le cristal du port!

Décembre 1864.

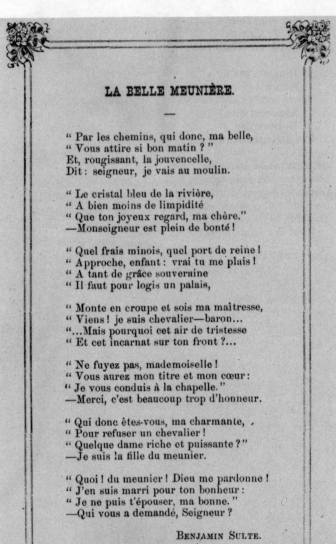

LA BELLE MEUNIÈRE.

—

" Par les chemins, qui donc, ma belle,
" Vous attire si bon matin ? "
Et, rougissant, la jouvencelle,
Dit : seigneur, je vais au moulin.

" Le cristal bleu de la rivière,
" A bien moins de limpidité
" Que ton joyeux regard, ma chère."
—Monseigneur est plein de bonté !

" Quel frais minois, quel port de reine !
" Approche, enfant : vrai tu me plais !
" A tant de grâce souveraine
" Il faut pour logis un palais,

" Monte en croupe et sois ma maîtresse,
" Viens ! je suis chevalier—baron...
"...Mais pourquoi cet air de tristesse
" Et cet incarnat sur ton front ?...

" Ne fuyez pas, mademoiselle !
" Vous aurez mon titre et mon cœur :
" Je vous conduis à la chapelle."
—Merci, c'est beaucoup trop d'honneur.

" Qui donc êtes-vous, ma charmante,
" Pour refuser un chevalier !
" Quelque dame riche et puissante ?"
—Je suis la fille du meunier.

" Quoi ! du meunier ! Dieu me pardonne !
" J'en suis marri pour ton bonheur :
" Je ne puis t'épouser, ma bonne."
—Qui vous a demandé, Seigneur ?

BENJAMIN SULTE.

FIG. 33 — Feuille volante.

Alfred Morisset

(1843-1896)

Né à Québec, il fait ses études classiques au Séminaire de Québec et au Séminaire de Nicolet. Confrère de classe de Louis Fréchette, il griffonne déjà des vers. Reçu médecin, en 1865, il s'installe à Sainte-Hénédine, comté de Dorchester. Victime à l'âge de trente-six ans, soit en 1879, d'un accident ferroviaire qui devait le laisser partiellement impotent, il retourne vers les muses consolatrices. En 1890, sa femme et son plus jeune fils meurent dans l'espace de huit jours. Il ne peut jamais se relever entièrement d'une telle catastrophe. À sa mort en 1896, il laisse plusieurs poèmes en manuscrit que ses fils publient en 1914 sous le titre *Ce qu'il a chanté*. Ces fleurs d'outre-tombe témoignent du goût grandissant de la poésie au Québec dans les dernières décennies du siècle.

Ce qu'il a chanté, Ottawa, Imprimerie de la Justice, 1914, 163 pp. (Trente-neuf poèmes).

Camille Roy, «Ce qu'il a chanté par Alfred Morisset», dans *Érables en fleurs*, Québec, L'Action sociale, 1923, p. 99-111.

Albert Dandurand, *La Poésie canadienne-française*, Montréal, Albert Lévesque, 1933, p. 59-66.

Les Feuilles sont tombées

Si le sentiment est à certains endroits banal, ces vers émeuvent parfois au rappel d'une douleur sincère et touchante.

Novembre est apparu. Les feuilles mordorées [1]
Flottent comme un manteau sur le gazon frileux:

---

1. Mordorées = d'un brun chaud à reflets dorés.

Et les brises d'automne, en notes éplorées,
Dans les grands rameaux nus soupirent leurs adieux.

Tout pleure. La rosée, aux cils gris des vieux arbres,   5
A suspendu, la nuit, ses larmes de cristal.
Et sur leurs fronts rugueux, blanchis comme des marbres,
Le froid a mis sa lèvre et son baiser fatal.

Les oiseaux ont quitté nos forêts solitaires.
Plus de joyeux échos, plus de refrains charmants.   10
Ils se sont en allés vers des lieux moins austères,
Demander au soleil des rayons plus cléments.

Tout dort. On n'entend plus la chanson des mésanges
Se dérouler plaintive, aux cris clairs des grillons;
Ni les concerts naïfs des ramages étranges   15
Qui sortaient au printemps du nid des oisillons.

Aux cimes des grands fûts, dans les ramures grises,
Se balancent tremblants les petits nids déserts,
Et leur soyeux duvets, dérobés par les brises,
S'en vont, au gré des vents, se perdre dans les airs.   20

Pauvres fils de la Vierge! Allez, fuyez bien vite!
Quittez ce monde ingrat, volez vers l'inconnu:
Peut-être que demain le nid qui vous abrite,
Brisé par l'ouragan, jonchera le sol nu.

Tout ce décor de deuil et de sombre mystère   25
Nous remémore ceux que nous avons aimés.
Et des ombres partout surgissent de la terre,
Cherchant leurs âmes sœurs avec des yeux fermés.

Une voix nous apprend que tout passe et tout tombe,
Mais qu'un jour près de Dieu tout fleurira vermeil,   30
Et que pour nous, mortels, rien n'est vrai que la tombe
Où nous irons dormir notre dernier sommeil.

Allez, vous qui pleurez, fouler un bois d'automne!
C'est le refuge ouvert des cœurs inconsolés.
Peut-être y pourrez-vous refaire la couronne   35
Si pleine de parfums des beaux jours envolés!

Eustache Prudhomme
(1845-1927)

Après des études au collège de Montréal (1857-1865), il fait sa cléricature et est reçu notaire. Compagnon de Lóuis Riel avec qui il causait de poésie (voir son poème «Louis Riel», dans *L'Opinion publique* du 19 février 1870, p. 70), Prudhomme écrit ses premiers vers au collège. Participant avec enthousiasme à la vie littéraire, il sent la fascination de la ville grandissante, grouillante: «Autour de nous (à Montréal) tout s'agite et tout semble dans un état d'ébullition», écrit-il dans ses chroniques dans *La Revue canadienne*. Voici que la ville apparaît au poète comme à l'image de l'être humain dans son long poème «Un soir dans la cité», publié en mars 1866. Mais quelques mois plus tard, il écrira:

> «Amis, loin de la ville où se croise la foule
> Suivez-moi, suivez-moi jusqu'au vallon natal:
> Le murmure léger d'un pur ruisseau qui coule
> Vaut mieux que le son du métal.»

(«Le Printemps», composé en mai 1866 et publié dans *La Minerve* du 1 juin 1869). C'est que la ville n'est pas encore reconnue comme objet poétique. S'inscrivant au concours littéraire de l'Université Laval en 1867, Prudhomme remporte le troisième prix. L'année suivante, on lui accorde le premier prix. Son long poème, *Les Martyrs de la foi en Canada*, paraît alors en 1869 et sera réédité en 1928. Écrivain mineur, Prudhomme apporte une contribution valable au renouveau littéraire des décennies de 1860 à 1880, époque où Montréal, de petite ville qu'elle était jusqu'alors, montrait déjà des signes de la métropole qu'elle allait devenir.

L'œuvre poétique

Son œuvre poétique comprend une cinquantaine de pièces dans des périodiques de Montréal surtout: *La Revue canadienne*,

L'Opinion publique, L'Album de la Minerve, Le Nouveau Monde, Le Canadien, Le Journal de Québec, etc.

Les Martyrs de la foi en Canada, Québec, A. Côté, 1869,32 pp.; 2ᵉ éd. Montréal, Therien Frères, 1928, 81 pp.

*   *   *

Séraphin Marion, «Poésie canadienne d'autrefois, À propos du poème d'Eustache Prudhomme», dans *En feuilletant nos écrivains,* Montréal, Action canadienne-française, 1931, p. 9-22.

Jules-S. Lesage, *Eustache Prudhomme,* dans *Propos littéraires IIᵉ série,* Québec, L'Action catholique, 1933, p. 13-20.

Jeanne d'Arc Lortie, «Eustache Prudhomme», dans *La Poésie nationaliste au Canada français (1606-1867),* Québec, P.U.L., 1975, p. 381-384.

Un Soir dans la cité [1] (1866)

Dans le rythme des vers, le poète réussit à capturer les mouvements agités de la ville. Remarquez l'octosyllabe accentué faisant place à l'alexandrin dans le dernier vers du quatrain: «Est soudain remuée ainsi qu'un flot des mers!». Peut-on voir dans cette pièce des échos de Baudelaire, poète hanté par la ville.

> Les ombres planent sur la ville!
> La fumée au-dessus des toits,
> Dans l'air vaporeux et tranquille
> S'élève et s'étend à la fois.
> De temps en temps se fait entendre   5
> Un bruit de machines pesant,
> Ou bien une voix douce et tendre,
> Au sein du bal éblouissant.
>
> Pourquoi suis-je mélancolique
> Devant ces spectacles divers?   10
> Mon âme, autrefois pacifique,
> Est soudain remuée ainsi qu'un flot des mers!

*   *   *

---

1. Publié dans *La Revue Canadienne*, vol. 2, mars 1866, p. 170-173.

Sous les pieds confus des passants
Résonne le pavé sonore;
La foule se croise en tout sens   15
Pour des intérêts qu'on ignore.
Les uns viennent dans leur famille,
Se reposer de leur labeur;
D'autres, dans un salon qui brille,
Vont boire un philtre empoisonneur.   20

Pourquoi suis-je mélancolique
Devant ces spectacles divers?
Mon âme, autrefois pacifique,
Est soudain remuée ainsi qu'un flot des mers!

* * *

Ici le riche orgueilleux passe,   25
Le front haut et l'œil dédaigneux;
Cet homme porte une âme basse
Sous un extérieur pompeux;
Là, d'une modeste chapelle
Une femme vient en priant;   30
Sur le givre d'une ruelle,
Là tremble un pauvre mendiant.

Pourquoi suis-je mélancolique
Devant ces spectacles divers?
Mon âme, autrefois pacifique,   35
Est soudain remuée ainsi qu'un flot des mers!

* * *

Ici les clameurs de l'Impie,
La voix forte des passions,
Les bruits nocturnes de l'orgie
M'ont rempli d'étranges frissons;   40
Là, c'est un vieillard, c'est l'enfance
Dont la prière monte aux cieux;
Là, c'est un prêtre qui s'avance
Dans le temple silencieux.

Pourquoi suis-je mélancolique   45
Devant ces spectacles divers?
Mon âme, autrefois pacifique,
Est soudain remuée ainsi qu'un flot des mers!

* * *

De loin en loin des flambeaux brillent,
La foule marche à leur lueur;   50

Leurs fronts confusément oscillent
Comme la rame du pêcheur,
Et l'on entend une voix sourde,
Un bruissement répété,
Parcourir comme une onde lourde   55
Les artères de la cité!

Pourquoi suis-je mélancolique
Devant ces spectacles divers?
Pourquoi mon âme, autrefois pacifique,
Se sent-elle battre ainsi qu'un flot des mers?   60

* * *

C'est que, quand viennent les ténèbres
Sur la ville se replier,
Elle porte en ses plis funèbres
Le symbole de l'homme entier;
De l'homme avec son harmonie   65
Et ce qu'il a de discordant;
De l'homme avec tout son génie,
De l'homme avec tout son néant.

* * *

Lui, l'être presque divin, porte
En lui sa contradiction;   70
Une matière inerte et morte
S'anime et devient sa prison.
Inconstant, borné, méprisable,
Il a pourtant sa majesté;
De front cet être périssable   75
Regarde l'Immortalité!

* * *

Le bien et le mal se disputent
Son âme souple pour les deux;
Les passions contraires luttent
Avec un tumulte orageux.   80
Tel système était vrai naguère,
Un autre aujourd'hui le détruit;
Où l'un dit: «Aurore! Lumière!»
L'autre dit: «Crépuscule! Nuit!»

Oh! l'humaine raison ressemble   85
A la ténébreuse cité!
Elle est inquiète, elle tremble,
Cherchant partout la vérité.

FIG. 34 — Rue St-Jacques, Montréal, (1870),
photographie. Coll. privée.

De loin en loin des flambeaux rares
Montrent vaguement le chemin: 90
Dans les âges ils sont des phares
Pour éclairer le genre humain.

* * *

Et moi, je poursuis sous les ombres
Ce mouvement universel.
Je sens mes pensers, joyeux, sombres,   95
Se précipiter vers le Ciel,

Les uns comme l'écho d'un psaume,
D'autres comme un cri de démon;
Et je me dis: « Que serait l'homme,
« S'il n'avait la Religion? »   100

* * *

Voilà pourquoi je suis si triste,
Comme l'écume de l'écueil,
Comme la harpe du Psalmiste
Quand il pleure au bord d'un cercueil.
Voilà pourquoi mon sein déborde   105
D'orageuses émotions,
Et sent vibrer, comme une corde,
La fibre de ses passions.

* * *

Maintenant tout se tait!... La route est solitaire!
Le vent gémit dans l'ombre ainsi qu'une prière!...   110
La ville entière est comme un sépulcre fermé!...
Tout dort!... Qu'est devenu tout ce peuple animé
Que l'intérêt faisait mouvoir sur chaque rue?
Comme un torrent séché la foule est disparue. —
Quel silence!... Est-ce là un foyer agité   115
Où sonnaient les échos de la grande cité?
Et ces seins où battaient tant de désirs stériles,
Pourquoi sont-ils soudain devenus si tranquilles?

* * *

O sommeil!... O funèbre image de la mort!...
On sourit à la vie, on fait du bruit d'abord;   120
Et puis il vient un jour où chaque homme succombe,
Pour aller s'endormir dans la nuit de la tombe.

Apollinaire Gingras
(1847-1935)

Né à Saint-Antoine-de-Tilly, il fait ses études au Séminaire de Québec et est ordonné prêtre en 1873. Pendant vingt-huit ans, Apollinaire Gingras se consacre au ministère comme curé à Chicoutimi, à Lotbinière, à Sainte-Claire de Dorchester et à Château Richer. En 1902, il prend sa retraite, accablé par la maladie et la fatigue. Peu à peu, il refait sa santé et passe ses trente dernières années à errer solitaire, tantôt prêchant des retraites, tantôt s'occupant de chasse et de pêche. En 1881, il publie *Au foyer de mon presbytère*, recueil de poésies «fugitives». Par la suite, il fait paraître, dans des revues et journaux, des pièces d'inspiration romantique souvent marquées par un agréable sens de l'humour. L'abbé Gingras aimait tout particulièrement le chant, religieux et patriotique. Un des pionniers du «chant du peuple» dans les églises, il publie en 1885, un opuscule intitulé *Chant populaire dans nos églises*. Le poète excelle à noter les mille riens de la vie quotidienne. La lyre de l'abbé Gingras sait s'adapter à tous les genres: fable, épopée, romance, chanson. En 1919, il compose un long et virulent poème nationaliste, contre la participation canadienne à la guerre de 1914-1918.

Au foyer de mon presbytère, poèmes et chansons, Québec, s.é., 1881, xiv, 256 pp.: 2ᵉ éd. Thetford-les-Mines, s.é., 1935, 291 pp.

Le Chant populaire dans nos églises, Québec, s.é., 1885, 71 pp.

L'Emballement, petit poème nationaliste, Port-Alfred, s.é., 1919, 16 pp.; 2ᵉ éd. Bagotville, s.é., 1920, 23 pp.

* * *

Narcisse Degagné, *L'abbé Apollinaire Gingras*, dans *La Revue canadienne*, vol. 33, 1897, p. 470-494.

Damase Potvin, *L'abbé Apollinaire Gingras, le poète du «patriotisme canadien»*, dans *La Revue de l'Université Laval*, vol. 14, no 5, 1950, p. 420-434.

Feu de joie au cimetière

Voyez: déjà l'automne empourpre nos érables.
Les beaux jours ont pâli: dans ses chaudes étables
Le laboureur déjà fait rentrer chaque soir
Son grand troupeau beuglant, roux, cendré, blanc et noir.
Ces foins verts, ces blés d'or, qu'ont surveillés les anges,   5
Vont, sur des chars plaintifs, s'abriter dans les granges.
La faux du moissonneur a bien passé partout...
— Un champ seul par oubli semble rester debout:
Un pré jaune, et taillé dans l'ombre de l'église,
Ondule encore et jase au souffle de la brise.   10
C'est un étrange enclos: il y pousse à la fois
De sauvages rosiers, des foins hauts et des croix.

Quelque matin, le prêtre, au sortir de sa messe,
Dit au bedeau: «Rémy, coupe ce foin qui presse.»
Et le bedeau s'en va couper ces foins épais   15
Que la grange, pourtant, n'abritera jamais.
Ce foin reste au saint lieu: l'agneau, le bœuf et l'âne
Ont le pied trop vulgaire et la dent trop profane
Pour broyer sans respect, dans leurs repas hideux,
Le foin sacré qui pousse au-dessus des aïeux!   20
Dans un coin retiré de l'humble cimetière,
Un feu, le soir venu, s'élève avec mystère.
Les villageois bientôt arrivent chapeau bas:
On prie, on se regarde, — on ne se parle pas!
Mais l'on semble écouter: dans l'ombre et le silence,   25
Le mystique brasier parle avec éloquence.
Ils viennent des tombeaux, ces foins longtemps discrets.
Et la tombe chrétienne a de si doux secrets!
Chaque brin qui pétille ou se tord dans la flamme,
Semble rire ou pleurer comme ferait une âme.   30
Il semble que ce soir, sur les ailes du feu,
Les amis disparus montent vers le ciel bleu.
C'est pour nous consoler par ces aimables rêves,
Doux brasier, que dans l'air tu brilles et t'élèves!
Voilà pourquoi surtout, doré de ton reflet,   35
Le vieux prêtre te fait flamber avec respect.
Il sait que ce qui brûle est sorti d'une terre
Fécondée avant tout par l'Église en prière.
Ces foins perdus, poussés sur le champ de la mort,
— Ces rosiers, ces glaïeuls, cette ronce qui mord, —   40

Ont germé dans un sol imprégné d'eau bénite,
Et sont purs comme sont les cheveux d'un lévite.

Le pasteur veut qu'ici, dans le calme et l'amour,
Les cendres du bûcher restent jusqu'au Grand Jour!
Car, tout ce qui nourrit cette flamme sereine   45
A poussé dans un sol fait de poussière humaine.
Cette moisson de deuil, ces foins, ces arbrisseaux,
Tout cela prit racine au sein des noirs tombeaux.
Aux jours les plus dorés de l'été, — quand la brise
Passait sur cet enclos comme une hymne d'église,   50
Elle semblait tout bas, en frôlant le gazon,
Dire un *De profundis* qui donnait le frisson.
Et quand le vent, la nuit, secouait la crinière
Des vieux saules, des ifs, de la haute bruyère,
Le passant s'arrêtait, collait l'oreille au mur,   55
Et disait: « Les défunts parlent ce soir: bien sûr!»
Dans cet enclos fermé, les enfants du village
Ne cueillaient ni les fleurs, ni la mûre sauvage:
Seuls, dans ces doux gazons, les oiseaux du bon Dieu
Becquetaient sans clameurs les fraises du saint lieu.   60
Et le bedeau lui-même — un brave chrétien, certe! —
Avait fauché ce pré la tête découverte.

                              * * *

Eh! bien, du moins, toi, petit oiseau, chante
Sur le rameau qui me doit ombrager:
Reste avec moi! que ta plainte touchante   65
Après ma mort anime ce verger!»
— Pauvre exilé, pourquoi cette tristesse?
Pourquoi de pleurs ton œil s'humecte-t-il?
Bannis, plutôt, ce chagrin qui t'oppresse:
Vois ce beau ciel au-dessus de l'exil!   70

Frère! la mort — quand la Foi l'illumine —
C'est un chemin débouchant sur le ciel.
Un noir sentier sous les Alpes chemine:
Comme la mort ressemble à ce tunnel!
Par un vallon brumeux de la Savoie   75
Voyez d'abord entrer les voyageurs...
Puis on en sort saluant avec joie
Le chaud soleil de l'Italie en fleurs!

Lorsque l'automne empourpra le feuillage,
Au cimetière austère et dépouillé,   80
Silencieux, près d'une croix sauvage,
Un autre enfant priait agenouillé.

Là, chaque soir, mêlés à sa prière,
Ses pleurs disaient au malade endormi
Qu'un bon ami, plus fidèle qu'un frère,   85
Jusqu'au tombeau visite son ami.

Mai 1867.

Souvenir du foyer

AIR: — *Sur le grand mat...*

Au sein des plaisirs de la ville
Mon âme est comme un grand tombeau.
Je rêve un bonheur plus tranquille,
Et je regrette le hameau.
Du fond du cœur à ma paupière   5
Je sens des pleurs souvent monter:
Je me rappelle la chaumière —
Et j'entends mes oiseaux chanter!

Quand l'impitoyable tristesse
Jette à mon front son voile noir;   10
Quand l'amitié surtout me blesse;
Quand dans mon âme il se fait soir:
Du fond du cœur à ma paupière
Je sens encor des pleurs monter:
Je me rappelle la chaumière —   15
J'entends mes sœurs gaîment causer!

Quand sur la ville étincelante
La lune au ciel vogue sans bruit;
Quand sur la neige éblouissante
Rayonne doucement la nuit: 20
Encore une larme importune
Du fond du cœur monte toujours: —
Reverrai-je tes clairs de lune,
O ma chaumière, ô mes amours?

Adolphe Poisson
(1849-1922)

Né à Gentilly, il fait ses études classiques au Séminaire de Québec et son cours de droit à l'Université Laval. Admis au Barreau en 1873, il est nommé greffier du comté d'Arthabaska la même année, poste qu'il occupe jusqu'à sa mort. Adolphe Poisson consacre ses loisirs à la poésie publiant quatre recueils entre 1880 et 1917. La Société Royale du Canada avait reconnu cet apport à la vie littéraire québécoise, en l'admettant parmi ses membres en 1894. La poésie d'Adolphe Poisson est essentiellement lyrique; rien de tourmenté dans cette œuvre. Ses strophes sont toutes faites d'émotions tendres, de pensées ingénieuses, plutôt que de profondes réflexions et d'angoissantes inquiétudes. Influencé par Crémazie, le poète se veut parfois le chantre de l'épopée nationale. Plusieurs de ses poèmes sont consacrés aux héros de l'histoire du Québec: Jacques Cartier, Champlain, Laval, Salaberry. Il chante aussi la nature, non pas en romantique qui s'adonne à décrire et à rêver, mais en moraliste qui dégage et traduit les enseignements que nous peut fournir l'âme des choses. Souvent le poète essaie de suppléer à l'originalité par un pathétique trop facilement atteint. Le prosaïsme et la nonchalance guettent notre poète à tout moment.

Chants canadiens à l'occasion du 24 juin 1880, Québec, P.-G. Delisle, 1880, 78 pp.

Heures perdues, Québec, A. Côté et Cie, 1894, viii, 257 pp.

Sous les pins, Montréal, Librairie Beauchemin, 1902, vii, 338 pp.

Chants du soir, Arthabaska, Imprimerie de l'Union, 1917, 224 pp.

* * *

Camille Roy, *Adolphe Poisson: Sous les pins*, dans *Essais sur la littérature canadienne*, Québec, Garneau, 1907, p. 69-79.

Jules-S. Lesage, *Adolphe Poisson*, dans *Propos littéraires, IIᵉ série*, Québec, L'Action catholique, 1933, p. 108-115.

Jacques Cartier

Poisson consacre au moins deux poèmes à l'intrépide marin, découvreur du Canada, un sonnet et un long poème de vingt-deux sixains et sept quatrains (publié dans *Sous les pins*). Le premier, un sonnet, atteint plus directement le but proposé par le poète, inspirer aux lecteurs l'admiration des héros, ces pères de la France nouvelle. Ce poème est publié dans les *Heures perdues*.

Marin, grande est ton œuvre et sans tache est ta gloire,
Aussi l'écho puissant d'un siècle qui finit
Aux descendants des preux rappelle ta mémoire
Et, fils d'un grand passé, le présent te bénit.

Pourtant nul marbre ici ne redit ton histoire ;   5
Mon regard cherche en vain ton nom sur le granit.
Rien ne reste de toi sur ce haut promontoire
Où par surprise, un jour, l'aigle anglais fit son nid !

Console-toi ! Le Temps de sa puissante griffe
Attaquant sans remords le marbre pur y biffe   10
Les grands noms qu'y grava le ciseau du sculpteur.

Mais dans nos cœurs tu peux des ans braver l'outrage.
Jusqu'aux bornes du temps, sans souci du naufrage,
Laisse voguer ta nef, ô grand navigateur !

Le Temps de la Moisson

I

LE MATIN

Le ciel s'illuminait. La brume dispersée
    Aux feux de l'astre souverain,
Retombait sur les fleurs en brillante rosée,
Et toute la nature en éveil, reposée,
Grand orchestre, entonnait l'hymne d'un jour serein.   5

FIG. 35 — La moisson (*Harvest Field*), par W. Eaton (1884), Musée des Beaux-Arts, Montréal.

Les filles du hameau peu lentes à paraître
    Quand le ciel se teint de vermeil,
Aux rumeurs du matin entr'ouvrent leur fenêtre,
Tandis que les garçons plus vifs, sous l'œil du maître,
Préparent des moissons le rustique appareil.   10

Partout la vie, et l'on entend les jeunes filles
    Rire en peignant leurs longs cheveux.
Au chaud soleil d'août reluisent les faucilles,
Les merles babillards sifflent sous les charmilles
Et les fleurs vont s'ouvrir pour les tendres aveux.   15

La paix descend du ciel. La gaité, que Dieu donne
    Aux jours si pleins du paysan,
Luit sur ces jeunes fronts. Déjà le père ordonne
À l'aîné de ses fils, qui, tout joyeux, fredonne,
D'atteler les grands bœufs au chariot pesant.   20

Puis la troupe s'ébranle, et la lourde charrette
    Suit lentement l'étroit sentier,
Broyant sous ses essieux la pâle pâquerette
Et l'insecte rampant qui sort de sa retraite
Pour mordre au point du jour la fleur de l'églantier.   25

De mon logis je les regarde faire,
    Moi, le rêveur qu'on croit savant.
Aux langueurs de la ville, oh! combien je préfère
Le réveil matinal de la famille austère,
Debout pour le travail aux clartés du levant!   30

Eux seuls savent goûter l'heure délicieuse
    D'un calme lever de soleil.
Et tandis que, perdus dans la plume soyeuse,
Nous dormons agités, une troupe joyeuse
Se découpe là-bas sur l'horizon vermeil.   35

Je laisse sans regret le souvenir d'un rêve,
    Sylphe aimé, fantôme riant,
Pour regarder passer les brunes filles d'Ève
Qui vont, ivres d'air pur, sur le bord de la grève
Plonger leurs pieds frileux dans le flot gazouillant.   40

Devant leurs pas légers volent de blondes ailes.
    Rêveur, je les suis du regard,
Et je les vois, courant ainsi que des gazelles,
Franchir les frais ruisseaux, et fières d'être belles,
Jeter sur l'eau limpide un coup d'œil au hasard!   45

Et moi qui les ai vu de ma fenêtre sombre
    Courir de sillon en sillon,
Ignorantes toujours de mes soucis sans nombre,
Je compare ma vie hélas! si pleine d'ombre
Aux jours ensoleillés des filles du vallon.   50

Et si ma muse alors soupire une élégie,
    L'écho de leurs vives chansons
Arrive à mon oreille et, puissante magie,
Trouble soudain mon rêve, et l'amour en vigie
Crie à mon cœur: «Prends garde au doux temps des moissons.» 55

II

LE SOIR

L'angelus a sonné. L'astre déjà s'incline
    Vers l'horizon resplendissant.
L'ombre de la vallée a gravi la colline,
Et pour faire cortège au soleil qui décline
À l'orient paraît la corne du croissant.   60

Au loin voici venir les charrettes pesantes
    Ployant sous la riche moisson.
Aux rayons du couchant les faucilles luisantes
Resplendissent. Les gars, les filles séduisantes
Marchent au bruit rythmé d'une agreste chanson.   65

La fatigue s'annonce et la troupe légère
    Si vive au départ, le matin,
D'un pas plus ralenti fait craquer la fougère,
Tandis qu'à la maison une main ménagère
Par ses soins vigilants prépare un gai festin.   70

Là le rire commence et puis la gaîté folle
    Eclate en mille mots bruyants.
Un rien va provoquer le rire, une parole,
Tombée étourdiment d'une lèvre frivole,
Met les esprits en joie et tous les fronts riants.   75

Puis le repas fini, près de la cheminée
    Vont se débiter maints récits.
Par chanter n'a-t-on pas commencé la journée?
Par de propos joyeux la voilà terminée,
Et le jour s'est passé sans ombre et sans soucis.   80

Moi qui n'ai pas couru les champs, moi que le rêve
    A tenu captif tout le jour,

À l'heure du sommeil, seul je vais sur la grève,
Interrogeant mon cœur qu'un long sanglot soulève,
Mon cœur plein de regret, mon cœur vide d'amour.   85

C'est que j'ai tout le jour occupé ma pensée
    De quelque rêve insuffisant,
Tandis que la famille au soleil dispersée
A trouvé dans la plaine humide de rosée
De quoi se composer un sommeil bienfaisant.   90

William Chapman
(1850-1917)

Né à Beauceville, Chapman fait ses études secondaires au Collège de Lévis. Porte-enseigne de la troisième compagnie de milice de la Beauce pendant l'invasion fénienne de 1870, il compose au moins une chanson militaire. Après une année à la faculté de droit de l'Université Laval (1873-1874), il travaille dans divers établissements commerciaux de Québec, tout en consacrant ses loisirs à la poésie. En 1876, il publie son premier recueil intitulé *Les Québécquoises*. À ses débuts, il subit l'influence du poète américain Longfellow, ainsi que celle de Fréchette. Journaliste à Montréal à partir de 1883, il publie un deuxième recueil, *Les Feuilles d'érable*, en 1889. Fonctionnaire à Québec de 1892 à 1898, Chapman s'attaque à certains hommes de lettres, notamment Fréchette, dans une longue série d'articles dans *La Vérité*, textes repris en partie dans ses deux brochures *Le Lauréat* et *Deux Copains* (1894). Si Chapman a raison de reprocher à Fréchette ses nombreux « emprunts », il manque de mesure dans ses attaques. La haine, chez Chapman, le résultat en partie du succès de Fréchette, devient une obsession. En effet, Chapman se considère incompris : ne s'est-il pas proposé au prix Nobel de littérature ? Chassé du fonctionnarisme lors de la prise du pouvoir par les libéraux au Québec en 1897, Chapman s'installe à Ottawa comme libraire.

En 1902, il devient traducteur au Sénat, poste qu'il occupe jusqu'à sa mort. Enfin, Chapman peut vivre sans trop se soucier du lendemain. En 1903, des amis organisent une souscription afin de permettre au poète de se rendre en France et de faire imprimer un nouveau recueil de poèmes. Bien connu en France, Chapman publie *Les Aspirations*, à Paris, en 1904 ; l'œuvre est couronnée, la même année, par l'Académie française, (prix Archon-Despérouses). En 1909, il épouse une veuve et fait à Paris son voyage de noces au cours duquel il fait paraître un autre recueil, *Les Rayons du*

Nord, œuvre de nouveau couronnée par l'Académie française. Enfin, en 1912, Chapman publie son dernier recueil, encore à Paris, sous le titre des *Fleurs de givre*. Dans ses dernières années, il prépare une «épopée canadienne», mais il meurt subitement, en 1917, sans pouvoir achever cette œuvre «grandiose».

L'amour de la nature inspire le poète et lui dicte ses meilleurs vers. Dans *Les Québecquoises*, Chapman se plaît à chanter les soirs de mai, le printemps, les peupliers du domaine; *Les Feuilles d'érable*, par le titre même, indiquent jusqu'à quel point le poète s'attache au symbolisme des choses de la nature. Dans *Les Aspirations*, son meilleur recueil, Chapman s'abandonne «avec ivresse à l'émotion douce et pénétrante qui fait naître en l'âme des artistes la vision des grandes merveilles dont Dieu a décoré notre univers» (Camille Roy). Parfois, cependant, la poésie de Chapman manque de continuité dans l'inspiration. En effet, l'émotion chez lui est «raisonnable». Son vocabulaire, généralement précis et juste, laisse entendre trop souvent certaines formules poétiques usées. En effet, le verbiage facile guette continuellement le poète.

Chapman demeure néanmoins un des meilleurs poètes de sa génération et le seul, à part Fréchette, à se faire connaître en France. S'améliorant d'un volume à l'autre, le poète s'inspire des Parnassiens par son culte du vers poli, ouvré, de la rime musicale, du vocabulaire raffiné. S'il se montre souvent trop diffus et redondant, le poète peint les paysages canadiens avec une main de maître, toujours fidèle à la couleur locale. Comme chez les Parnassiens, l'émotion de Chapman procède non d'une source intérieure, mais d'une cause extérieure. Son mérite est d'avoir exploité avec plus d'art que la plupart de ses contemporains, notre patrimoine patriotique. Si, dans son style, l'on sent trop la rhétorique, cela ne l'a pas empêché d'écrire des vers admirables. Comme écrit son ami Louis Mercier: «Aux premiers génies poétiques canadiens, ne demandons pas la perfection, mais recueillons pieusement ce qu'ils nous ont donné de plus beau. Ne soyons pas plus sévères que les Académiciens français.» (Voir *La Revue de l'Université Laval*, vol. 5, no 6, 1951, p. 495.)

L'œuvre poétique

Les Québecquoises 1876, Québec, C. Darveau, 1876, 224 pp.

Les Feuilles d'érable, Montréal, Gebhardt-Berthiaume, 1890, 242 pp.

Les Aspirations, Paris, librairies-imprimeurs réunis, 1904, 353 pp.

Les Rayons du Nord, Paris, Éditions de la Revue des Poètes, 1909, 258 pp. ; 2ᵉ éd. 1910.

Les Fleurs de givre, Paris, Éditions de la Revue des Poètes, 1912, 242 pp.

* * *

Charles ab der Halden, *Nouvelles Études de littérature canadienne-française*, Paris, Rudeval, 1907, p. 225-265.
Camille Roy, *Essais sur la littérature canadienne*, Québec, Garneau, 1907, p. 263-290.
Jean Ménard, *William Chapman*, Montréal, Fides, 1968, 96 p. « Classiques canadiens ».

Un Soir de mai (1871)

Élevé sur les bords de la Chaudière, dans la charmante paroisse de Saint-François, aujourd'hui Beauceville, Chapman chante tout naturellement les joies du printemps. Malgré une certaine naïveté, ces vers traduisent avec fraîcheur l'émotion du mois de mai, du « mois de Marie », du mois « le plus beau ».

> Au nuage prêtant la teinte purpurine
>   De son dernier rayon,
> Le soleil est tombé derrière la colline
>   Qui frange l'horizon.
>
> Sous l'haleine du soir, déjà le jour vacille   5
>   Comme un pâle flambeau,
> Déjà l'étoile blonde au front du ciel scintille
>   Comme un riche joyau.
>
> L'air est lourd des parfums de la fleur printanière,
>   Plein d'un écho charmant.   10
> À la terre le ciel sourit avec mystère
>   Comme un joyeux amant.
>
> Volant de cime en cime à son frais nid de mousse
>   Sur le rameau mouvant,
> L'oiseau, fou de gaîté, mêle sa voix si douce   15
>   À la chanson du vent.

Chant des Chasseurs
DE LA BEAUCE *

Dédié au Major-Commandant HENRI J. J. DUCHESNAY.

Le clairon des alarmes
Fait entendre sa voix........
Allons, Chasseurs aux armes!....
Montre-toi fils des braves d'autrefois!

En avant! vole à la frontière.
Garder nos villes, nos foyers!
Vole abriter sous ta bannière
Nos vieux murs à demi broyés!

Le clairon des alarmes
Fait entendre sa voix........
Allons, Chasseurs aux armes!....
Montre-toi fils des braves d'autrefois!

Sans ton bras, nous serions esclaves
D'un ignoble peuple étranger :
Allons, va briser les entraves
Dont il désire nous charger!

Le clairon des alarmes
Fait entendre sa voix........
Allons. Chasseurs aux armes!....
Montre-toi fils des braves d'autrefois!

Sans plus tarder, vole à la gloire!
Comme les preux de Carillon
Va vaincre ou mourir......et l'histoire,
Avec orgueil, dira ton nom!

Le clairon des alarmes
Fait entendre sa voix........
Allons, Chasseurs aux armes!....
Montre-toi fils des braves d'autrefois!

WILLIAM CHAPMAN.

St.François, Beauce, 8 Juin 1870.

* Musique de M. C. Lavigueur.

FIG. 36 — Feuille volante.

Ici, dans le détour de l'ombreuse vallée
        Où la brume descend,
Le ruisseau transparent, sous la verte feuillée,
        Gazouille en bondissant.   20

Là-bas, dans le ravin, l'écumeuse cascade
        Sur l'émail des cailloux
Fredonne, avec lenteur, sa fraîche sérénade
        Qui monte jusqu'à nous.

Harpe aux accords roulant de colline en colline   25
        Et d'échos en échos,
La cloche de l'église, à la voix argentine,
        Chante cent tremolos.

Des buissons, des guérêts, des rochers, de la grève,
        Des coteaux, des vallons,   30
Dans un concert géant, de tous côtés s'élève
        Quelque rumeur sans noms.

De tous côtés s'élève une voix qui soupire,
        Qui chante avec l'oiseau,
Une voix qui murmure et répond au zéphire,   35
        Aux hymnes du ruisseau.

Moi, savourant, ému, toute la poésie
        D'un soir si merveilleux,
Je me laisse bercer sur ces flots d'harmonie
        Qui montent vers les cieux.   40

Mêlant mon faible accord aux voix de la nature
        Chantant son hozannah,
Dans mon âme ravie, en secret, je murmure
        Un hymne à Jéhovah !

Avec le chant du flot, l'alléluia sublime   45
        De l'airain du saint lieu,
Le friselis du vent, la clameur de l'abîme,
        Moi je dis : Gloire à Dieu !

St-François, Beauce, mai 1871   *(Les Québecqoises)*

FIG. 37 — L'Église de Beauceville vue du manoir seigneurial.

Les Peupliers du Domaine (1871)

Autrefois, le manoir seigneurial, assis au milieu des gazons toujours verts, se trouvait encadré par des peupliers immenses. Au delà du « chemin du roy », l'œil pouvait contempler la riante Chaudière coulant doucement vers le Saint-Laurent. Hélas ! les ravages du temps ont fait disparaître les gazons et les peupliers. De nos jours, le manoir, divisé en logements, se cache honteusement en arrière d'un poste d'essence. La Chaudière coule toujours, coincée entre des murs de ciments protégeant les riverains des inondations possibles.

> Jamais ce souvenir ne peut m'être arraché.
> Comme le matelot brisé par la tempête,
> Je m'y tiens attaché.
> ALFRED DE MUSSET.

Salut, vieux peupliers qui penchez sur la route
Vos longs rameaux feuillus tout chargés de senteurs,
Qui bercez sur ma tête une ondoyante voûte
    Toute pleine d'oiseaux chanteurs !

Oh ! j'aime à vous revoir, à l'époque enivrante   5
Où tout, sous le soleil, d'amour semble gémir !
Oh ! j'aime à vous revoir, quand la brise odorante
    Sous ses baisers vous fait frémir,

Car, dans le doux babil de la feuille qui tremble,
Dans la chanson du nid sur la branche bercé,   10
En extase, je crois ouïr chanter ensemble
    Les voix suaves du passé.

Un soir, — vous souvient-il ? à la brise jalouse
Livrant ses noirs cheveux aux anneaux parfumés,
Elle m'avait suivi sur la molle pelouse   15
    Qu'ombragent vos rameaux aimés,

L'oiseau faisait entendre un joyeux babillage...
Le vent disait tout bas un chant plein de douceur...
Nous nous étions assis à l'ombre du feuillage,
    Main dans la main, cœur près du cœur.   20

Nous causâmes longtemps sous l'arceau qui crépite...
Oh ! qu'elle était candide, et comme je l'aimais !...
Soir dont le souvenir fait que mon cœur palpite,
    Soir, je ne t'oublierai jamais !

Oui, mes vieux peupliers, à l'époque enivrante   25
Où tout, sous le soleil, d'amour semble gémir,
Oui, j'aime à vous revoir, quand la brise odorante
    Sous ses baisers vous fait frémir !

Car, dans le doux babil de la feuille qui tremble,
Dans la chanson du nid sur la branche bercé,   30
En extase, je crois ouïr chanter ensemble
    Les voix suaves du passé !

1871   *(Les Québecquoises)*

L'Aurore boréale

Dans ces vers, Chapman décrit la nature canadienne d'une manière personnelle. Le poème est publié dans *Les Feuilles d'érables* et repris dans *Les Aspirations*.

La nuit d'hiver étend son aile diaphane
Sur l'immobilité morne de la savane
Qui regarde monter, dans le recueillement,
La lune, à l'horizon, comme un saint-sacrement.
L'azur du ciel est vif, et chaque étoile blonde   5
Brille à travers les fûts de la forêt profonde.
La rafale se tait, et les sapins glacés,
Comme des spectres blancs, penchent leurs fronts lassés
Sous le poids de la neige étincelant dans l'ombre.
La savane s'endort dans sa majesté sombre,   10
Pleine du saint émoi qui vient du firmament.
Dans l'espace nul bruit ne trouble, un seul moment,
Le transparent sommeil des gigantesques arbres
Dont les troncs sous le givre ont la pâleur des marbres.
Seul, le craquement sourd d'un bouleau qui se fend   15
Sous l'invincible effort du grand froid triomphant
Rompt d'instant en instant le solennel silence
Du désert qui poursuit sa rêverie immense.

Tout à coup, vers le nord, du vaste horizon pur
Une rose lueur émerge dans l'azur,   20
Et, fluide clavier dont les étranges touches
Battent de l'aile ainsi que des oiseaux farouches,
Éparpillant partout des diamants dans l'air,
Elle envahit le vague océan de l'éther.
Aussitôt ce clavier, zébré d'or et d'agate,   25
Se change en un rideau dont la blancheur éclate,

Dont les replis moelleux, aussi prompts que l'éclair,
Ondulent follement sur le firmament clair.
Quel est ce voile étrange, ou plutôt ce prodige?

C'est le panorama que l'esprit du vertige   30
Déroule à l'infini de la mer et des cieux.
Sous le souffle effréné d'un vent mystérieux,
Dans un écroulement d'ombres et de lumières,
Le voile se déchire, et de larges rivières
De perles et d'onyx roulent dans le ciel bleu,   35
Et leurs flots, tout hachés de volutes de feu,
S'écrasent et, trouant les archipels d'opale,
Déferlent par-dessus une montagne pâle
De nuages pareils à des vaisseaux ancrés
Dans les immensités des golfes éthérés,   40
Et puis, rejaillissant sur des vapeurs compactes,
Inondent l'horizon de roses cataractes.
Le voile en un clin d'œil se reforme plus beau,
Lové comme un serpent, flottant comme un drapeau.
Plus rapide cent fois qu'un jet pyrotechnique,   45
Il fait en pétillant un sabbat fantastique,
Et met en mouvement des milliers de soleils
À travers des brouillards transparents et vermeils
Comme cristallisés dans la plaine éthérée.
Quelquefois on dirait une écharpe nacrée   50
Qu'un groupe de houris[1] secouerait en volant
Dans l'incommensurable espace étincelant;
Tantôt on le prendrait pour le réseau de toiles
Que Prométhée étend pour saisir les étoiles,
Ou pour le tablier sans bornes dans lequel   55
Les anges vanneraient des roses sur le ciel.

Et la forêt regarde, enivrée, éblouie.
Se dérouler au loin cette scène inouïe;
Et l'orignal, le mufle en avant, tout tremblant,
Les quatre pieds cloués sur un mamelon blanc,   60
L'œil grand ouvert, au bord de la savane claire,
Fixe depuis longtemps l'auréole polaire
Poudroyant de ses feux le céleste plafond,
Et son extase fauve en deux larmes se fond.

---

1. Houri = femme divinement belle que le Coran promet au fidèle musulman.

Notre Langue (1890)

Poème le plus célèbre de Chapman, «Notre Langue» est paru pour la première fois dans *Le Monde illustré* du 26 avril 1890. Profondément remanié, le texte définitif est publié dans *Les Aspirations*.

Notre langue naquit aux lèvres des Gaulois.
Ses mots sont caressants, ses règles sont sévères,
Et, faite pour chanter les gloires d'autrefois,
Elle a puisé son souffle aux refrains des trouvères[1].

Elle a le charme exquis du timbre des Latins,   5
Le séduisant brio du parler des Hellènes[2]
Le chaud rayonnement des émaux florentins,
Le diaphane et frais poli des porcelaines.

Elle a les sons moelleux du luth éolien,
Le doux babil du vent dans les blés et les seigles,   10
La clarté de l'azur, l'éclair olympien,
Les soupirs du ramier, l'envergure des aigles.

Elle chante partout pour louer Jéhova,
Et, dissipant la nuit où l'erreur se dérobe,
Elle est la messagère immortelle qui va   15
Porter de la lumière aux limites du globe.

La première, elle dit le nom de l'Éternel
Sous les bois canadiens noyés dans le mystère.
La première, elle fit monter vers notre ciel
Les hymnes de l'amour, l'élan de la prière.   20

La première, elle fit tout à coup frissonner
Du grand Meschacébé la forêt infinie,
Et l'arbre du rivage a paru s'incliner
En entendant vibrer cette langue bénie.

Langue de feu, qui luit comme un divin flambeau,   25
Elle éclaire les arts et guide la science;
Elle jette, en servant le vrai, le bien, le beau,
À l'horizon du siècle une lueur immense.

Un jour, d'âpres marins, vénérés parmi nous,
L'apportèrent du sol des menhirs[3] et des landes,   30

---

1. Trouvère = poète du Moyen Âge.
2. Hèllenes = Grecs.
3. Menhir = grande pierre dressée par les hommes de l'âge du cuivre et du bronze.

Et nos mères nous ont bercés sur leurs genoux
Aux vieux refrains dolents des ballades normandes.

Nous avons conservé l'idiome légué
Par ces héros quittant pour nos bois leurs falaises,
Et, bien que par moments on le crût subjugué,   35
Il est encor vainqueur sous les couleurs anglaises.

Et nul n'osera plus désormais opprimer
Ce langage aujourd'hui si ferme et si vivace...
Et les persécuteurs n'ont pu le supprimer,
Parce qu'il doit durer autant que notre race.   40

Essayer d'arrêter son élan, c'est vouloir
Empêcher les bourgeons et les roses d'éclore;
Tenter d'anéantir son charme et son pouvoir,
C'est rêver d'abolir les rayons de l'aurore.

Brille donc à jamais sous le regard de Dieu,   45
O langue des anciens! Combats et civilise,
Et sois toujours pour nous la colonne de feu
Qui guidait les Hébreux vers la Terre promise!

Le Laboureur

Influencé par les parnassiens, Chapman affectionne particu-
lièrement le sonnet à une certaine période de son développement
poétique. Voici l'un des meilleurs — un portrait imagé de l'humble
cultivateur québécois. Ce poème est publié dans *Les Aspirations*.

Derrière deux grands bœufs ou deux lourds percherons,
L'homme marche courbé dans le pré solitaire,
Ses poignets musculeux rivés aux mancherons
De la charrue ouvrant le ventre de la terre.

Au pied d'un coteau vert noyé dans les rayons,   5
Les yeux toujours fixés sur la glèbe si chère,
Grisé du lourd parfum qu'exhale la jachère,
Avec calme et lenteur il trace ses sillons.

Et, rêveur, quelquefois il ébauche un sourire:
Son oreille déjà croit entendre bruire   10
Une mer d'épis d'or sous un soleil de feu;

Il s'imagine voir le blé gonfler sa grange ;
Il songe que ses pas sont comptés par un ange,
Et que le laboureur collabore avec Dieu.

Il neige (1907)

Dans ce poème, Chapman manie avec habileté l'octosyllable.
Ces vers ont paru dans *La Revue canadienne* (en mai 1907) et sont
repris dans *Les Rayons du Nord.*

C'est un après-midi du Nord.
Le ciel est blanc et morne. Il neige ;
Et l'arbre du chemin se tord
Sous la rafale qui l'assiège.

Depuis l'aurore, il neige à flots ;   5
Tout s'efface sous la tourmente.
À travers ses rauques sanglots
Une cloche au loin se lamente.

Le glas râle dans le brouillard,
Qu'aucune lueur n'illumine...   10
Voici venir un corbillard,
Qui sort de la combe voisine.

Un groupe, vêtu de noir, suit,
Muet, le lourd traîneau funèbre.
Déjà du ciel descend la nuit,   15
Déjà la route s'enténèbre.

Et toujours du bronze éploré
Tombe la lugubre prière ;
Et j'entends dans mon cœur navré
Tinter comme un glas funéraire.   20

Je me souviens... Je me revois,
Sur le blanc linceul de la terre,
Dans la bise, en pleurs, aux abois,
Suivant le cercueil de mon père[1].

Je ne puis détacher mon œil,   25
Voilé d'une larme dernière,
Du silencieux groupe en deuil
Qui marche vers le cimetière.

---

1. Le père du poète meurt le 19 octobre 1898 et est enterré dans le cimetière de
Beauceville.

Je sens, saisi d'un vague effroi,
Qui me retient à la fenêtre,   30
Qu'en la marche du noir convoi
Fuit quelque chose de mon être.

Soudain dans le champ de la mort
Disparaît le sombre cortège...
C'est un après-midi du Nord.   35
Le ciel est blanc et morne. Il neige.

Juillet (1911)

La suite de poèmes intitulée « L'Année canadienne » est
d'abord parue dans *La Revue canadienne*, en janvier 1911, et re-
prise dans *Les Fleurs de givre*. On peut comparer ces poèmes aux
sonnets de Fréchette groupés sous le même titre. Il manque géné-
ralement au poète Chapman une inspiration bien nette lors de la
composition de cette suite. « Juillet » me semble le plus authentique
et le mieux réussi des douze.

Le soleil brûle au fond de l'immense ciel bleu.
Pas un lambeau de vent ne traîne sur les ondes.
La canicule étreint dans un cercle de feu
Jusqu'aux sapins touffus des savanes profondes.

Les ruisseaux ont cessé leurs chants dans les vallons ;   5
Les coteaux sont jaunis, les sources desséchées ;
Le grillon, accablé, se tait sur les sillons ;
Le papillon se meurt sur les roses penchées.

Tout souffre et tout gémit dans ce nouvel enfer ;
Et, pâles et poudreux, en quête d'un asile,   10
Les citadins hier ont déserté la ville
Pour humer l'air léger des monts ou de la mer.

Mais l'effluve est aussi lourd dans le *bas du fleuve* [1],
Et le brun riverain, la faux sifflante aux poings
En ouvrant sa tranchée à travers les grands foins,   15
Péniblement halète, imprudemment s'abreuve.

Le soleil parfois semble une flaque de sang,
Et soudain un nuage à la frange écarlate

---

1. La région le long du Saint-Laurent autour de Cacouna était l'endroit de villégiature
par excellence au tournant du siècle.

Monte de l'horizon. L'orage menaçant
Accourt. Déjà l'éclair brille, la foudre éclate.   20

Bientôt le ciel voilé laisse couler ses pleurs :
Sous cette aspersion sonore, fraîche et dense,
Les arbres, les épis, les ajoncs et les fleurs
Ont l'air de s'incliner devant la Providence.

Mais l'azur resourit au terroir tout trempé,   25
Et, le soir, sur le pas de nos portes ouvertes,
Nous nous grisons de l'âcre odeur des feuilles vertes,
De l'orge blondissante et du foin frais coupé.

Nérée Beauchemin
(1850-1931)

Né à Yamachiche, il étudie au Séminaire de Nicolet, puis à l'Université Laval où il obtient, en 1874, une licence en médecine. La même année, il s'établit à Yamachiche, succédant à son père, et il passera le reste de sa vie dans le cadre paisible et enchanteur de ce petit village non loin de Trois-Rivières. Son premier poème, «Les Petits Pèlerins», paraît, le 23 novembre 1871, dans *L'Opinion publique*. Se liant d'amitié avec les principaux écrivains de son époque, Fréchette et Le May entre autres, il publie régulièrement ses vers dans des revues et journaux, notamment *La Patrie*. Admis à la Société Royale, en 1896, il groupe ses meilleurs poèmes sous le titre des *Floraisons matutinales*, l'année suivante. Blessé par certains critiques acerbes, il décide de ne plus publier ses vers. Cependant, l'abbé Albert Tessier le convainc de préparer un autre recueil qui devait paraître en 1928, sous le titre de *Patrie intime*. Un poème en particulier, «La Cloche de Louisbourg», a servi à rendre Beauchemin célèbre au tournant du siècle. Il est reconnu aujourd'hui comme une des voix les plus authentiques du Québec, et celui qui a ouvert la voie à un art régionaliste où l'amour de la «patrie intime» tient la première place.

L'œuvre de Beauchemin se divise nettement en deux périodes distinctes: celle de l'exubérance créatrice avec *Les Floraisons matutinales* (1897), et celle de la maturité du poète intimiste dans *Patrie intime* (1928). Nérée Beauchemin est parnassien par le soin minutieux qu'il apporte à l'écriture poétique. Sa perfection technique accuse un progrès sur les efforts de Fréchette et de Chapman. Il sait présenter l'émotion que lui inspirent sa dévotion religieuse et son amour patriotique. Il a traité le thème du terroir avec tout le doigté des meilleurs poètes réalistes. À la verbosité de ses prédécesseurs, Beauchemin préfère la brièveté, une langue sobre et précise. Poète authentique, il ne se contente pas de répéter des formules usées; il capte plutôt la beauté de l'univers restreint qui l'entoure, univers qui est l'écho, l'émanation de l'esprit divin.

Les critiques modernes préfèrent la deuxième manière de Beauchemin, les œuvres de la *Patrie intime*. Cependant, *Les Floraisons matutinales* recèlent des richesses d'émotions sous l'inspiration des Romantiques. Ici l'on sent une force vive. Plus tard, en vieillissant, le poète se dépouille et rêve plus longuement devant la page blanche, rétrécissant ses horizons.

L'œuvre poétique

Grâce à Armand Guilmette nous possédons l'œuvre complète du poète dans une édition critique: poèmes publiés dans les deux recueils, poèmes publiés dans les revues et poèmes manuscrits.

Les Floraisons matutinales, Trois-Rivières, Victor Ayotte, 1897, 214 pp.

Patrie intime, Montréal, Action canadienne-française, 1928, 199 pp.

Nérée Beauchemin — son œuvre, Montréal, P.U.Q., 1973, 3 vol. Édition critique préparée par Armand Guilmette.

* * *

Gonzalve Poulin, *Nérée Beauchemin*, Trois-Rivières, Éditions du Bien public, 1934, 78 pp.

Clément Marchand, *Nérée Beauchemin*, Montréal, Fides, 1957, 96 pp. «Classiques canadiens».

LES FLORAISONS MATUTINALES (1897)

Ce recueil renferme quarante-cinq poèmes, un choix fait parmi la centaine de pièces déjà écrites. Quelque peu craintif, le poète confie à son journal intime: «Je ne suis qu'un humble rythmeur d'idylles, un apprenti des maîtres (...) un (auteur) de bluettes de peu d'éclat et de brève durée, floraisons matutinales, éphémères et pâles, roses dont la vie sera celle des roses, des roses de Malherbe.» Beauchemin préfère le rythme léger de l'octosyllable au classique alexandrin: le recueil contient vingt-six pièces en octosyllables contre onze seulement en alexandrins. Le poète s'inspire de la grande Nature (au moins quatorze poèmes), Nature qui lui permet de s'approcher du «divin poète». En effet, sa foi en Dieu sert d'inspiration pour au moins treize pièces. Enfin, onze poèmes s'adressent aux personnages qu'il connaît, qu'il admire ou qui l'ont influencé, soit sa femme, le comédien Coquelin, Beethoven ou même Colomb, sans oublier D'Iberville.

Rayons d'octobre

Voici un des premiers poèmes de Beauchemin, poème écrit vers 1873. L'écrivain et compositeur Ernest Gagnon se serait écrié, « C'est de l'impressionnisme ». Selon Clément Marchand, ces vers ont été publiés en 1873, mais il a été impossible d'en retrouver des traces. Les six premières strophes sont souvent citées par les critiques.

Octobre glorieux sourit à la nature.
On dirait que l'été ranime les buissons.
Un vent frais, que l'odeur des bois fanés sature,
Sur l'herbe et sur les eaux fait courir ses frissons.

Le nuage a semé les horizons moroses,   5
De ses flocons d'argent. Sur la marge des prés,
Les derniers fruits d'automne, aux reflets verts et roses,
Reluisent à travers les rameaux diaprés.

Forêt verte qui passe aux tons chauds de l'orange ;
Ruisseaux où tremble un ciel pareil au ciel vernal ;   10
Monts aux gradins baignés d'une lumière étrange.
Quel tableau ! quel brillant paysage automnal !

À mi-côte, là-bas, la ferme ensoleillée,
Avec son toit pointu festonné de houblons,
Paraît toute rieuse et comme émerveillée   15
De ses éteules[1] roux et de ses chaumes blonds.

Aux rayons dont sa vue oblique est éblouie,
L'aïeul sur le perron familier vient s'asseoir :
D'un regain de chaleur sa chair est réjouie ;
Dans l'hiver du vieillard, il fait moins froid, moins noir.   20

Calme et doux, soupirant vers un lointain automne,
Il boit la vie avec l'air des champs et des bois,
Et cet étincelant renouveau qui l'étonne
Lui souffle au cœur l'amour des tendres autrefois.

---

1. Éteule = chaume qui reste après la moisson.

De ses pieds délicats pressant l'escarpolette,   25
Un jeune enfant s'enivre au bercement rythmé,
Semblable en gentillesse à la fleur violette
Que l'arbuste balance au tiède vent de mai.

Près d'un vieux pont de bois écroulé sur la berge,
Une troupe enfantine au rire pur et clair,   30
Guette, sur les galets qu'un flot dormant submerge,
La sarcelle stridente et preste qui fend l'air.

Vers les puits dont la mousse a verdi la margelle,
Les lavandières vont avec les moissonneurs:
Sous ce firmament pâle éclate de plus belle   35
Le charme printanier des couples ricaneurs.

Et tandis que bruit leur babillage tendre,
On les voit, déroulant la chaîne de métal
Des treuils mouillés, descendre et monter et descendre
La seille[2] d'où ruisselle une onde de cristal.   40

* * *

À peine les faucheurs ont engrangé les gerbes
Que déjà les chevaux à l'araire attelés
Sillonnent à travers les charbons et les herbes
La friche où juin fera rouler la mer des blés.

Fécondité des champs! cette glèbe qui fume,   45
Ce riche et fauve humus, recèle en ses lambeaux
La sève qui nourrit et colore et parfume
Les éternels trésors des futurs renouveaux.

Les labours, encadrés de pourpre et d'émeraude,
Estompent le damier des prés aux cent couleurs.   50
De sillons en sillons, les bouvreuils en maraude
Disputent la becquée aux moineaux querelleurs.

Et l'homme, aiguillonnant la bête, marche et marche,
Pousse le coutre. Il chante, et ses refrains plaintifs
Évoquent l'âge où l'on voyait le patriarche   55
Ouvrir le sol sacré des vallons primitifs.

* * *

Écoutez: c'est le bruit de la joyeuse airée
Qui, dans le poudroîment d'une lumière d'or,

---

2. Seille = seau.

Aussi vive au travail que preste à la bourrée,
Bat en chantant les blés du riche messidor[3].   60

Quel gala! pour décor, le chaume qui s'effrange;
Les ormes, les tilleuls, le jardin, le fruitier
Dont la verdure éparse enguirlande la grange,
Flotte sur les ruisseaux et jonche le sentier.

Pour musique, le souffle errant des matinées;   65
La chanson du cylindre égrenant les épis;
Les oiseaux et ces bruits d'abeilles mutinées
Que font les gais enfants dans les meules tapis.

En haut, sur le gerbier que sa pointe échevèle,
La fourche enlève et tend l'ondoyant gerbillon.   70
En bas, la paille roule et glisse par javelle
Et vole avec la balle en léger tourbillon.

Sur l'aire, les garçons dont le torse se cambre,
Et les filles, leurs sœurs rieuses, déliant
L'orge blonde et l'avoine aux fines grappes d'ambre,   75
Font un groupe à la fois pittoresque et riant.

En ce concert de franche et rustique liesse,
La paysanne donne une note d'amour.
Parmi ces rudes fronts hâlés, sa joliesse
Évoque la fraîcheur matinale du jour.   80

De la batteuse les incesssantes saccades
Ébranlent les massifs entraits du bâtiment.
Le grain doré jaillit en superbes cascades.
Tous sont fiers des surplus inouïs du froment.

Déjà tous les greniers sont pleins. Les gens de peine   85
Chancellent sous le poids des bissacs. Au milieu
Des siens, le père, heureux, à mesure plus pleine,
Mesure et serre à part la dîme du bon Dieu.

Il va, vient. Soupesant la précieuse charge
Et tournant vers le ciel son fier visage brun,   90
Le paysan bénit Celui dont la main large
Donne au pieux semeur trente setiers pour un.

*   *   *

---

3.   Messidor = dixième mois du calendrier républicain (du 20 juin au 19 juillet); l'été.

Maintenant, plus d'azur clair, plus de tiède haleine,
Plus de concerts dans l'arbre aux lueurs du matin;
L'œil ne découvre plus les pourpres de la plaine   95
Ni les flocons moelleux du nuage argentin.

Les rayons ont pâli, leurs clartés fugitives
S'éteignent tristement dans les cieux assombris.
La campagne a voilé ses riches perspectives.
L'orme glacé frissonne et pleure ses débris.   100

Adieu soupirs des bois, mélodieuses brises,
Murmure éolien du feuillage agité.
Adieu dernières fleurs que le givre a surprises,
Lambeaux épars du voile étoilé de l'été.

Le jour meurt, l'eau s'éplore et la terre agonise.   105
Les oiseaux partent. Seul, le roitelet, bravant
Froidure et neige, reste, et son cri s'harmonise
Avec le sifflement monotone du vent.

Fleurs d'hiver

Armand Guilmette pense comme Clément Marchand, que ces vers auraient été adressés en hommage à Louis Fréchette qui avait apprécié favorablement les «Rayons d'octobre». La première version, publiée en 1889, indique novembre 1879 comme date de composition, ce qui explique le titre et les images du poème: novembre n'est-il pas le mois des morts? le début de l'hiver au Québec?

Au poète qui m'applaudit

Ton applaudissement, divin poète, inspire
L'humble songeur dont l'âme impétueuse aspire
        Au lyrisme infini des cieux.

Il m'exalte déjà, ce bravo qui m'honore.
Ma strophe bat de l'aile et s'élance, sonore;   5
        Son vol est plus harmonieux.

Avais-je quelque droit à ta brillante estime?
Que t'offrir, en retour de cet accueil intime,
        Rival des immortels chanteurs?

Des roses ? Les frimas les ont ensevelies ;   10
Je chercherais en vain leurs corolles pâlies
    Et leurs embaumantes senteurs.

Que dis-je ? j'oubliais que la neige étincelle,
Et que ce ciel, taché de nuages, recèle
    La grêle et le givre argentin.   15

Le ciel est gris, la terre est froide. Les rafales
Pour longtemps ont éteint les flammes triomphales,
    Les pourpres clartés du matin.

Plus de fleurs à cueillir dans l'herbe des prairies !
Plus de vers à glaner au jardin de féeries   20
    Où la rime éclôt à foison.

Pareils à ces oiseaux frileux qu'octobre chasse,
Nos rêves ont quitté ce triste azur de glace
    Pour le bleu d'un autre horizon.

Grelottant, dans l'air gris, le soleil de décembre   25
Se couche, et déjà vient la brume, et, dans ma chambre,
    Comme dans un bois, il fait noir.

Salut, petit soleil des hâtives veillées,
Qui brilles, vague, pâle, aux vitres étoilées,
    Poétique lampe du soir !   30

À petit bruit, la neige, au dehors, tombe lente,
En légers flocons fins, sous la lune tremblante,
    Comme une poudre de cristal.

Oh ! quelle floconneuse avalanche argentée !
Oh ! parmi ces blancheurs d'aube diamantée   35
    Comme il est beau, le toit natal !

Te redirai-je à toi le poète, l'artiste,
L'exquise impression, à la fois douce et triste,
    Que nous donne le coin du feu ?

Te dirai-je les doux pensers que nous suggère   40
Le logis où les fleurs de la verte étagère
    Évoquent l'été frais et bleu !

Oh ! que la chambre est bonne, et qu'il est bon d'y vivre,
Malgré le froid, malgré le vent, malgré le givre,
    Dans le calme et l'apaisement !   45

Le piano frémit: une voix veloutée
S'élève et sa douceur, dans mon âme hantée,
    A réveillé l'amour dormant.

Là-haut, dans la mansarde, on se meurt de misère;
Ici, dans les salons, comme dans une serre,   50
    Le bonheur embaume et fleurit.

La volupté blasphème au fond du bouge infâme.
Au foyer, Dieu descend: la mère en pleurs se pâme
    Aux lèvres de l'ange qui rit;

Le chapelet aux doigts, l'aïeule s'agenouille.   55
Et moi, je joins les mains, et mon regard se mouille,
    Et je te bénis, ô Dieu bon!

Par ton charme, ô foyer natal, par ta magie,
L'hiver est sans frissons, sans deuil, sans nostalgie.
    Douce maison, douce maison!   60

Poète, en attendant que le printemps renaisse,
Et redonne aux forêts leur robe de jeunesse
    Et leur éclatant voile vert;

En attendant qu'Avril ensoleille et colore
Ces chaudes floraisons qu'un souffle fait éclore,   65
    Reçois ces pâles fleurs d'hiver.

D'Iberville

Le poète hésita longtemps avant de publier cette pièce.
Déjà composés depuis six ans, ces vers n'ont paru qu'en septembre
1892, adressés aux marins français des navires l'*Aréthuse* et le
Hussard, en visite à Québec. L'audace de l'expression de ce
poème valut à Beauchemin des critiques acerbes à la parution des
Floraisons matutinales. Pourtant, la vigueur de l'expression, des
images et de la sonorité des vers font de « D'Iberville » un des
sommets du recueil. Le poète décrit dans des octosyllabes aler-
tes la victoire de Pierre Le Moyne d'Iberville, à bord du Pélican,
sur trois vaisseaux anglais, les délogeant ainsi de la baie d'Hud-
son, en 1689.

Aux marins de «l'Aréthuse» et du «Hussard»

Flamme à la drisse[1], vent arrière,
À demi couché sur bâbord,
Le Pélican cingle en croisière.
À travers les glaces du nord,
Malgré la neige et la rafale,   5
Il file grand'erre. À l'avant,
Tout à coup un gabier[2] s'affale
Criant: «Trois voiles sous le vent.»

Sournoisement, parmi les ombres
D'un ciel bas, au loin, sur les eaux,   10
Balançant leurs antennes sombres,
Montent les mâts des trois vaisseaux:
On dirait ces oiseaux du pôle
Qui s'enlèvent avec efforts,
Et dont le vol lourd et lent frôle   15
La nuit de ces mers aux flots morts.

Un contre trois! Parbleu, qu'importe!
Le Pélican n'eut jamais peur.
Il vole, et le nordet l'emporte
Dans un large souffle vainqueur.   20
Le pavillon de la victoire,
C'est celui des marins français;
Son profond sillage de gloire
Sur nos fleuves brille à jamais.

Rythmés par le choc monotone   25
Des vagues sourdes, on entend
Les airs de matelot, qu'entonne
D'une voix au timbre éclatant
Le plus fier chanteur de la terre:
«J'étions trois matelots de Groix[3],   30
«Qu'ons tenu tête à l'Angleterre,
«J'étions trois, pour sûr, rien que trois!»

Le tapabor[4] jusqu'aux oreilles,
Botté, guêtré comme un moujick[5],
Le manœuvrier fait merveilles.   35

---

1. Drisse = cordage qui sert à hisser une voile.
2. Gabier = matelot préposé à la manœuvre du navire.
3. Groix: Ile de l'Atlantique sur la côte de la Bretagne.
4. Tapabor = bonnet de campagne, dont les bords se rabattent et qu'on porte pour se garantir du mauvais temps.
5. Moujick (ou moujik) = paysan russe.

Trimant de la gaffe et du pic,
Sur le pont qui tangue et qui roule,
Il faut les voir, nos Québecois:
L'enfant se comporte à la houle,
Crâne comme un vieux Dunkerquois.   40

« L'Anglais!» À ce cri l'équipage
Bondit. Calme, air fier, front serein,
D'Iberville, au fort du tapage,
De sa stridente voix d'airain
Commande: « Branle-bas! Aux barres!»   45
Garez-vous, messieurs les Saxons!
Sur les voiles de vos gabares[6]
Courent de sinistres frissons.

L'air s'emplit d'un grand tintamarre:
Bugle et cors, porte-voix, tambours,   50
Longs ahans des haleurs d'amarre,
Bruissements, claquements sourds
Des pesantes vergues[7] de chêne,
Choc des caronades de fer,
Sonore carillon de chaîne,   55
Vacarme et brouhaha d'enfer.

Ého! de la proue à la poupe,
Des bancs de quart aux cacatois[8],
On se hèle, on siffle, on se houpe.
L'ancien parle un fier beau patois.   60
Boulines[9] et voiles sont lourdes
De flocons blancs et de glaçons;
Les pieds glissent; les mains sont gourdes:
Largue à plein cœur! Hardi! garçons!

Bourrant leurs gros canons de cuivre   65
Où le vent s'engouffre en hurlant,
Les cheveux pointillés de givre,
L'œil magnétique, étincelant,
Les canonniers sont à leurs postes.
Nos lurons ont le verbe haut;   70
Dans l'air éclatent leurs rispostes.
La poudre parlera tantôt.

---

6. Gabare = grande embarcation.
7. Vergue = longue pièce de bois placée en travers d'un mât destinée à soutenir la voile.
8. Cacatois = petite voile carrée; le mât qui supporte cette voile.
9. Bouline = corde attachée à une voile pour lui faire prendre le vent le mieux possible.

«Feu!» Vingt gueules de bronze grondent.
Aux formidables roulements
Les autres sauvages répondent   75
Par de rauques mugissements.
Et sur l'embâcle où bat la lame,
Des bords où grondent les ours gris
Jusqu'aux bords où l'albatros clame,
Court une tempête de cris.   80

Rangés en ligne de bataille,
À pleins sabords[10], les trois Anglais
Crachent la flamme et la mitraille.
Au loin ricochent les boulets.
Droit sur le Français, le Hampshire   85
S'élance. Sans perdre un instant,
Le Pélican l'évite, et vire
Et le mitraille à bout portant.

D'un pont à l'autre, on se fusille.
Un feu vif, incessant, rageur,   90
Projette, sur l'eau qui brasille,
Une volcanique rougeur.
La bataille, par intervalles,
Semble redoubler de fureur.
Entendez-vous siffler les balles?   95
La noce est splendide d'horreur.

Beau comme un héros d'épopée,
D'Iberville n'arrête pas.
Faisant sonner sa longue épée
Au branle nerveux de ses pas,   100
Au poing la hache d'abordage,
Il court à l'avant, et, d'un bond,
Escalade le bastingage[11]:
«Allons, mes cœurs! Hourra! Tiens bon!»

Dans une trombe de fumée   105
Que des éclairs intermittents
Font paraître tout enflammée,
S'entrechoquent les combattants.
Longtemps, dans la nuit qui les couvre,
Flambent les sabords furieux.   110
Enfin, le noir nuage s'ouvre:
D'Iberville est victorieux.

---

10. Sabord = ouverture pratiquée dans la muraille d'un navire qui se ferme par un volet.
11. Bastingage = partie de la muraille d'un navire qui dépasse le pont.

D'affreux jurons se font entendre.
Le Hampshire au large a sombré,
Et l'Hudson Bay vient de se rendre;   115
Le fier Dehring a démarré.
On n'en eût fait qu'une bouchée.
Sur les eaux où flotte la mort,
La coque sanglante et hachée,
Le petit Français tire encore.   120

Le tambour bat. — En haut le monde!
— Enfants, on est content de vous!
— Attrape, l'Anglais! — À la ronde!
— Ho! le rigodon de chez nous!
Des vivats de réjouissance   125
Se mêlent aux chansons de bord.
— Vive Québec! Vive la France!
France! redit l'écho du Nord.

Le soir vient. Une blanche aurore
Au-dessus de la mer d'Hudson   130
Arrondit son arc de phosphore.
Le suroît¹² chante sa chanson.
Le trois-mâts presque à sec de voiles,
Bouline sans bruit, sans fanal,
Aux clartés des belles étoiles   135
Qui criblent le ciel hivernal.

—

Chers marins, chers Français de France,
D'Iberville est votre parent.
Par mainte fière remembrance,
Le cœur des fils du Saint-Laurent,   140
Malgré la cruelle secousse,
À la France tient ferme encor.
Ce nœud n'est pas un nœud de mousse,
C'est un bon nœud franc, dur et fort.

Hantise

Comme Le May et Fréchette, Beauchemin se sent hanté par
la poésie. Il rêve d'espaces infinis; mais désespéré, le poète se
rend compte de l'impossibilité d'«atteindre aux divines splendeurs
du vrai». Beauchemin, à l'instar des grands poètes français, bou-

---

12. Suroît = vent du sud-ouest.

leverse le mètre traditionnel, retrouvant ainsi un rythme mesuré et nouveau ; la première strophe demeure exemplaire à cet égard.

Je rêve les rythmes, les phrases
Qui montent dans un vol de feu,
À travers le ciel des extases,
Vers le beau, vers le vrai, vers Dieu.

Mon oreille éperdue essaie   5
De saisir l'infini concert :
Le son précis, la note vraie,
Fuit, revient, et fuit, et se perd.

J'aspire au lyrisme extatique,
Et sur les lyres aux sept clés   10
Je cherche à rendre le cantique
Des psaltérions étoilés.

J'invoque l'ange et le prophète,
Les esprits au vol large et sûr ;
Le musicien, le poète,   15
Les chœurs de l'idéal azur.

Ô désespérante hantise !
Ô charme du rythme obsesseur !
Quelle est la voix qui s'harmonise
Avec ta céleste douceur.   20

Claviers aux multiples octaves,
Où donc les aurai-je entendus
Les rires clairs et les pleurs graves
De vos lointains accords perdus ?

Hélas ! j'ai beau scander mes mètres   25
Sur le grand mode ionien ;
J'ai beau prier les dieux, les maîtres
De l'art nouveau, de l'art ancien ;

J'ai beau pleurer, j'ai beau me plaindre,
Oh ! non, jamais je ne pourrai,   30
Je ne pourrai jamais atteindre
Aux divines splendeurs du vrai.

Giboulée

Beauchemin, en bon Parnassien, cisèle ses vers.

De grands brouillards couleur de suie,
Chassés par un vent sans pareil,
Passent à plein vol: neige et pluie
Tombent, brillantes de soleil.

Sur les toits, globule à globule,   5
Pétillent grésil et grêlons;
Et la vitre tintinnabule:
On croit ouïr des carillons.

Sans répit, la mitraille fine
Sautille, étincelle, bruit;   10
Puis une bruine argentine
Filtre du nuage qui fuit.

Nul crayon ne pourrait décrire
Ce temps qui change en un clin d'œil.
Des pleurs se mêlent au sourire   15
Qu'avril donne à l'hiver en deuil.

Une aveuglante soleillée
Jaillit tout à coup du ciel bleu;
Il semble que la giboulée
Darde mille aiguilles de feu.   20

Étoiles de glace fleuries,
Prismes de cristal délicats:
On dirait mille pierreries,
Mille papillotants micas.

Mais ces joyaux se fondent vite.   25
L'astre qui déjà flambe haut,
Dans l'azur éclairci gravite
De plus en plus clair et plus chaud.

En dépit de la bise froide,
Ses obliques rayons tiédis   30
Font mollir la ramure roide
Des vieux érables engourdis.

Au fond des forêts que décorent
Sapins verts et blancs merisiers,
Les sirops odorants se dorent 35
Au feu des résineux brasiers.

De l'écorce fraîche entaillée,
Dans les vases de fin bouleau,
Pure, cristalline, emmiellée,
Goutte à goutte distille l'eau. 40

Maintenant le couchant rougeoie.
L'oiseau, qui pressent les beaux jours,
Raconte la première joie
De ses vagabondes amours.

Huppe au vent, il saute, il pépie. 45
La mère, au creux des brins douillets,
Grelottante, en boule tapie,
Réchauffe ses chers oiselets.

Preste courrier que nous dépêche
La saison verte, oiseau, qu'es-tu? 50
Que nous chante la chanson fraîche
De ton grêle sifflet pointu?

Alerte et gentil hochequeue,
Du haut des pins ne vois-tu pas,
Par-dessus la colline bleue, 55
Venir Mai, tout rose, là-bas?

Pâques vient: monts, val et clairière
N'ont point quitté leur blanc décor,
Et la fauvette printanière
Ne rossignole pas encor. 60

Primeroses

La nature suggère au poète les symboles visibles de ses plus
nobles aspirations.

Ces délicieuses fleurs roses,
Grandes ouvertes ou mi-closes,
Me soufflent de tant douces choses
Et fleurent si frais et si doux,
Que, bien sûr, et corolle et tige, 5

Recèlent par quelque prodige,
Quelque chose qui vient de vous.

Troublant et capiteux arôme!
Mon cœur, comme l'air s'en embaume,
Et, grisé, je pars au royaume   10
Du Rêve, où mes espoirs défunts,
Où mes illusions dernières,
Comme ces roses printanières,
Ont vécu leurs premiers parfums.

La Cloche de Louisbourg

Cette pièce fut considérée à l'époque comme un chef-d'œuvre d'inspiration et de spontanéité. La cloche de Louisbourg, enlevée lors de la prise de la forteresse en 1758, fut mise en vente à Halifax, en 1895. Françoise, (Robertine Barry) journaliste à *La Patrie* en visite dans cette dernière ville, organisa une souscription afin d'acheter la précieuse relique qui fut installée au Château de Ramezay de Montréal en avril 1896, lors d'une fête solennelle. Le poème de Beauchemin, écrit d'un seul jet, parut dans *La Patrie*, le 15 février 1896. Ces vers incarnent tout le sentiment patriotique des Canadiens français au tournant du siècle.

Cette vieille cloche d'église
Qu'une gloire en larmes encor
Blasonne, brode et fleurdelise,
Rutile à nos yeux comme l'or.

On lit le nom de la marraine,   5
En traits fleuronnés, sur l'airain,
Un nom de sainte, un nom de reine,
Et puis le prénom du parrain.

C'est une pieuse relique:
On peut la baiser à genoux;   10
Elle est française et catholique
Comme les cloches de chez nous.

Jadis, ses pures sonneries
Ont mené les processions,
Les cortèges, les théories   15
Des premières communions.

Bien des fois, pendant la nuitée,
Par les grands coups de vent d'avril,
Elle a signalé la jetée
Aux pauvres pêcheurs en péril.   20

À présent, le soir, sur les vagues,
Quelque marin qui rôde là,
Croit ouïr des carillons vagues
Tinter l'Ave maris stella.

Elle fut bénite. Elle est ointe.   25
Souvent, dans l'antique beffroi,
Aux Fêtes-Dieu, sa voix s'est jointe
Au canon des vaisseaux du Roy.

Les boulets l'ont égratignée,
Mais ces balafres et ces chocs   30
L'ont à jamais damasquinée
Comme l'acier des vieux estocs.

Oh! c'était le cœur de la France
Qui battait, à grands coups, alors,
Dans la triomphale cadence   35
Du grave bronze aux longs accords.

Ô cloche! c'est l'écho sonore
Des sombres âges glorieux,
Qui soupire et sanglote encore
Dans ton silence harmonieux.   40

En nos cœurs, tes branles magiques,
Dolents et rêveurs, font vibrer
Des souvenances nostalgiques,
Douces à nous faire pleurer.

PATRIE INTIME

Beauchemin a longuement hésité avant de fixer son choix sur
les œuvres à insérer dans son deuxième recueil. Le manuscrit
définitif compte soixante-dix-huit poèmes. «La poésie est chose
vague, impalpable, impondérable, hermétique, écrit-il dans son
journal intime. Les poètes, comme les dieux, les divins, les magi-
ciens, aiment le mystère. Ne cherchez pas à les voir à nu. N'allez
pas leur demander le secret de leur naïve ivresse et de leurs
enthousiasmes enfantins.» *Patrie intime* place Nérée Beauchemin

au premier rang des poètes qui, après 1900, vont renouveler les thèmes de l'art et de la poésie québécoise.

Une sainte

Fruit d'un patient travail, cette pièce traduit l'émotion discrète du poète à la manière d'une prière de Verlaine.

Chère défunte, pure image
Au miroir des neiges d'antan,
Petite vieille au doux visage !

Petite vieille au cœur battant
Des allégresses du courage,   5
Petite vieille au cœur d'enfant !

Auguste mère de ma mère,
Ô blanche aïeule, morte un soir
D'avoir vécu la vie amère !

Figure d'âme douce à voir   10
Parmi l'azur et la lumière
Où monte l'aile de l'espoir !

Beauté que nul pinceau n'a peinte !
Humble héroïne du devoir,
Qui dans le Seigneur t'es éteinte !   15

Je t'invoque comme une sainte.

Les Cerises

«J'adore ma petite patrie (...) Je m'enivre de ses parfums (...)», écrit-il dans son journal intime.

À l'ombre du fruitier vermeil,
Qui, sous le poids des fruits mûrs, penche,
Qu'il est bon manger sur la branche,
Les grappes chaudes de soleil !

Sur l'arbre qui les a produites,   5
Et, dans leur chair, a saturé
De sucre le jus empourpré,
C'est notre été qui les a cuites.

C'est le riche terroir natal,
La bonne terre fortunée   10
Qui nous présente, chaque année,
Les prémices d'un tel régal.

Est-il mirabelles et pêches
Qui puissent nous rassasier,
Comme, aux branches du cerisier,   15
Nos juteuses cerises fraîches ?

Pourrions-nous trouver autres parts,
Quoi que l'étranger nous en dise,
La savoureuse friandise
De nos vieux fruitiers campagnards ?   20

En ce pays où tout abonde,
La larve des noirs papillons
Ronge, en ses glorieux haillons,
L'érablière moribonde.

Pour nous dédommager un peu   25
D'une telle ruine agreste,
Sur le Bien royal qui nous reste,
Brille toujours, soleil de Dieu !

Dans tous les jardins de la plaine,
Au cœur de nos fruitiers caducs,   30
Fais couler la sève et les sucs
Dont la terre natale est pleine !

Pour que le Seigneur, à son jour,
Nous donne à même ses richesses,
Une obole de ses largesses,   35
Une goutte de son amour.

La Branche d'alisier chantant

La nature touche le cœur du poète et inspire son chant de louange. Elle est «musique de l'air, sans rime».

Je l'ai tout à fait désapprise
La berceuse au rythme flottant,
Qu'effeuille, par les soirs de brise,
La branche d'alisier chantant.

Du rameau qu'un souffle balance,   5
La miraculeuse chanson,
Au souvenir de mon enfance,
A communiqué son frisson.

La musique de l'air, sans rime,
Glisse en mon rêve, et, bien souvent,   10
Je cherche à noter ce qu'exprime
Le chant de la feuille et du vent.

J'attends que la brise reprenne
La note où tremble un doux passé,
Pour que mon cœur, malgré sa peine,   15
Un jour, une heure en soit bercé.

Nul écho ne me la renvoie,
La berceuse de l'autre jour,
Ni les collines de la joie,
Ni les collines de l'amour.   20

La branche éolienne est morte;
Et les rythmes mystérieux
Que le vent soupire à ma porte,
Gonflent le cœur, mouillent les yeux.

Le poète en mélancolie   25
Pleure de n'être plus enfant,
Pour ouïr ta chanson jolie,
Ô branche d'alisier chantant!

Le Vent qui souffle du couchant

Le poète, au soir de la vie, exprime son sentiment d'émerveillement devant « le lever de l'autre lumière (...), l'approche de l'éternité ».

Toi qui marches vers le couchant,
Passant, dont l'ombre au loin s'allonge,
Sors de la pénombre du songe
Et relève ton front penchant.

Le vent qui soulève les voiles   5
De ton crépuscule incertain,
Le vent qui souffle du lointain,
Prélude au lever des étoiles.

Toi qui marches vers l'Inconnu,
Sous le frisson qui te pénètre
Jusqu'au plus profond de ton être,
Tu trembles comme un homme nu.

10

Voici l'invisible frontière
De ces impénétrables lieux
Où commence à poindre, à tes yeux,
Le lever de l'autre lumière.

15

Oh ! la grandissante clarté,
Qui, de plus en plus, t'illumine
Et t'annonce l'heure divine,
L'approche de l'éternité.

20

Léon Lorrain
(1852-1892)

Étudiant en droit, Léon Lorrain participe au concours littéraire de l'Université Laval, en 1875, où son poème, «La Chapelle solitaire», est couronné. La même année, il publie une nouvelle intitulée «Eugène ou On n'aime qu'une fois» dans *L'Opinion publique* (vol. 6, nos 39 et 40, 30 septembre et 7 octobre 1875). En 1890, il recueille ses vers et les publie sous le titre *Les Fleurs poétiques. Simples bluettes.* Auteur d'un code de procédure, Lorrain est nommé réviseur français des projets de loi par le gouvernement Mercier, en 1890. Installé à Saint-Jean d'Iberville avec sa femme et ses deux enfants, son avenir semblait assuré. Pourtant, le poète se sent rongé par une vague inquiétude et, à l'automne de 1891, il se croit persécuté par le nouveau gouvernement Boucherville. N'en pouvant plus, il quitte le foyer familial un jeudi soir, le 28 janvier 1892, et se jette dans la rivière Richelieu. Le lendemain, on décrouvrit sa casquette, mais le corps avait disparu. (Voir *La Patrie*, le 30 janvier 1892, p. 6).

Dans la préface de son recueil, en date du mois d'octobre 1890, Lorrain écrit: «Mes fleurettes (...) écloses au temps des rêves de la jeunesse, sauront trouver grâce devant le lecteur si elles ravivent un moment les chaudes émotions qui ont autrefois précipité les battements de son cœur, si elles font surgir à ses yeux, dans le lointain du souvenir des jours envolés, les roses illusions trop vite évanouies au contact des brusques réalités de la vie.»

Les Fleurs poétiques. Simples bluettes, Montréal, C.-O. Beauchemin & fils, 1890, v, 182 pp.

* * *

Charles-A. Gauvreau, *Léon Lorrain*, dans *Le Glaneur*, vol. 2, 1891, p. 193-197.

La Chapelle isolée (1875)

Sous l'emprise de Lamartine, le jeune poète se livre déjà à la mélancolie qui allait le ronger et le pousser jusqu'au suicide une quinzaine d'années plus tard. Ce poème fut publié dans *La Revue canadienne* (vol. 12, 1875, p. 739-743) avant d'être repris dans son recueil; ce poème s'intitule à l'origine «La Chapelle solitaire».

> Quand l'homme faible et qui redoute
> La contagion du malheur
> Nous laisse seul sur notre route
> Face à face avec la douleur;
>
> Quand l'avenir n'a plus de charmes
> Qui fassent désirer demain
> Et que l'amertume des larmes
> Est le seul goût de notre pain:
>
> C'est alors que ta voix s'élève
> Dans le silence de mon cœur.
> Et que ta main, mon Dieu, soulève
> Le poids glacé de ma douleur.
>
> LAMARTINE

Il est, loin du chemin que suit la multitude,
Une antique chapelle à l'air mystérieux:
Souvent j'aime à porter dans cette solitude
    Mes pas silencieux.

Elle s'élève au sein d'une forêt profonde,   5
Où des cèdres plaintifs les murmures confus
Viennent s'harmoniser aux pleurs tristes de l'onde
    Sous les sapins touffus:

Séjour perpétuel de la paix, du silence,
Où Dieu répand à flots la joie et le bonheur,   10
Où l'homme malheureux aspire l'espérance
    Qui ranime son cœur.

La nature plongée en un repos sublime
Semble, là, méditer des hymnes éternels:
Car il monte des bois une prière intime   15
    Comme des saints autels.

Ce doux recueillement, cette harmonie austère,
Plaît au cœur dont le monde a trempé les désirs,

Au cœur désabusé qui délaisse la terre
    Et tous ses vains plaisirs.   20

L'âme sourit alors, et, méprisant les chaînes
Que tendait sur ses pas la fausse volupté,
Elle dit ses regrets sur les choses mondaines
    Et sur leur vanité.

Elle s'élance au ciel, palpitante et joyeuse;   25
Elle mêle sa voix à ces pieux accents
Qu'emporte vers les cieux la brise harmonieuse,
    Soupirs attendrissants.

Dans cet isolement la vie est moins amère;
L'horizon de notre âme est parsemé d'azur;   30
Le soleil est plus doux, l'onde paraît plus claire,
    Le firmament plus pur...

II

C'est là que, le matin, au lever de l'aurore,
Ma mère, en souriant, m'apprenait à prier.
J'étais petit enfant: je me rappelle encore   35
    Les détours du sentier.

Des rayons de soleil se jouaient dans la mousse,
L'aurore étincelait sur les cimes des monts,
Le souffle du matin, de son haleine douce,
    Embaumait les vallons.   40

Les premiers feux du jour, tremblants, mélancoliques,
Éclairaient le saint lieu; les ombres de la nuit
S'effaçaient lentement sous les voûtes rustiques
    Comme un rêve qui fuit.

J'étais rempli d'amour, de respect et de crainte...   45
Ma prière, mêlée aux parfums du matin,
Comme un encens montait de la modeste enceinte
    Vers le séjour divin...

III

Je ne comprenais pas, dans ma candeur d'enfance,
La faiblesse de l'homme au cœur ambitieux;   50
Je ne prévoyais pas les dangers, la souffrance,
Le mensonge, le faux ni les jours soucieux.

Mais maintenant, déjà, j'ai coudoyé la foule;
Et sans cesse battu comme un flot agité
Que le vent en courroux brise, foule et refoule,   55
Je regrette l'enfance et sa félicité!

J'ai parcouru déjà les beaux jours de la vie;
Demain, demain pour moi, vingt printemps vont sonner.
Au souffle des pervers mon âme s'est flétrie,
Et j'ai vu mes espoirs soudain m'abandonner!   60

J'avais bercé mon cœur de douces perspectives;
Des fantômes brillants, des mirages trompeurs
Étalaient à mes yeux des clartés fugitives:
Je croyais que c'était la gloire et les splendeurs!

Mais je fus le jouet de vaines jouissances,   65
Et mon rire joyeux a fait place aux sanglots:
Tel un aventurier, sur les vagues immenses,
Voit son dernier esquif s'abîmer dans les flots.

                              IV
        Parmi la foule indifférente
Je n'ai jamais trouvé qu'égoïsme et froideur,   70
        Et jamais mon âme souffrante
N'y trouva son ami, ni son consolateur.

Je n'ai jamais goûté cette amitié fidèle
Qui console des pleurs, de l'exil, des chagrins,
Qui fait renaître au cœur une gaîté nouvelle,   75
        Et revenir les jours sereins.

Mais je fus abreuvé de noires calomnies;
        Je fus le jouet des pervers,
        De leurs infâmes tyrannies,
        Et de leurs sarcasmes amers.   80

Comme un roseau brisé que le vent de l'orage
        Entraîne après lui par les champs,
        Mon âme subit maint outrage
        De l'impudence des méchants.

Comme un esquif errant sur la vague profonde,   85
        Je fus sans cesse ballotté
        Sur les flots orageux du monde
        Au souffle de l'adversité.

Et puis, quand vint le jour d'un périlleux naufrage,
  Pas un frère, pas un ami,   90
  Ne vint jamais sur mon passage,
  Réveiller mon cœur endormi...

C'est alors, ô mon Dieu! que j'appris à connaître
  L'homme et ses mesquins intérêts;
  Et moi qui viens presque de naître,   95
  Déjà je m'abîme en regrets!...

Mais je te vis, Seigneur, au milieu de mes peines:
  Tu venais me tendre la main;
  Tu venais dissiper les haines
  Qui m'arrêtaient dans mon chemin...   100

V

Alors, brisé, déçu, je veux fuir ce vain monde
  Et ses plaisirs trompeurs;
Et près de toi, mon Dieu, dans une paix profonde
  Je cherche tes douceurs.

O chapelle des bois! je reviens sous ton ombre, 105
  Car mon cœur opprimé,
Veut encor méditer sous ton portique sombre
  Que j'ai toujours aimé!

Tout est tranquillité sous ton humble colonne,
  Tout est paix et bonheur   110
Dans l'air mystérieux, même, qui t'environne,
  Dans ton site enchanteur!

En vain les ouragans grondent-ils sur la terre,
  Je ne les crains jamais;
Car la tempête meurt près de ton seuil austère, 115
  Où je vis désormais!...

Iberville, 3 mai 1875.

Les Pensées

Lorrain se sent attiré par les fleurs. Plusieurs de ses poè-
mes les chantent, rappelant à l'homme la fragilité de son destin.
Ces vers délicats sont dédiés à Louis Fréchette.

Petites fleurs mélancoliques,
Qui penchez vos fronts angéliques
Sur le sol humide des pleurs
Qui versent les saintes douleurs,
Au ciel, à la nature immense,   5
Chantez, chantez votre romance ;
Dites votre refrain si doux :
— Pensez à moi, je pense à vous !

Aussi longtemps que sur la terre
Le souvenir que rien n'altère   10
Aura son culte, ses autels ;
Aussi longtemps que les mortels
Sentiront brûler en leur âme
De l'amour pur la pure flamme,
Dites toujours ces mots si doux :   15
— Pensez à moi, je pense à vous !

La jeune fille qui déplore
L'absence de celui qu'adore
Son cœur charmant dans le secret,
Envoie un messager discret, —   20
Un simple bouquet de pensées,
Que ses doigts ont entrelacées,
Et qui diront ces mots si doux :
— Pensez à moi, je pense à vous !

*

Pliant sous le poids de l'épreuve,   25
Sur un tombeau la jeune veuve
Cultive la pensée en fleurs,
Et vient l'arroser de ses pleurs.
Le parfum, comme une prière,
S'élève de la froide pierre   30
Et répète ces mots si doux :
— Pensez à moi, je pense à vous !

Inconstance

> Tout est mystère dans l'amour.
> LA FONTAINE.

Si je me recueille en mon âme,
Je trouve encor le souvenir

FIG. 38 — Nature morte *(Still Life with Apples and Grapes)*,
par A. Plamondon *(ca* 1880), Galerie nationale, Ottawa.

D'un pur amour, candide flamme,
Qu'hélas! J'ai vu bientôt finir.

Pauvre amour que j'ai senti naître
Auprès de lui parmi les pleurs,
Pourquoi te faut-il disparaître
Comme le vif émail des fleurs?

5

C'est le destin de toutes choses;
Ici-bas, tout trompe, tout ment:
Le papillon aux ailes roses
Est moins volage que l'amant.

10

Eudore Évanturel
(1854-1919)

Né à Québec, fils de François Évanturel, député à l'Assemblée législative et ministre dans le cabinet Macdonald-Sicotte, Eudore fait ses études classiques au Séminaire de Québec. En mars 1878, il publie un recueil sous le titre de *Premières poésies*. Déçu par les attaques contre sa poésie et destitué de son poste à la chute du ministère Joly, il part pour les États-Unis en 1879. Évanturel y demeure jusqu'en 1887, tour à tour secrétaire de l'historien Parkman, propriétaire d'un journal à Lowell, délégué de la province aux archives de Boston et de Washington. À partir de 1887, il occupe le poste d'archiviste du secrétariat provincial. Après son premier recueil de poésie, Évanturel ne publie que quelques rares pièces par-ci, par-là.

Par la publication de ses *Premières Poésies*, en 1878, recueil préfacé par le romancier Joseph Marmette, Évanturel se trouve entraîné dans une querelle littéraire entre le journaliste catholique Jules-Paul Tardivel et Marmette. En 1877, Tardivel avait défendu son ami J.-O. Fontaine contre les attaques de Marmette, et le romancier avait répondu par des arguments de caractère personnel. (Voir *Le Canadien* du 11 juillet et du 2 octobre 1877). À la parution des poésies d'Évanturel, les hostilités reprennent ; les amis et les adversaires publient une quinzaine d'articles sur les vers d'Évanturel et sur le goût de Marmette, en avril et en mai 1878. (Voir Roger Le Moine, *Joseph Marmette, sa vie, son œuvre*, Québec, P.U.L., 1968, p. 57-63.) Tardivel, pour sa part, critique le choix des écrivains cités par Évanturel, soit Rousseau et Musset, ce qui fait voir «toute la dépravité des goûts de ce jeune homme (...) S'il continue ses mauvaises lectures, il finira par tomber aussi bas que les tristes personnages qu'il chante» (*Le Canadien* du 7 mai 1878). Pauvre Évanturel, ce cœur sensible ne se releva jamais de ces attaques.

Gérard Tougas, dans la première édition de son *Histoire de la littérature canadienne-française* (Paris, P.U.F., 1960) avait consacré des pages lumineuses à Évanturel. Malheureusement, des critiques quelque peu malveillants n'ont pas manqué de monter en épingle l'importance accordée à Évanturel. Pourtant, Eudore Évanturel demeure une voix authentique de la jeune poésie québécoise de la décennie 1870-1880. Comme écrit si justement Jules Lesage, «ce sont ces mille riens, d'une allure si courtoise, qui ont alimenté, à travers tous les âges et les époques les plus brillantes, la littérature de salon».

Premières Poésies, 1876-1878, Québec, A. Côté & Cie, 1878, xx, 203 pp.; 2ᵉ éd. 1878; 3ᵉ éd. Québec, T. Dussault, 1888, 109 pp.

* * *

Jules Lesage, *Propos littéraires. Notes biographiques,* Montréal, Garand, 1931, p. 72-83.

Gérard Tougas, *Histoire de la littérature canadienne-française,* Paris, P.U.F., 1960, p. 64-60.

Au Collège

Considéré par Tougas comme le meilleur poème d'Évanturel, ce morceau dénote la tristesse, la «morosité presque gaie» du poète.

Il mourut en avril, à la fin du carême.

C'était un grand garçon, un peu maigre et très blême,
Qui servait à la messe et chantait au salut.
On en eût fait un prêtre, un jour: c'était le but;
Du moins, on en parlait souvent au réfectoire.   5
Il conservait le tiers de ses points en histoire,
Et lisait couramment le grec et le latin.
C'était lui qui sonnait le premier, le matin,
La cloche du réveil en allant à l'église.
Les trous de son habit laissaient voir sa chemise,   10
Qu'il prenait soin toujours de cacher au dortoir.
On ne le voyait pas comme un autre au parloir,
Pas même le dimanche après le saint office.
Ce garçon n'avait point pour deux sous de malice,

Seulement, à l'étude, il dormait sur son banc.   15
Le maître descendait le réveiller, souvent,
Et le poussait longtemps — ce qui nous faisait rire.

Sa main tremblait toujours, quand il voulait écrire.
Le soir, il lui venait du rouge sur les yeux.
Les malins le bernaient et s'en moquaient entre eux ;   20
Alors, il préférait laisser dire et se taire.
L'on n'aurait, j'en suis sûr, jamais su le mystère,
Si son voisin de lit n'eût avoué, sans bruit,

Qu'il toussait et crachait du sang toute la nuit.

Soulagement

Comme tous les artistes amoureux de la grande nature,
Évanturel, en vrai poète, aime les flâneries solitaires.

Quand je n'ai pas le cœur prêt à faire autre chose,
Je sors et je m'en vais, l'âme triste et morose,
Avec le pas distrait et lent que vous savez,
Le front timidement penché vers les pavés,
Promener ma douleur et mon mal solitaire   5
Dans un endroit quelconque, au bord d'une rivière,
Où je puisse enfin voir un beau soleil couchant.

O les rêves alors que je fais en marchant,
Dans la tranquillité de cette solitude,
Quand le calme revient avec la lassitude !   10
Je me sens mieux.

                              Je vais où me mène mon cœur.
Et quelquefois aussi, je m'assieds tout rêveur,
Longtemps, sans le savoir, et seul, dans la nuit brune,
Je me surprends parfois à voir monter la lune.   15

Un Sonnet

L'influence de Musset se fait sentir dans ces vers.

Le soir, quand on est seul à bâiller, qu'on s'ennuie
De n'avoir rien à faire ou de n'être pas deux,

Quelqu'un frappe à la porte — et la mélancolie
Se glisse dans la chambre à pas silencieux.

Le passé reparait et le présent s'oublie ;   5
Et la tête baissée et la main sur les yeux,
On croit voir poindre encor le matin de la vie,
Qui s'efface pourtant dans le lointain brumeux.

La flamme du foyer soudain s'est ranimée.
Si l'on fume, on dirait qu'à travers la fumée,   10
Un ange vient du ciel et nous prend dans ses bras.

L'on voudrait remonter sur les ailes du rêve,
Loin, vers les régions où le soleil se lève,

Mais la réalité survient qui ne veut pas.

Souvenir

Un soir du dernier carnaval,
— Un froid de loup, je me rappelle, —
Nous revenions tous deux du bal,
Bien tard, bien tard, mademoiselle.

Je m'en souviens. Ô vrai bonheur !   5
Des airs joués à l'ouverture,
Les battements de votre cœur
Gardaient encore la mesure.

— Si vous m'aimiez ? — Je n'en sais rien.
Toujours est-il que la dernière   10
Vous songeâtes que votre main
Tenait la mienne prisonnière.

Pourquoi marchions-nous lentement,
Par un de ces froids de Norvège,
Malgré le vent qui par moments   15
Fouettait nos fronts, malgré la neige ?

C'est que, vois-tu, nous nous aimions
Déjà beaucoup, je me rappelle,
Le soir que seuls nous revenions
Bien tard, bien tard, mademoiselle.   20

FIG. 39 — La façade de la basilique avant l'incendie de 1922.

Les Cloches de la Basilique

Dans cette pièce, une des rares composées après la parution de son recueil, le poète revit la tendresse et la piété de son enfance.

J'écoutais dans la paix du soir,
Sous la pâleur du ciel mystique,
Les sons pieux que laissent choir
Les cloches de la basilique.

Et j'évoquais au loin leur voix,   5
À la fois grave et triomphale,
Quand elles sonnaient autrefois
Les angélus de cathédrale,

Au temps heureux, trois fois béni,
Où, dès l'aube, souvent ma mère   10
Me retrouvait au pied du lit,
Agenouillé sous leur prière.

Combien leur appel familier
Charmait alors mon âme éprise,
Lorsque j'allais, jeune écolier,   15
M'asseoir à l'ombre de l'église,

Et que, captif de leur doux son,
J'attendais que leur voix se taise,
Pour suivre au loin, à l'horizon,
L'écho de leur chanson française !   20

C'est qu'en ce temps déjà lointain,
Cloches témoins de tant de choses,
Vous me parliez, soir et matin,
D'un long passé d'apothéoses,

Et du regret que vous aviez   25
D'un temps de gloire et de conquêtes,
Quand, de par le Roy, vous sonniez
Vos carillons des jours de fêtes,

Et que gaiement, sur le rocher,
Au printemps des jours d'espérance,   30
Vous annonciez, du vieux clocher,
Le retour des vaisseaux de France.

James Prendergast
(1858-1945)

Né à Québec, il fait ses études classiques au Séminaire de Québec et son cours de droit à l'Université Laval. Admis au Barreau, en juillet 1881, il s'établit peu après dans le Manitoba. Député à l'Assemblée législative, de 1885 à 1896, il entre dans le gouvernement Greenway en qualité de secrétaire de la province, en 1888, mais il démissionne l'année suivante à la suite de la suppression des écoles françaises. Nommé juge de comté, en 1897, il devient juge en chef de la province, en 1914. Encore étudiant, James Prendergast publie, en 1881, un long poème, *Soir d'automne*, qui eut un excellent accueil des critiques, notamment de Pierre-Joseph-Olivier Chauveau:

> «Poète, dans vos vers vous rêviez ce bonheur,
> Et ce rêve charmant, qui trompait la douleur
> Éclose bien trop tôt dans votre âme candide,
> Ce rêve est un rayon qui du ciel même vient.
> On l'a dit avant nous: dans ce monde sordide,
> L'homme est un dieu tombé — toujours il s'en souvient.»

(«Épitre à M. Prendergast, après avoir lu Un soir d'automne», dans *Les Mémoires de la Société royale*, vol. 1, 1885, p. 101-103.) Dans son poème de 449 vers, Prendergast, à l'exemple de Musset, fait discourir le poète et la muse. L'année suivante, il publie «Tempête», poème viril et rempli d'images colorées.

Soir d'automne, Québec, P.-G. Delisle, imprimeur, 1881, 24 pp.

Soir d'automne (1881)

LE POÈTE.

Voilà qu'au firmament une étoile s'allume;
Le ciel dévoile aux yeux toute sa profondeur.

Sur les côteaux lointains la forêt vierge fume ;
À leur pied se replie un lourd voile de brume,
Au-dessus tremble encore une faible rougeur.   5

Comme un navire en proie au feu qui le dévore.
Le soleil dans la nue enfonçant par degré
Et projetant au loin ses lueurs, a sombré.
Et la nuit qui surgit du côté de l'aurore,
Ainsi que des débris sur le flot empourpré,   10
Efface les reflets qui surnagent encore.

J'aime ces soirs d'automne et leur pâle beauté.
Le ciel revêt alors une teinte plus grave ;
Et lorsque les rayons, comme une ardente lave,
Ont glissé des versants inondés de clarté,   15
La nuit calme soudain les vents et les tempêtes
Et le firmament bleu s'arrondit sur nos têtes,
Splendide, empreint de calme et de sérénité !

    J'appelle alors la vieillesse sereine
Dont ces beaux soirs sont un tableau vivant,   20
Cet âge heureux où la tempête humaine
Ne m'emportera plus dans sa course incertaine,
    Où se forme le lac des ondes du torrent.

    Je sens que l'âme est plus légère
Devant cette nature où rien n'est tourmenté ;   25
Et les étoiles d'or gravitant dans leur sphère,
Me semblent doucement s'approcher de la terre
    Et sourire à l'humanité.

En été, le couchant a trop d'ardente flamme,
Les bois trop de parfums, de murmures confus ;   30
Les espaces profonds ravissent trop notre âme,
Et la terre est trop belle à nos regards émus...

Pourquoi me semble-t-il que toute la nature
    Cette nuit parle par ma voix ?
Qui chante ces accords sur mon luth qui murmure   35
Sans que ses cordes d'or frémissent sous mes doigts ?

      Est-ce toi qui m'appelles ?
      Ma Muse, est-ce bien toi ?
    J'ai cru voir l'ombre de tes ailes
      Palpiter près de moi...   40

LA MUSE.

C'est moi qui suis venue à cette heure bénie
Où sur tous les buissons ton âme rajeunie
    Comme l'oiseau se pose pour chanter;
Car la Muse aime aussi la vie et la jeunesse,
L'enthousiasme saint, les élans et l'ivresse,   45
Tout ce qui ravit l'âme et l'aide à remonter.

Je relève aussitôt l'homme faible qui tombe;
Je verse à flots pressés dans son cœur qui succombe
Comme un baume divin, la consolation.
On m'appelait la Muse avant de me connaître;   50
Tu n'as qu'à m'appeler pour me voir apparaître:
    Je suis la Grâce et l'Inspiration!

Tu t'enivres un jour du vin de la jeunesse;
Demain fondra sur toi la stérile tristesse
Étouffant de son poids les élans généreux.   55
Ton inutile ardeur ne poursuit que des ombres,
Et tes espoirs déçus couvrent de leurs décombres
    L'objet vrai de tes vœux.

(.....)

Tempête [1] (1882)

Noir démon de la nuit, ô Tempête, je t'aime!
Ta voix stridente et forte en mon cœur vient vibrer.
Ton effort orageux me révèle à moi-même,
Je respire ton souffle et me prends à pleurer.

Emporte-moi bien loin — dans les vents et la brume   5
Ce front triste et brûlant, peux-tu le rafraîchir?
Fais tomber dans mon cœur tes torrents, ton écume,
    Et dis-moi, peux-tu le remplir?

Escalade des monts l'inabordable crête;
Donne, comme à la mer, des vagues au glacier;   10
Ravage, emporte, brise, et que rien ne t'arrête!
Mais lorsque tout s'abat sous ton souffle, ô Tempête,
Ah! ne crois pas pouvoir me briser tout entier.

---

1. Poème paru dans *Les Nouvelles Soirées canadiennes*, vol. 1, 1882, p. 97-98.

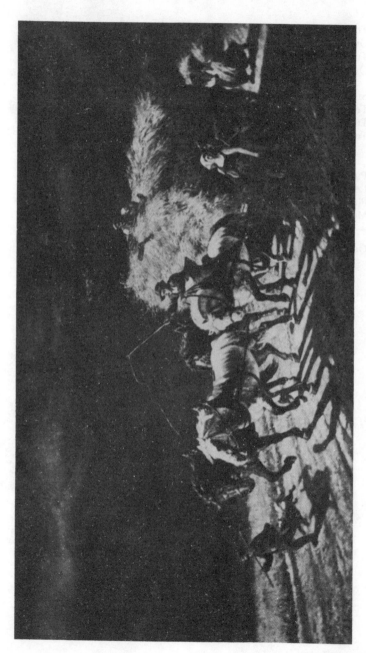

FIG. 40 — La tempête (*Approaching Storm*), par A. Vogt (1870), Galerie d'art, Edmonton.

Toi qui veux le néant, que peux-tu sur mon âme?
Quand tes eaux ont rempli les ravines d'horreur,   15
Tes torrents sauraient-ils éteindre cette flamme
Qu'avec la vie un jour m'insuffla le Seigneur?

Si je suis ton jouet, je suis aussi ton maître.
Tes vents s'apaiseront: moi, je ne peux mourir.
Tu peux bien me briser, tu ne détruis pas l'être;   20
Ton effort impuissant m'apprend à me connaître,
      Tu ne peux m'anéantir.

Puis au-delà de la tourmente
Les cieux sont toujours étoilés,
Plus haut que ta rage impuissante   25
Mon âme plane triomphante.
— Mugissez, aquilons, soufflez.

Québec, février 1882.

Charles-Marie Ducharme
(1864-1890)

Né à Trois-Rivières, il fait des études brillantes chez les Jésuites de Montréal. Reçu notaire, il consacre tous ses loisirs à la littérature, publiant une foule de jolies pièces, prose et poésies, dans les revues, entre autres: *La Revue canadienne, Le Monde illustré, Le Bazar, L'Étendard* et *Le National*. En 1889, il recueille ses meilleurs textes en prose sous le titre de *Ris et croquis* (Montréal, C. O. Beauchemin & fils, 1889, 464 pp.). Du mois de décembre 1889 au mois d'août 1890, il publie trente-six chroniques sur la littérature canadienne de 1880 à 1890. Décidé à se consacrer exclusivement à la littérature, il est terrassé par une paralysie et meurt après quelque mois de douleur, avant de donner sa pleine mesure. Surtout prosateur, ses quelques poèmes demeurent comme un témoignage du goût renouvelé pour la littérature au Québec autour des années 1890.

Jules Saint-Elme (Amédée Denault), *Mémorial nécrologique*, dans *Le Glaneur*, vol. 1, 1890, p. 56-60.

Chant des hirondelles (1884)

Poème paru dans *La Revue canadienne*, vol. 21, 1885, p. 220-221.

Envolons-nous à tire d'aile,
    Vers nos séjours chéris
Envolons-nous à tire d'aile
    Le zéphir nous appelle,
    Dans les vallons fleuris;

Chantons des hymnes, des berceuses,
    Les chansons du retour

5

Chantons des hymnes, des berceuses,
  Nous revenons joyeuses,
  Aux premiers feux du jour ;   10

Laissons nos ailes dans l'espace
  Légère, se bercer,
Laissons nos ailes dans l'espace
  Sur la brise qui passe,
  Doucement reposer ;   15

Un vert roseau là-bas s'incline,
  Sur le flot gémissant
Un vert roseau là-bas s'incline
  Et la plage lutine
  Le caillou blanchissant ;   20

Voici des mousses, des feuillages,
  De beaux lilas en fleurs ;
Voici des mousses, des feuillages,
  Des fleurettes sauvages,
  Aux brillantes couleurs ;   25

Voilà des bosquets, des prairies,
  Un ruisseau qui s'enfuit ;
Voilà des bosquets des prairies,
  Vers ces touffes fleuries,
  Dirigeons-nous sans bruit ;   30

D'un crin, d'une plume soyeuse
  Tressons nos frais séjours,
D'un crin, d'une plume soyeuse
  Sous la feuille dormeuse,
  Protégeons nos amours !   35

Juin 1884.

Rodolphe Chevrier
(1868-1949)

Né à Ottawa, il fait ses études primaires chez les Frères des Écoles chrétiennes, ses études classiques au Collège Bourget et à l'Université d'Ottawa, ses études professionnelles à la faculté de médecine de l'Université Laval de Montréal, à partir du mois d'octobre 1886. Il consacre ses loisirs à la poésie, composant pas moins de quarante-cinq pièces pendant la période de ses études médicales à Montréal. Reçu médecin en juin 1890, il complète sa formation à Paris, «ce foyer de toutes lumières». Rodolphe Chevrier conserve un journal de voyage et il envoie des chroniques au *Canada* d'Ottawa, au *Glaneur* et au *Monde illustré*. S'établissant à Ottawa dès son retour en 1891, il publie un recueil de poésie l'année suivante, sous le titre de *Tendres Choses*. Directeur médical de l'hôpital général, échevin de la ville en 1912, il délaisse la littérature.

Tendres Choses, Montréal, J.-P. Bédard, 1892, 205 pp.

* * *

Germain Beaulieu, *Le Dr Rodolphe Chevrier*, dans *Le Glaneur*, vol. 2, 1891, p. 65-67.
Jules Saint-Elme (Amédée Denault), *Le Dr R. Chevrier, littérateur, poète canadien*, dans *Le Monde illustré*, vol. 9, no 418, 7 mai 1892, p. 3.

Désespérance (1887)

Notons l'influence de Baudelaire dans cette pièce.

Je n'ai rien qu'un instant trempé ma lèvre en flamme
Dans l'urne où boit un monde avide de bonheur,
Je n'ai joui qu'un jour, et l'aile du malheur
A troublé la boisson où s'enivrait mon âme.

J'ai vu crouler soudain mes plans d'or, mes amours,   5
Et j'ai vu s'envoler mes rêves pour toujours.

De ma vive jeunesse, à la course rapide,
Je ne voulais point perdre un seul des gais instants,
Et dans la folle ardeur de mes premiers vingt ans,
O folie! O délire! Égarement stupide!   10
J'ai tout bu dans une heure avec avidité,
Et le miel de ma coupe et ma félicité!

Mais quand le sombre ennui, ce terrible vampire,
A pris possession de mon cœur dégoûté,
Quand mon front a perdu son rayon de gaîté,   15
Quand ma lèvre n'a plus son antique sourire,
Quand je n'ai qu'à pleurer, quand je n'ai qu'à souffrir,
Pourquoi vivrais-je encor? Pourquoi ne pas mourir?

    1887.

Rêverie (1888)

Les années difficiles de ses études à Montréal ont poussé le
poète vers une vision mélancolique de la vie.

Aux mauvais jours d'hiver, quand la tempête sombre
Jette à l'écho des cris et des clameurs sans nombre;
Quand le vent furieux semble tout soulever
Et que l'on voit le ciel et son cœur s'emplir d'ombre
    Qui n'aime à rêver?   5

Dans le déchaînement de l'affreuse tourmente,
Dans les noirs tourbillons dont la meute écumante
Bouleverse l'espace à nos yeux effacé,
Comme un phare joyeux, l'âme triste et songeante
    Revoit le passé.   10

Et, plongeant dans ses mains son front brûlé de fièvre
Regrettant les plaisirs fanés sous notre lèvre
On rappelle à nos yeux ces jours sans lendemains,
Évoque ces bonheurs dont l'existence sèvre
    Trop tôt les humains.   15

Et tout à coup saisi d'un calme et saint délire
De nos doigts incertains on décroche sa lyre
Et l'on jette au papier quelques rythmes rêveurs,

Quelques vers effacés même avant de les lire,
        Sous un flot de pleurs.   20

Pauvres amours tués par la neige et le givre ;
Époque de splendeurs dont notre cœur s'enivre ;
Moments de douce ivresse, heureux jours filés d'or
L'on donnerait joyeux ce qu'il nous reste à vivre
        Pour vous vivre encor !   25

O ces premiers liens ! Cette première flamme !
O vases parfumés d'un enivrant dictame
Où l'on but même un peu de regret et de fiel,
En vous brisant le Temps a tendu dans notre âme
        Un deuil éternel.   30

Le vent hurle au dehors, siffle, gémit et brise,
Mais voué tout entier à cette morte exquise
Notre jeunesse aimée, aux séduisants atours,
Et perdu dans l'extase où notre âme se grise
        L'on rêve toujours ...   35

Décembre 1888.

Aspiration (1890)

Enfin, sur le point de visiter Paris, la joie remplit le cœur du
poète.

(Extrait de mon journal de traversée)

Je te verrai bientôt Paris, fournaise immense
Où s'agite fiévreux tout un peuple affairé.
Terre de tout progrès et de toute science
À tes urnes boira mon esprit altéré.

Je te verrai soleil illuminant la France !   5
J'éclairerai mes yeux à ton flambeau sacré ;
Et je m'arrêterai, l'âme presque en démence,
En face des splendeurs de ton sol vénéré.

Paris ! pavés brûlants, nids d'intrigues galantes,
Où flottent dans le ciel mille vapeurs troublantes :   10
Subtils parfums de vins, de femmes et de fleurs.

Écho de tous les chants, écho de tous les pleurs,
Pays de la grisette et de la Seine blonde,
Je te verrai; te dis-je, et j'aurai vu le monde!

Octobre 1890.

Table des matières

Cahiers du Québec